GESTÃO ESTRATÉGICA DO FRANCHISING
COMO CONSTRUIR REDES DE FRANQUIAS DE SUCESSO

GESTÃO ESTRATÉGICA DO FRANCHISING
COMO CONSTRUIR REDES DE FRANQUIAS DE SUCESSO

ADIR RIBEIRO
MAURÍCIO GALHARDO
LEONARDO MARCHI
LUIS GUSTAVO IMPERATORE

2ª edição – revisada e ampliada

www.dvseditora.com.br
São Paulo, 2013

GESTÃO ESTRATÉGICA DO FRANCHISING
Como Construir Redes de Franquias de Sucesso

DVS EDITORA 2013 – Todos os direitos para a língua portuguesa reservados pela Editora.

Nenhuma parte deste livro poderá ser reproduzida, armazenada em sistema de recuperação, ou transmitida por qualquer meio, seja na forma eletrônica, mecânica, fotocopiada, gravada ou qualquer outra, sem a autorização por escrito dos autores e da Editora.

Diagramação: Konsept Design & Projetos
Capa: Grasiela Gonzaga – Spazio Publicidade e Propaganda

Nota: Muito cuidado e técnica foram empregados na edição deste livro. No entanto, podem ocorrer erros de digitação, impressão ou dúvida conceitual. Para qualquer uma dessas hipóteses, solicitamos a comunicação ao nosso serviço de atendimento através do e-mail: atendimento@dvseditora.com.br. Assim poderemos esclarecer ou encaminhar sua questão.

```
Dados Internacionais de Catalogação na Publicação (CIP)
      (Câmara Brasileira do Livro, SP, Brasil)

    Gestão estratégica do franchising : como construir redes
       de franquias de sucesso / Adir Ribeiro...[et al.]. --
       2. ed. rev. e ampl.. -- São Paulo : DVS Editora, 2013.

       Outros autores: Maurício Galhardo, Leonardo Marchi,
    Luís Gustavo Imperatore
       Bibliografia.

       1. Franquias (Comércio varejista) 2. Franquias
    (Comércio varejista) - Brasil 3. Planejamento
    estratégico I. Ribeiro, Adir. II. Galhardo, Maurício.
    III. Marchi, Leonardo. IV. Imperatore, Luis Gustavo.


13-09439                                       CDD-658.8708
```

Índices para catálogo sistemático:

1. Franchising : Marketing : Administração de
      empresas   658.8708
2. Franquias : Marketing : Administração de
      empresas   658.8708

SUMÁRIO

Prefácio XI
Depoimentos XIII
Dedicatórias XIX
Agradecimento especial XXI

INTRODUÇÃO
PROPÓSITO DO LIVRO 3

FRANCHISING

Capítulo 1
Histórico 9
    A Essência do Franchising 9
    O Surgimento do Franchising 12
        Franchising no Brasil 13
        Gerações do Franchising 16
        Principais papéis de cada parte na construção do sucesso 20
        O lado humano do Franchising 23
        Os principais desafios do Franchising 26
    Franchising como Canal de Vendas 29
    O que é Gestão Estratégica? 35
        A gestão estratégica no contexto do Franchising 40

AVALIAÇÃO DE FRANQUEABILIDADE

Capítulo 2

- Viabilidade do Negócio 45
  - A Análise de Viabilidade 45
    - A avaliação de franqueabilidade de um negócio 48
    - Avaliação por tipos de negócios no Franchising 50
  - Construção de Modelos de Negócio 54
  - Nível de Complexidade 55
    - Nível de organização do mercado 55
    - Tipo dos produtos ou serviços 57
    - Clientes e consumidores 57
    - Regulamentação 57
    - Concorrência 57
    - Nível técnico dos processos da operação 58
    - Necessidade de investimentos e inovação muito frequentes 59
  - Potencial de Mercado 59

FORMATAÇÃO DA FRANQUIA

Capítulo 3

- Aspectos Jurídicos 63
  - Lei do Franchising 64
  - Principais Documentos Legais 64

Capítulo 4

- Processos e Manuais 69
  - Importância dos Processos e Manuais da Franquia 69
  - Como Construir os Processos da Rede de Franquia (Franqueadora e Unidades) 69
    - Atributos dos processos 70
    - Objetivo do processo 71
    - Insumos 72
    - Transformação 72
    - Métodos e ferramentas de trabalho 72
    - Resultados 73
    - Níveis de detalhamento dos processos 73
    - Alinhando os processos à estrutura organizacional 76
    - Organograma 77

Definindo a Melhor Forma de Registrar os Processos em Manuais 79
    Principais manuais que devem ser desenvolvidos 81
    Principais conteúdos que os manuais devem apresentar 82

Capítulo 5

Modelo Financeiro 91
    Receitas do Negócio 91
    Taxa Inicial de Franquia 93
        Situação na renovação do Contrato de Franquia 94
        Taxa de *royalties* 94
        Como definir qual deve ser a taxa de *royalties* 99
        Questão da competitividade na venda de Franquias 100
        Modelos de cobrança de produtos na forma de *royalties* 101
        A questão dos *royalties* e o Imposto sobre Serviços de Qualquer Natureza (ISS) 102
    Taxa de Marketing 103
    Outras Taxas do Sistema 103
    Controles & Indicadores Financeiros 104
        Os principais indicadores de desempenho para as Franqueadoras 106
        Os principais indicadores de desempenho para as Franquias 108
        A questão da abertura de dados pelas Franquias 111
        O *ranking* da rede 112

EXPANSÃO DA REDE DE FRANQUIAS

Capítulo 6

Expansão da Rede 117
    Análise de Potencial de Mercado 117
    Perfil do Franqueado Ideal 129
    Processo de Seleção dos Franqueados 134
    Divulgação do Negócio – Franquia 146
    Ponto Comercial – Importância e Processos 147

CAPÍTULO 7

Internacionalização de Redes de Franquias 153
    O Franchising além das Fronteiras Nacionais 153
    Por que Internacionalizar? 154
    Os Principais Fatores que Devem ser Considerados 154

GESTÃO DA REDE DE FRANQUIAS

Capítulo 8

Capacitação 161
- A Importância da Capacitação nas Redes de Franquias 161
- Capacitação como Ferramenta para Desenvolver Competências 162
- Aspectos Críticos do Processo de Capacitação 163
- Tipos de Capacitação 164
  - Capacitação inicial 164
  - Capacitação de reciclagem de conhecimentos 165
  - Capacitação comportamental 166
- Formatos de Capacitação 167
- Universidade Corporativa em Redes de Franquia 169
- Como Implantar um Projeto de Capacitação nas Redes de Franquias 171
  - Planejamento das capacitações 171
  - Desenvolvimento do conteúdo 172
  - Aplicação das capacitações 176
  - Gestão dos resultados 179

Capítulo 9

Consultoria de Campo & Negócios 185
- O que é e para que Serve a Consultoria de Campo & Negócios 185
- A Evolução da Consultoria de Campo Tradicional para a Consultoria de Campo & Negócios 186
- Princípios Fundamentais da Função de Consultor de Campo & Negócios .. 187
- Operação, Vendas e Gestão — Aspectos Distintos 191
- Indicadores de Desempenho da Consultoria de Campo & Negócios 194
- Dimensionamento da Consultoria de Campo & Negócios 195
- Processo de Consultoria de Campo & Negócios 196
  - Planejamento da visita 197
  - Realização da visita 199
  - Tipos de visitas de campo 202
  - Acompanhamento pós-visita 204
- Resultados Esperados 206

Capítulo 10

Relacionamento com a Rede 207
- Convenção de Franqueados 207
- Gestão de Conflitos 209
- Comitês Temáticos de Trabalho 214

Conselhos Consultivos de Franqueados (CCF)..214
Como motivar os integrantes de uma rede...220

Capítulo 11

Marketing da Rede 223
- A Essência de um Fundo de Marketing...223
- Como Estruturar um Fundo de Marketing e Prestar Contas 225
  - A separação de contas 225
  - Exemplo de estatuto 227
- Os Principais Desafios do Fundo de Marketing...236

Capítulo 12

Gestão de Rede 239
- Indicadores Referenciais da Franqueadora..239
- **Dashboard** – Painel de Controle..241
- Programa de Excelência da Rede 243
- O Marketing 3.0 e a Gestão Estratégica do Franchising 252
- Gestão das Melhores Práticas..254
- Conselho Consultivo de Administração 255

Capítulo 13

Microfranquias 259
- Conceituação & contexto..259
- Oportunidade, Vantagens e Cuidados 260
- Questões para a Franqueadora 261
- Lei..262
- MEI..263

CAPÍTULO 14

Valuation, Fusões e Aquisições.. 265
- A importância do cálculo do valor de uma empresa (valuation) e das fusões e aquisições no Franchising...265

Capítulo 15

Planejamento pelos Franqueados 275
- A Gestão Estratégica do Negócio (GEN) 275
- Plano de Ação...278

Capítulo 16

Gestão de uma Unidade Franqueada 279
- Os Três Papéis do Gestor de Sucesso 279

CONCLUSÕES

Os Autores 295

Sobre a Praxis Business 299

Produtividade Comercial & Equipes de Alta Performance 301

Relacionamento com as Principais Associações 305

Anexo 307

Referências Bibliográficas 311

PREFÁCIO

Hoje, ao olharmos para o setor de Franchising, podemos nos sentir orgulhosos. Na última década, demos largos passos para o reconhecimento da real importância deste setor para a economia do nosso País (falamos uma linguagem clara: geração de oportunidades!). Passamos do conceito de ser uma "tentativa de negócio" a um modelo bem estruturado, organizado e cada vez mais promissor.

Muita gente se refere ao modelo de Franchising como uma garantia de sucesso! Perdoem-me, mas não é! O modelo de Franchising é uma grande receita de sucesso que para se tornar um sucesso, depende da mistura de vários ingredientes, na medida e na sequência correta. E aí entram os relevantes papéis da Franqueadora e suas equipes, e os Franqueados e suas equipes.

O ponto de partida é essencial no sucesso ou não desta história. O Franqueador tem um sonho embarcado no seu negócio. Um sonho de futuro, com missão, valores e expectativas.

O Franqueado também tem seu sonho de poder participar de um negócio que faça sentido ao seu sucesso empresarial, mas que também preencha as necessidades de seus valores pessoais. Foi-se o tempo em que a entrada de novos Franqueados ou a sua satisfação somente eram avaliadas perante o tamanho de um cheque colocado à sua frente! Mais do que nunca, o sucesso de uma operação de Franquia depende de que seja um espaço para alocação de sonhos conjuntos e que preencha os valores alocados no nosso desejo.

Para que isso seja transportado para a prática, necessitamos que os papéis e atividades estejam bastante claros e bem determinados aos Franqueadores e Franqueados.

Cabe à Franqueadora pensar no futuro mais longínquo. Visualizar o local que quer ocupar no mercado muitos anos à frente (VISÃO). E depois estruturar a forma de chegar até lá. Trabalhar na pavimentação desta estrada, para que a rede franqueada possa chegar até lá da melhor forma possível.

Ao Franqueado cabe a execução, com excelência, das etapas em busca desta visão. Equipes afinadas, a promessa da marca sendo entregue em todos os aspectos, condução empresarial e financeira correta e busca da adaptação à sua região de atuação.

No meu ponto de vista, cada parte tem seu papel bem definido, mas precisamos e devemos levar em conta as mudanças dinâmicas que ocorrem nos mercados, nas questões estruturais das economias e no rápido desenvolvimento das plataformas tecnológicas. Logo, temos de ser inteligentes e flexíveis para poder aproveitar todo esse conhecimento que está sendo gerado. Sem tirar os olhos das responsabilidades de cada parte do sistema, devemos aproveitar o conhecimento gerado para todo o sistema de Franchising, em que todos os participantes podem agregar sugestões de como evoluir. Devemos pensar também na transformação de "operador" para "empresário de Franchising". Claro que todos alinhados e pensando no melhor formato para o negócio.

Assim, teremos Franqueadores cada vez mais preparados quanto à elaboração, acompanhamento e estratégia do negócio, e Franqueados com seus planos de negócio cada vez mais afiados e alinhados à estratégia proposta para a marca e o sistema.

Sendo esses os grandes desafios, nada melhor que uma *Gestão Estratégica do Franchising* para ajudar a estruturar. Boa Leitura!

Artur Grynbaum – Presidente do Grupo Boticário

DEPOIMENTOS

"*Informação e capacitação são os melhores antídotos para qualquer mercado. Em especial, para o Franchising. Para acompanhar o ritmo de sua própria evolução, o sistema exige de seus gestores constante aprimoramento e busca pela inovação. Oferecer ao empreendedor brasileiro a oportunidade de se capacitar seja por meio de cursos e programas tradicionais ou pelo acesso a informações tão relevantes, como as reunidas nesse livro, é o melhor caminho para o sucesso.*

A cada capítulo, essa obra proporciona aos leitores um mergulho em cada um dos eixos principais do Franchising. Recomendo a leitura aos que desejam ingressar no sistema e também aqueles que, como eu, estão sempre em busca de algo mais que possa transformar as pessoas, os negócios e o futuro."

Ricardo Bomeny – Presidente do Grupo BFFC - Brazil Fast Food Corporation e da ABF - Associação Brasileira de Franchising

O Brasil atingiu hoje um alto grau de maturidade no mercado de Franquias. Somos o quarto país em número de marcas, sexto em unidades e 94% das redes que atuam aqui são genuinamente brasileiras. O ritmo de expansão continua na casa dos dois dígitos e cresce de duas a três vezes mais que o PIB. Nesta atmosfera de crescimento, a ABF como segunda entidade de Franquias no mundo, acredita no desenvolvimento de metodologias de gestão e sustentabilidade nos negócios. Esta obra ajuda os Franqueadores a permearem toda a estratégia e compromissos de uma marca com a sua rede. Os autores tem longa experiência no mercado de Franchising e transmitem toda a sua expertise, de forma clara e objetiva, para ajudar a construir no Brasil um sistema de Franquias cada vez mais sólido.

Ricardo Camargo – Diretor Executivo da ABF - Associação Brasileira de Franchising

"Esta obra reúne todo o conhecimento necessário para estruturação e gestão de uma rede de Franquias. Com linguagem clara e prática, os diversos temas do Franchising são abordados permitindo ao leitor uma compreensão ampla do sistema e ao mesmo tempo profunda em cada uma das partes. O Brasil, como um dos líderes do Franchising global, rico em criatividade e também em novas ferramentas para gestão, merecia uma literatura como esta. Certamente nos ajudará a formar as novas gerações de gestores neste segmento que é a vanguarda do varejo."

Juarez Leão – Diretor de Varejo e Franquia - Portobello

"Tenho acompanhado o espetacular desenvolvimento e profissionalização do Franchising brasileiro e de seus empreendedores, especialistas e executivos que buscaram o conhecimento e o aperfeiçoamento nesta moderna técnica de negócios, tornando o Brasil uma das maiores potências mundiais na atividade.

Entre esses talentos, destaco o Adir Ribeiro que, junto a seus sócios, nos brinda com uma publicação em que são abordadas as técnicas de Franchising de forma clara, objetiva e bastante interativa, compreendendo todo ciclo do negócio customizado para o mercado brasileiro e latino-americano.

O conteúdo deste compêndio é muito feliz por dar uma visão aos Franqueadores atuais e potenciais de um roteiro de ações no planejamento e na gestão estratégica do negócio em busca da excelência em Franchising.

Por outro lado, também para os Franqueados atuais e futuros, creio que irá proporcionar um maior conhecimento deste mundo encantado que é o da Franquia empresarial, onde eles ingressam não só com a expectativa segura de também auferir lucros, mas, principalmente, de alcançarem a sua realização pessoal.

Justamente neste aspecto de desenvolvimento das pessoas, tanto de Franqueadores como de Franqueados e dos demais integrantes deste segmento de negócios, reside, na minha opinião, a principal missão da Praxis Business com a publicação deste livro: um importante exemplo de competência, arrojo e criatividade, proporcionando-nos o privilégio de uma obra editorial que destacará ainda mais o nosso modelo brasileiro e latino-americano na comunidade global do Franchising."

Aristides Newton – Franchise Coaching –
Anewton Franchising Skills

"Nesta última década, o Franchising se consolidou como um dos principais canais de distribuição de produtos e serviços no Brasil. Sua forma inteligente de comprometer e remunerar os participantes da rede, a facilidade de ser rapidamente escalável, tanto em recursos humanos quanto financeiros, e uma legislação própria que garante os direitos e deveres de todos seus participantes, foram os grandes motivadores desse sucesso. Diante de características tão atraentes, centenas de empresas adotaram o sistema de Franchising para expansão de seus negócios, infelizmente nem sempre com os devidos cuidados. O livro Gestão Estratégica do Franchising traz um conteúdo rico e relevante para qualquer empresa que deseja adotar o Franchising como estratégia de crescimento e expansão de negócios. Escrito de forma didática e clara, fornece uma visão pragmática e de fácil entendimento sobre os aspectos necessários para estruturação de uma rede de Franquias sólida e profissional. Parabéns pela iniciativa de disponibilizar um conteúdo tão relevante para o sucesso do Franchising brasileiro!"

Pedro Mello – Apresentador do programa Bastidores do Franchising, autor do Blog do Empreendedor no Portal Exame e dos livros Guia de Sobrevivência do Empreendedor e Startup Brasil

"Neste início de século, o Franchising brasileiro, fruto de seu amadurecimento e profissionalização, é reconhecido como referência mundial do sistema e um dos principais canais utilizados na expansão dos negócios pelas principais marcas nacionais e internacionais presentes no país. Esta obra é um marco histórico neste contexto, seja pela amplitude como pela profundidade de abordagem de cada particularidade do Franchising.

Os autores, profundos estudiosos, educadores e conceituadores do tema, apresentam o conteúdo de forma estruturada e objetiva, concatenando teoria e prática.

É um livro de cabeceira, que ensina os caminhos para o crescimento sustentável de qualquer negócio. Todo empreendedor tem que ter o seu!"

Altino Cristofoletti Junior – Diretor e Fundador - Casa do Construtor

"Adir, são pessoas como você, seus sócios e todos do time da Praxis Business que revigoram o Franchising. Agindo, buscando, ensinando, aprendendo e, principalmente, ajudando as empresas a construir marcas valiosas. O livro é uma excelente iniciativa, parabéns por mais esta contribuição ao Franchising brasileiro."

Expedito Eloel Arena – Diretor e Fundador - Casa do Construtor

"Esta obra capta o momento presente, com uma avaliação ampla e irrestrita do mercado de Franquias. A experiência da Praxis Business possibilita oferecer aos seus clientes uma visão esclarecedora e simples de como tornar o seu negócio imbatível. Sua influência não se limita apenas ao mercado de Franquias, mas a todo o varejo brasileiro."

Carlos Zilli – Diretor Executivo - Rede Imaginarium

"Autores Adir e Cia.: Elogios para essa quadra de autores nesta obra de conhecimentos e exemplos em gestão estratégica no Franchising e de extensa aplicação – da competência organizacional e editorial de teorias e práticas na geração de oportunidades e capacitação em negócios no segmento do varejo.

Leitura obrigatória e fonte para consulta para acadêmicos, executivos e formadores de opinião.

Parabéns!"

José Lamônica – Publisher - Editora Lamônica

"A cada dia, o sistema de Franchising se apresenta como um dos mais efetivos modelos de negocio, seja como canal de distribuição, ou ainda como uma das mais eficientes ferramentas para fortalecimento e construção de marca. No entanto, é de fundamental importância que empresas e executivos que queiram trilhar este caminho, estejam cientes dos desafios que terão pela frente. Neste sentido, Gestão Estratégica do Franchising passa a ser leitura obrigatória.

O vasto conhecimento sobre o tema e a excelente capacidade didática dos seus autores, oferece de forma concisa uma visão completa desse universo."

Carlos Eduardo Padula – Diretor Comercial - HOPE

"Foi com muita honra que recebi o convite para falar sobre esta obra e o trabalho da Praxis Business. Sou uma admiradora de seus gestores. Tenho certeza de que o livro agregará muito conhecimento para todos os envolvidos na cadeia do Franchising, pelo fato de tratar-se de uma ferramenta imprescindível para todas as pessoas que tenham alguma relação direta e indireta com o segmento e por trazer um conteúdo relevante que fará toda a diferença para os gestores, aliando a prática e a teoria, com vistas a otimizar os resultados dos negócios. Boa leitura!"

Regiane Relva Romano – Chief Information Officer -
Vip-Systems Informática

"As pequenas e médias empresas são o motor do crescimento do Brasil. Entretanto, ainda recebem pouca atenção da mídia, da opinião pública e da literatura em geral. Essa obra, baseada no conhecimento e experiência prática da Praxis Business, é leitura obrigatória para quem deseja ingressar ou se aprofundar nesse maravilhoso mundo do Franchising"

David Kallás – Diretor Executivo - KC&D

DEDICATÓRIAS

A todos que contribuíram com o meu crescimento pessoal e profissional, foram muitos mestres, amigos e parceiros, aos meus sócios, grandes parceiros desse sonho, à minha mãe Nancy, que me ensinou o que são valores, ao meu pai Amir, já não mais conosco mas presente no meu coração, aos meus irmãos e demais familiares e clientes, mas especialmente à minha amada esposa Angélica e aos meus filhos incríveis e carinhosos Amanda e Arthur.
Obrigado!

Adir Ribeiro

À minha amada esposa Luciana e à minha maravilhosa filhinha Beatriz. Aos meus pais, irmãos, sogra e sogro, cunhadas, sobrinhas, avó, primos, tios, amigos e clientes. A todos que fizeram ou fazem parte da minha vida, contribuindo para minha formação e desenvolvimento. E aos meus sócios pela cumplicidade, respeito e dedicação.
Um forte abraço.

Maurício Galhardo

A todos os mestres e professores que me ensinaram muito ao longo da vida nesta deliciosa jornada de aprendizado, meu sincero obrigado. Agradeço também aos meus pais, irmãos, avós e amigos. Mas agradeço em especial às duas pessoas mais importantes da minha vida, minha amada esposa Daniela e minha querida filha Isabela, obrigado por vocês existirem.
Um grande abraço.

Leonardo Marchi

Agradeço a todos os que têm me acompanhado e apoiado nesta jornada de aprendizado e crescimento pessoal e profissional, em especial à família, amigos e aos meus sócios, que, pela dedicação e companheirismo, têm tornado possível tantas conquistas.

Luis Gustavo Imperatore

AGRADECIMENTO ESPECIAL

Não há coisa melhor do que trabalhar com pessoas comprometidas e envolvidas com um sonho. Esse é o caso da Cristina Souza, a quem gostaríamos de agradecer pelo empenho, profissionalismo, paixão e efetividade nos apoiando para que conseguíssemos fazer nascer essa obra. Obrigado, Cris, valeu!

Adir, Maurício, Leo e LG

INTRODUÇÃO

PROPÓSITO DO LIVRO

"Todos concordam que o aprendizado é uma jornada pela vida, sempre aberta e receptiva às mudanças. E o maior dos desafios é como conseguir que as pessoas entendam isso e coloquem em prática."
Peter Drucker, no Livro *Drucker 100 – 100 anos, 100 lições* –
Equipe Madia Mundo Marketing.

Há tempos convivemos com o sistema de Franchising, na qualidade de Franqueadores, Franqueados ou Consultores/Professores. Esse convívio diário com as várias partes integrantes do sistema (advogados, consultores, professores, jornalistas, Franqueadores, Franqueados, funcionários das empresas Franqueadoras e das próprias Franquias, estudantes e participantes dos vários cursos que ministramos, além de investidores e formadores de opinião em geral) gerou muito aprendizado e, alinhado à nossa natureza questionadora e bastante reflexiva, sempre em busca de melhores caminhos e soluções, geraram a inspiração necessária para escrever esse Livro, que chega agora à sua 2ª edição.

A posição que o Franchising nacional ocupa é fruto de seu constante desenvolvimento no mercado, no qual destacam-se diversas empresas Franqueadoras bem-sucedidas e também consultorias e fornecedores que estudaram o tema nos últimos 20 anos, compartilhando esse conhecimento de maneira sistemática e efetiva.

O papel da ABF (Associação Brasileira de Franchising) merece destaque especial, pois agrega os melhores princípios da boa prática dos negócios e programas de capacitação estruturados pelos seus diretores e membros participantes, tornando-se uma das principais associações do mundo da Franchising.

Dessa maneira, a construção do Livro tem como objetivos:

- Proporcionar conhecimento e reflexões relevantes sobre o sistema de Franchising como forma de expansão dos negócios;
- Trazer conceitos atuais e fundamentais para o sucesso de qualquer negócio franqueado (ou que pretende ser franqueado);
- Aliar prática e teoria na mesma medida;
- Compartilhar o aprendizado dos autores ao longo das experiências diferenciadas de cada um;
- Ser uma fonte de consultas sobre assuntos pertinentes ao sistema de Franchising;
- Aculturar o sistema de Franchising sobre gestão estratégica do negócio; e,
- Por fim, gerar resultados consistentes para os negócios e carreiras dos envolvidos.

Várias pessoas foram fundamentais para que chegássemos até aqui com uma proposta empresarial nova, mas decidimos não nomear uma a uma, pois correríamos sério risco de esquecer nomes importantes nessa jornada e não gostaríamos de frustrar ninguém, nem a nós mesmos com o sentido de ingratidão.

O livro se destina a todas as pessoas que tenham alguma relação com o Franchising, sejam profissionais de empresas Franqueadoras, como seus presidentes, diretores e/ou gerentes de Franquias, consultores de campo, profissionais de marketing e agências de comunicação, advogados ligados ao sistema, consultores empresariais, estudantes de cursos de Administração ou afins e, claro, Franqueados (vale destacar que o livro tem uma visão mais focada na realidade do Franqueador propriamente dito e não pretende esgotar o assunto).

O livro está dividido em capítulos dentro de uma ordem estruturada da seguinte maneira:

- Franchising – O porquê do livro e quais os conceitos básicos que nortearam a elaboração do mesmo, bem como aspectos históricos do Franchising e a sua relevância como canal de vendas, além do entendimento do conceito da gestão estratégica, seja no âmbito geral e no Franchising;
- Avaliação de Franqueabilidade – partindo da premissa de que o leitor pretende estruturar um negócio em Franquia ou mesmo rever a sua operação (ou até mesmo entender melhor como funciona o sistema), identificamos aqui as etapas necessárias para se franquear um negócio;
- Formatação da Franquia – uma vez que o negócio é franqueável, apresentamos detalhadamente as etapas sobre os principais aspectos jurídicos,

os processos e manuais de uma Franquia, o modelo financeiro entre outros assuntos;
- Expansão da Rede de Franquias – são abordados os principais aspectos que devem ser levados em consideração para se expandir uma rede de maneira estruturada;
- Gestão da Rede de Franquias – este capítulo procura destacar de maneira conceitual e prática todos os aspectos necessários para uma boa gestão de rede, envolvendo os programas de transferência de *know-how* (Capacitação), o sistema de suporte (Consultoria de Campo & Negócios), como se dá o relacionamento com a rede, o marketing estruturado por meio do seu fundo, a gestão dos indicadores de desempenho, a realização de planejamento pelos próprios Franqueados e, por fim, a gestão de uma unidade franqueada;
- Conclusões – principais pontos de atenção sobre todo o conteúdo apresentado e que poderá gerar aplicabilidade imediata em redes de Franquias e recomendações dos autores.

Para a revisão da 1ª edição, que em um ano se esgotou e nos deixou bastante motivados para a construção dessa 2ª edição, tivemos a grata surpresa de vários questionamentos e comentários sobre o conteúdo o livro. Isso nos gerou diversos insights de melhorias e inclusão de novos temas, já que o sistema de franchising evolui a cada dia, com novos modelos de negócios, questionamentos aos sistemas tradicionais na relação Franqueador x Franqueados, mudanças no perfil dos consumidores, entre outras evoluções desse período. E assim esperamos que possamos, nas próximas edições que vierem, contar com esse ambiente colaborativo que faz parte da nossa essência, avaliar criteriosamente todas as críticas, comentários, questionamentos e propor melhorias naquilo que nos propusemos a fazer.

Acreditamos que todos somos indivíduos, ou seja, seres não divisíveis por dois, somos seres únicos, a mesma pessoa no âmbito da pessoa física e jurídica (claro que o mundo jurídico tem regras bem específicas), mas sabemos que quanto mais inteiros estivermos, mais felizes e capazes estaremos para prestar os melhores serviços.

Somos fiéis ao que acreditamos, e essas crenças fazem parte de nossa história empresarial e familiar. Além disso, acreditamos fortemente nas coisas simples (não simplistas), que são de fácil compreensão pelas pessoas que têm capacidades de fazer mais e melhor, basta estar abertas a isso e procurarem se desenvolver à medida que sentem essa necessidade. Um dos aprendizados de Peter Drucker (que poderá ser observado ao longo deste livro e nos inspirou bastante) que sempre lembramos ao receber elogios das nossas palestras e cursos ou nos serviços de consultoria, está relacionado às soluções que conseguimos entregar. Peter dizia o seguinte: "Todas as inovações eficazes são surpreendentemente simples. Na verdade, o maior elogio que uma inovação pode receber é alguém comentar : isso é tão óbvio. Por que não pensei nisso antes?".

Sucesso nos negócios e que este livro possa ajudar no desenvolvimento do seu negócio ou mesmo da sua vida!

**Adir Ribeiro, Maurício Galhardo, Leonardo Marchi
e Luis Gustavo Imperatore.**

FRANCHISING

CAPÍTULO 1

Histórico

A Essência do Franchising

A Lei 8.955 de 15/12/1994 define o Franchising da seguinte maneira: Franquia empresarial é o sistema pelo qual um Franqueador cede ao Franqueado o direito de uso da marca ou patente, associado ao direito de distribuição exclusiva ou semiexclusiva de produtos ou serviços e, eventualmente, também ao direito de uso de tecnologia de implantação e administração de negócios ou sistema operacional desenvolvidos ou detidos pelo Franqueador, mediante remuneração direta ou indireta, sem que, no entanto, fique caracterizado vínculo empregatício (maiores informações sobre aspectos jurídicos poderão ser encontrados em parte específica do livro).

Dentro desse contexto, o Franchising pode ser avaliado como uma excelente ferramenta de expansão dos negócios para as empresas que pretendem "acessar o mercado" de maneira estruturada e efetiva.

Alguns termos serão bastante difundidos nesse livro e, por isso, precisam ser esclarecidos desde já para facilitar a compreensão:

- **Franqueadora:** Empresa que concede a Franquia, sendo considerada a detentora dos direitos sobre a marca, método e processos do negócio e que seleciona os seus Franqueados para poder representá-la por meio da Franquia.

- **Franqueado:** Aquele que adquire a Franquia, o proprietário de uma unidade franqueada, podendo ser pessoa física ou mesmo uma pessoa jurídica.
- **Franquia:** é a unidade de negócio (estabelecimento) operado e gerido pelo Franqueado.
- **Taxa de Franquia:** Valor geralmente pago na concessão da Franquia que refere-se ao direito de fazer parte da rede e acessar todo o *know-how* desenvolvido pela Franqueadora, bem como uso da marca. Está ligada ao início dos negócios, a orientação e capacitação iniciais para que o Franqueado possa ser bem-sucedido na implantação de sua unidade.
- **Taxa de *Royalties*:** Taxa paga com uma periodicidade definida (em geral, mensalmente) pelo Franqueado à Franqueadora como retribuição ao acesso continuado de *know-how*, benefícios e uso da marca, bem como fornecedores homologados e programas de suporte e capacitação. Remunera a prestação de serviços, de maneira geral, prestados pela Franqueadora ao Franqueado.
- **Taxa de Marketing:** Também chamada de Taxa de Propaganda ou Publicidade. Entendemos que a denominação Marketing seja mais ampla e por isso a adotamos para esse livro, que é cobrada dos Franqueados para formar um fundo a ser gerenciado pela Franqueadora (pode até contar com o apoio dos Franqueados) para uso em campanhas de divulgação nacional, regional ou local.
- **COF – Circular de Oferta de Franquia:** Documento legal bastante abrangente e que funciona como uma espécie de brochura (caderno) na qual estão definidas diversas informações obrigatórias da Franqueadora no que se refere aos direitos e obrigações de cada parte no Franchising e que deve ser entregue no mínimo dez dias antes da assinatura de qualquer contrato ou pré-contrato ou mesmo pagamento de qualquer taxa do sistema.
- **Contrato de Franquia:** Documento legal que deve fazer parte da Circular de Oferta de Franquia e que regerá toda a relação entre Franqueadora e Franqueados, determinando todos os aspectos legais e comerciais do negócio.

Na nossa visão, o Franchising é um sistema de negócios que permitiu que várias empresas expandissem seus negócios e marcas de maneira organizada e, de certa forma, gastando menos dinheiro. Há uma definição comum no mercado americano que nos agrada que é a seguinte: "*Franchising is other People´s Money*" (Franquia é Dinheiro dos Outros, numa tradução literal, mas essencial ao conceito aqui apresentado).

De um lado temos a Franqueadora, proprietária da marca e do método de se fazer as coisas, que concede Franquias a terceiros (Franqueados) interessados em operar negócios bem estruturados (e nunca de sucesso garantido, isso definitivamente não existe no Brasil e em nenhuma parte do mundo).

Para que haja essa concessão, vários aspectos são avaliados para a franqueabilidade do negócio em si, permitindo assim maior estruturação do negócio para os potenciais investidores. É, de fato, uma forma de replicar o sucesso de um negócio estabelecido, sendo considerado um canal de vendas bem efetivo para uso das empresas, mas, no entanto, não para qualquer negócio ou empresa.

A International Franchise Association (IFA) define Franchising como o contínuo relacionamento entre Franqueadora e Franqueados, no qual o universo total de conhecimentos da Franqueadora (imagem, sucesso, técnicas de produção e marketing) é fornecido ao Franqueado. No fundo, a essência do Franchising está relacionada a uma forma de se fazer negócios envolvendo duas partes, Franqueadora e Franqueados. Amplia-se, desde já, a importância do relacionamento entre essas partes, o que será bastante difundido nesse livro nos capítulos adiante.

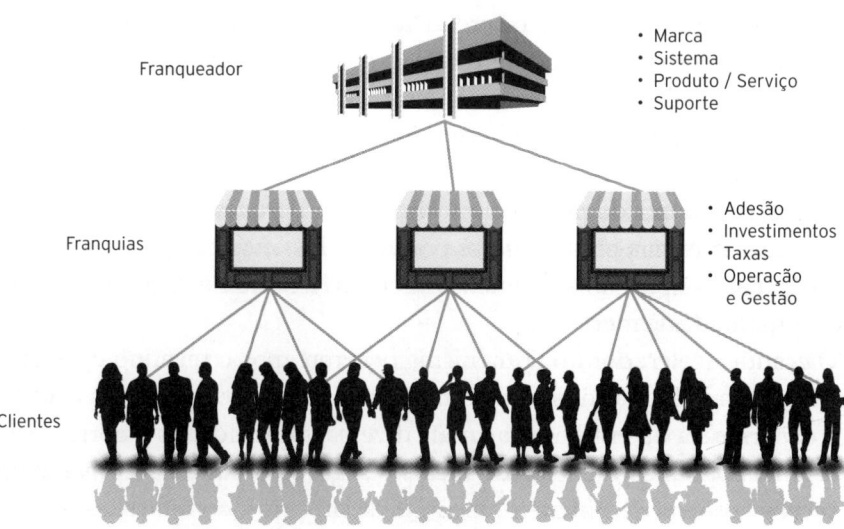

O Surgimento do Franchising

O Franchising vem ganhando destaque de maneira substancial nos últimos anos no Brasil, mais até do que no mundo, de maneira geral. Diversos fatores são apontados como os geradores dessa expansão no formato de negócios, e para entendermos melhor o que ocorre nos dias de hoje, é salutar avaliar o que aconteceu até o presente momento, de maneira bem generalizada.

Alguns historiadores afirmam que o conceito nasceu na Idade Média, quando a Igreja Católica passou a conceder licenças ou Franquias a senhores de terras para que, em seu nome, coletassem impostos e taxas.

Empresarialmente, o Franchising surgiu com a Singer Sewing Machines por volta de 1850 (para ser mais exato, os historiadores informam 1852), quando essa fabricante de máquinas de costura, nos Estados Unidos, resolveu conceder várias licenças de uso de sua marca e de métodos de operação a comerciantes que revendiam seus produtos de forma exclusiva em cidades pelos país norte-americano.

A General Motors, em 1898, se utilizou do formato para expandir a sua rede de pontos de venda de seus veículos, como forma de acessar o mercado de maneira mais estruturada e dando origem às concessionárias de veículos que conhecemos nos dias de hoje. A Coca-Cola criou o primeiro sistema de produção no formato de Franquias (Franquia de Fabricação) no ano de 1899, outorgando licenças para empresários que desejavam produzir e comercializar os seus refrigerantes em determinadas áreas geográficas.

No século seguinte houve o verdadeiro *boom* do Franchising, quando as empresas de mercearias (ou quitandas, como conhecemos por aqui e por lá, *grocery stores*), locadoras de veículos (Hertz, em 1921) e mesmo redes de alimentação (isso mesmo, *fast-food,* teve início em 1925 com a A&W) iniciaram sua participação no modelo.

As distribuidoras de petróleo iniciaram o seu processo de conversão de suas unidades próprias em Franquias por volta dos anos de 1930, que foi um período de maior expansão do Franchising como ferramenta de alavancagem e maior capilaridade de mercado.

O grande acelerador do Franchising ocorreu após o término da Segunda Guerra Mundial, quando os ex-combatentes retornavam às suas origens, após a experiência de enfrentar as mais diversas dificuldades e correr risco de morte nas batalhas e cheios de ideais e seguros de que não precisavam mais receber ordens de ninguém, senão de si próprios, com forte apelo empreendedor e dispostos a arregaçar as mangas para o trabalho (componente fundamental para o sucesso em qualquer época do Franchising no mundo inteiro!). Pelo fato de não terem experiências anteriores, alguns não conseguiram êxito em suas jornadas.

Com o formato do Franchising se expandindo, com métodos e processos bem definidos e com as cartilhas (manuais) cada vez mais sendo usados, isso se tornou uma alternativa bem-sucedida e uma combinação perfeita para aquele batalhão (literalmente) de gente motivada a fazer a diferença em suas vidas e nas suas regiões.

Já na década de 1950, surgiram o Burger King (hoje, nas mãos de empresários brasileiros – o grupo 3G) e o McDonald's, entre outras marcas, para citar somente marcas de relevância mundial.

Mas nem tudo foi tão perfeito assim. Várias redes de Franquias quebraram nesse período, e logo surgiu a necessidade de regulamentação para proteger, principalmente, as pessoas sérias que pretendiam usar o Franchising como um meio de conquistar sonhos e objetivos pessoais.

Franchising no Brasil

No Brasil, noticiam-se várias iniciativas de expansão dos negócios por terceiros mediante licenças estruturadas (na maior parte das vezes) e, de certa forma, é na década de 1940 que se tem a difusão desse conhecimento. Porém, na década de 1960, surgiram as redes Yázigi e CCAA, ainda não de forma tão estruturada, mas, na década seguinte, se inicia para valer o Franchising nacional com a chegada, inclusive, de algumas marcas internacionais no Brasil (Em 1979, a primeira unidade do McDonald's é instalada na cidade do Rio de Janeiro).

A própria ABF (Associação Brasileira de Franchising) surgiu no ano de 1987, numa tentativa de organizar um segmento que já dava indícios de que o crescimento seria bastante importante para o país, como de fato é até hoje, e, naquela época, com o principal intuito de "ter uma representação institucional junto ao governo e à sociedade civil, mas que também se comprometesse com a ordenação do crescimento do Franchising e que pudesse funcionar como garantia de qualidade, facilitando a escolha certa de Franqueados em potencial", segundo o livro *20 Anos de Franchising/ABF*. (Jayme Brener, 2007)

No ano de 2010, o Franchising nacional movimentou cerca de R$ 76 bilhões com mais de 1.850 redes (marcas de negócios Franqueadores) e com cerca de 86 mil unidades.

CRESCIMENTO DO FATURAMENTO DAS FRANQUIAS x CRESCIMENTO DO PIB

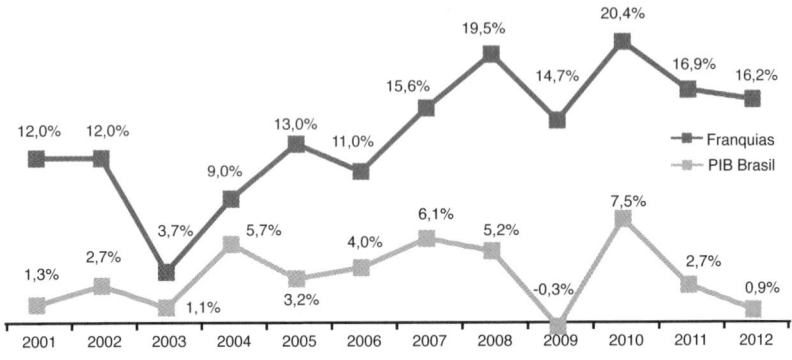

- O Franchising representou em 2010, 2,1% do PIB brasileiro

Gráfico de crescimento do sistema de Franchising comparado com as taxas do PIB (Produto Interno Bruto) - Fonte: ABF - mar/2013

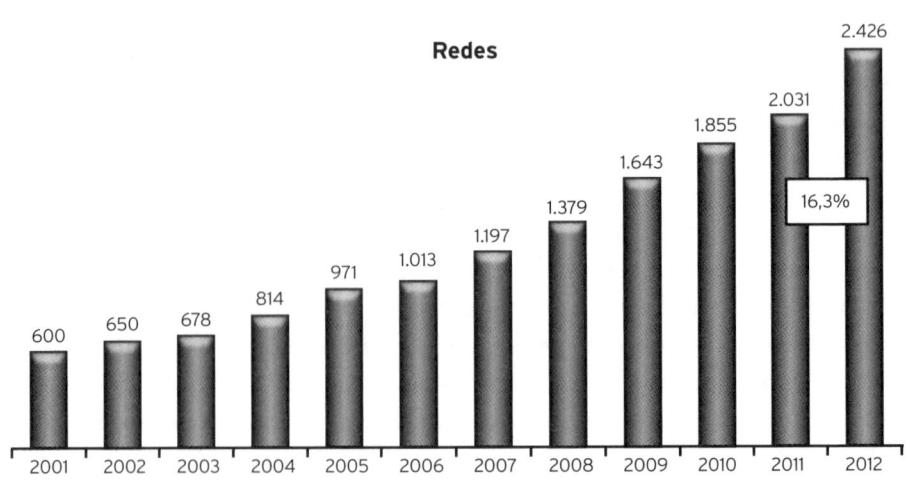

Gráfico da quantidade de redes Franqueadoras - Crescimento de 16,3% em relação ao ano anterior - 2011 x 2012 - Fonte: ABF - mar/2013

O Brasil alcançou o posto de quarto maior mercado mundial como Franqueador, com mais de 90% desse total representado por marcas nacionais. Muitas não se contentaram em manter-se somente no Brasil e mais de 65 delas já estão presentes no exterior (representando, aproximadamente, 4% do total de redes Franqueadoras), em cerca de 50 países.

Obviamente, nem todas que se expandiram para fora dos nossos limites geográficos tiveram êxito, mas a grande maioria delas ainda se mantém nesses mercados.

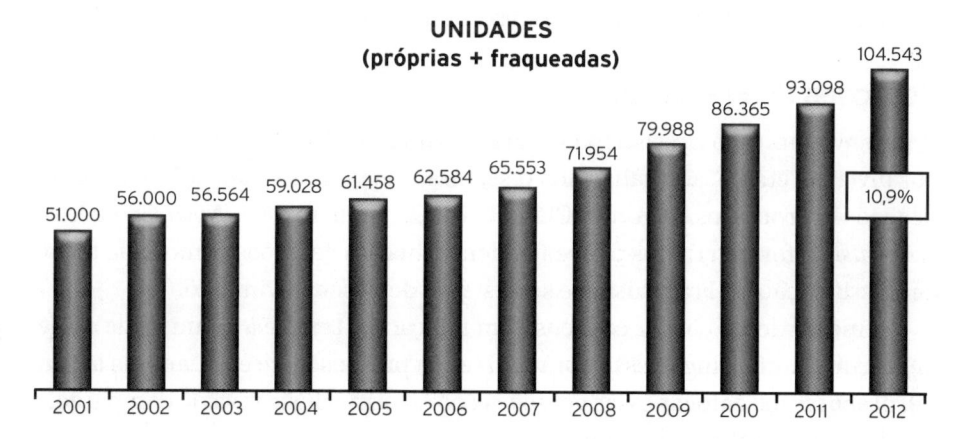

**UNIDADES
(próprias + fraqueadas)**

2001	2002	2003	2004	2005	2006	2007	2008	2009	2010	2011	2012
51.000	56.000	56.564	59.028	61.458	62.584	65.553	71.954	79.988	86.365	93.098	104.543

10,9%

Gráfico demonstrativo da quantidade de unidades (próprias + franqueadas) – Crescimento de 10,9% em relação ao ano anterior – 2011 x 2012) – Fonte: ABF – mar/2013

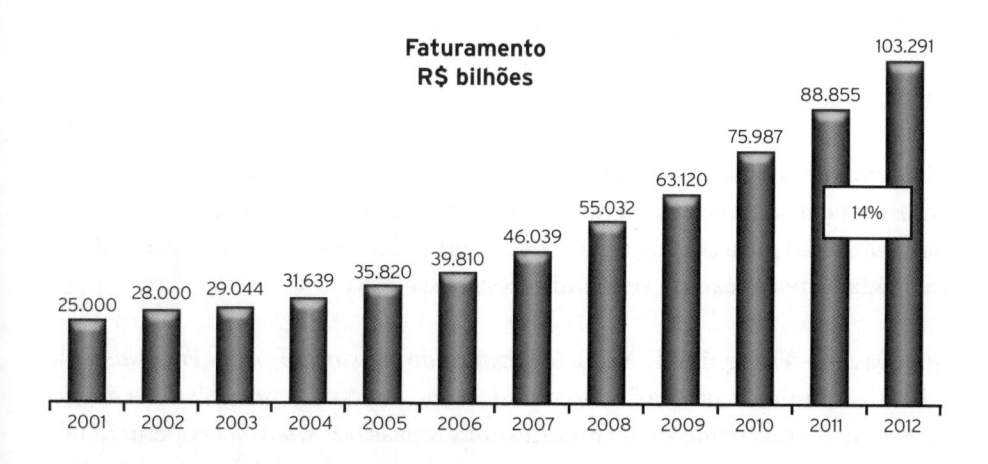

**Faturamento
R$ bilhões**

2001	2002	2003	2004	2005	2006	2007	2008	2009	2010	2011	2012
25.000	28.000	29.044	31.639	35.820	39.810	46.039	55.032	63.120	75.987	88.855	103.291

14%

Gráfico de crescimento do faturamento do sistema de Franquias – Crescimento de 14% em relação ao ano anterior – 2011 x 2012 – Fonte: ABF – mar/2013

Cada vez mais, percebemos a importância do Franchising no contexto econômico atual, pois, acima de tudo, proporciona uma geração de negócios e empregos de maneira relativamente estruturada, aliando os interesses da sociedade (menos negócios com possibilidade de quebra nos primeiros cinco anos e daí por diante), dos investidores (Franqueados dispostos a empreenderem de maneira mais organizada e, em alguns casos, até "comprando" os seus empregos) e, por fim, das Franqueadoras, que concedem suas marcas e métodos de trabalho para ocuparem cada vez mais mercados e acessarem novos consumidores (ampliando a sua cobertura de mercado).

Gerações do Franchising

O desenvolvimento do sistema de Franchising no Brasil e no mundo passou por diversas etapas ao avaliarmos o seu grau de profissionalização e sistematização de processos. Segundo Cláudio Tieghi, no livro *Uma Nova Geração do Franchising*, foram criados conceitos denominados gerações como uma forma de classificação do Franchising e seu estágio de desenvolvimento.

Apesar de não haver consenso em relação ao tema e à quantidade de gerações do Franchising (e essa obra não tem a pretensão de esgotar esse assunto), procuramos enfocar essas gerações como forma ilustrativa de comparação das diferenças entre cada estágio.

1ª Geração – Franquias de Produto e Marca (sem exclusividade) – Franqueadora licencia sua marca ao Franqueado e distribui seus produtos sem exclusividade, ou seja, os mesmos produtos podem ser encontrados em outros varejistas que não os Franqueados. Trata-se de uma estratégia de expansão sem aspectos de controle envolvidos, simplesmente acesso ao mercado.

2ª Geração – Franquias de Produto e Marca (com exclusividade) – Franqueadora licencia sua marca ao Franqueado e vende produtos de forma exclusiva. Nessa geração já se amplia o nível de cobertura de mercado no aspecto da exclusividade, porém ainda sem muito controle efetivo.

3ª Geração – Franquias de Negócio Formatado (*Business Format Franchising*) – Bastante difundida no Brasil e no mundo, tem, na sua essência, além da licença de uso de marca, o fato de a Franqueadora repassar o *know-how* operacional a toda a sua rede, prestando serviços de assessoria e acompanhando de perto o dia a dia das operações dos Franqueados. O padrão é rígido e conhecido como Pacote de Franquias (*Franchise Package*), no qual praticamente tudo o que precisa ser conhecido está manualizado e instrumentalizado para os Franqueados simplesmente agirem sob as regras determinadas.

4ª Geração – Franquia de Aprendizado em Rede (*Learning Network Franchising*) – Caracteriza-se pela maneira constante e contínua de desenvolvimento e aprendizado, em que a Franqueadora dita as principais regras e diretrizes e os seus padrões em um nível de orientação, e o aprendizado é fundamental como pilar de sustentabilidade do relacionamento. De certa forma, a Franqueadora não é mais a única produtora de conhecimento, e sim a grande integradora de todo o conhecimento produzido pelas pontas, Franqueados, os quais têm acesso aos consumidores e conhecem a região de atuação melhor do que várias Franqueadoras. A participação ativa dos Franqueados se torna fundamental nesse tipo de relacionamento, e as trocas de ideias e conversas francas sobre os problemas da rede de maneira geral são pautadas por um senso de resolução bastante amplo e que gera, em última instância, um sentido de pertencimento (*belonging*) mais apropriado.

5ª Geração – Chamada de Rede Inteligente ou Rede Operacional, na qual todas as unidades se integram por meio da informática. A Franqueadora é responsável pelo levantamento dos fatores críticos de sucesso do negócio para os Franqueados monitorarem seu desempenho, agindo assim sem ser o emissor central das mudanças, e o Franqueador torna-se um coordenador e fiscalizador do processo. Houve uma definição, também relacionada a essa geração, que cita que são "Franquias que têm a garantia de recompra pelo Franqueador". Ou ainda, de outra forma totalmente distinta, foi chamada também de Geração das Franquias Sociais, em que os projetos bem-sucedidos de cunho social podem ser replicados por meio de técnicas do Franchising, como se fossem uma operação típica de Franquia comercial.

6ª Geração – Essa geração surgiu após evento da ABF e AFRAS (Associação Franquia Sustentável), em 2009, com o objetivo de considerar a capacidade de transformar realidades e colaborar para consolidar negócios rentáveis, mas também justos e sustentáveis. As Franqueadoras de 6ª geração apresentam uma série de características, trazendo uma importante contribuição ao sistema, pois a Franqueadora deverá estar disposta, inclusive, a rever sua missão, visão e valores fundamentais.

É possível notar que essa evolução foi amplamente apoiada pelo uso da tecnologia e disseminação da informação e conhecimento, uma vez que o relacionamento comercial nos dias de hoje está muito mais dinâmico e veloz, e as respostas do mercado aparecem de maneira mais rápida, exigindo da Franqueadora e de suas equipes um nível de compromisso e atualização ainda maiores. Essa cadeia produtiva na relação de Franqueadora e Franqueados está cada vez mais complexa e entender a sua evolução é importante no contexto histórico.

Cada geração teve (ou tem, como no caso da 6ª geração) a sua importância no contexto mercadológico e, atualmente, podemos afirmar que as Franqueadoras de sucesso são aquelas que sabem capturar a inteligência de toda a rede, disseminando informações de maneira efetiva para todos os participantes, aliando a sua capacidade de planejamento no longo prazo (de três a cinco anos), com seus Franqueados preparados para exercitarem os seus planejamentos para no mínimo um ano.

Disseminar conhecimento não é uma tarefa das mais complexas. Existem diversas formas e meios para se alcançar os resultados efetivos, cada vez mais acessíveis para as empresas Franqueadoras. O desafio é como transferir a cultura organizacional que tem conquistado cada vez mais relevância no âmbito do Franchising.

A cultura organizacional pode ser entendida como um conjunto de hábitos, crenças, valores e atitudes defendidos pela empresa e que aparecem fortemente nas decisões de negócios e na forma de se relacionarem com clientes, parceiros, Franqueados e demais integrantes da cadeia de valor da empresa.

Na nossa experiência, e depois de ter convivido com diversos tipos de empresas Franqueadoras, acreditamos que essa identidade genética empresarial (DNA) tem tanto (ou até mais) impacto no sucesso na franqueabilidade do negócio quanto fatores de processos, avaliações financeiras, modelos de negócios, logística, entre outros.

> *"As organizações precisam consolidar e disseminar seus valores e princípios básicos de forma consistente, para que sejam incorporados pelas pessoas, tornando-se norteadores do seu comportamento e permitindo o direcionamento entre os objetivos e valores individuais e organizacionais, construindo-se assim a Identidade Cultural (DNA da empresa)."* Citação de Marisa Eboli, no livro *Educação Corporativa no Brasil, Mitos e Verdades*.

Isso se torna bastante relevante para o Franchising, pois o desafio das marcas é cada vez mais convergir todos os interesses num mundo altamente competitivo e no qual a produção de conhecimento já não tem mais sequência lógica de origem, e sim de aplicação de fato, para que gere resultados práticos para todos os envolvidos na cadeia. Cabe à Franqueadora estabelecer os parâmetros mínimos necessários e regras que serão fundamentais para a sustentabilidade do negócio, ajudando-o a se tornar perene e que seja compreendido por todos os envolvidos.

É importante refletir sobre essas questões de DNA corporativo e de cultura empresarial nessa primeira parte do livro, pois o tema irá permear toda a conceituação da *Gestão Estratégica do Franchising*.

De forma simplificada, mas não simplista, assumimos a seguinte crença:

Franqueadora pensa MACRO e Franqueados pensam MICRO.

Macro, nesse contexto, significa pensar num horizonte maior do que simplesmente um ano. É estruturar um planejamento estratégico e comercial do negócio para um horizonte de no mínimo três anos, que seja compreendido por todos os integrantes da empresa Franqueadora e que, de certa forma, seja conhecido na sua essência pelos Franqueados que compõem a rede.

Micro, para o Franqueado, significa que as estratégias de médio e longo prazo são responsabilidades da Franqueadora estruturar e comunicar para a rede, para que esse possa desenvolver os seus planos para o período mínimo de um ano. Pensar micro, em hipótese alguma, se refere ao fato de o Franqueado pensar menos, e sim pensar na sua localidade, na sua praça, na sua Franquia.

Planejar, por mais fácil que possa parecer, traz diversos obstáculos (às vezes claros, outras vezes nem tanto), e o principal é a cultura de planejamento já existente na rede, principalmente quando estimulado e praticado pela própria Franqueadora.

Nas redes em que a Franqueadora e sua equipe tem dificuldades de realizar planos para os seus negócios, são mais complicadas de se implantar as ferramentas de planejamento dos negócios junto aos Franqueados do que outras que já estão mais aculturadas nesse sentido.

> *"Aprender é uma aventura simultaneamente dolorosa e prazerosa. Envolve o abandono de modelos que nos foram caros, desequilibra certezas e traz a ansiedade do novo."*

Esse trecho, escrito por Cláudia Costin, ex-ministra da Administração, foi extraído do prefácio do livro de Marisa Éboli (*Educação Corporativa no Brasil,*

Mitos e Verdades) e reflete claramente os desafios do aprendizado e da transmissão de conhecimento pelas empresas Franqueadoras no Brasil, criando um ambiente propício para essa situação.

A dificuldade de tornar o planejamento um processo sistemático em toda a rede está relacionada diretamente com a cultura empresarial que durante anos existiu no empresariado brasileiro, de falta de métodos e disciplina na gestão dos negócios. Dessa forma, criar processos e métricas de avaliações de desempenho pela Franqueadora torna-se fundamental para a perenidade do negócio e, por consequência, para o sucesso de toda a rede de Franquias. Além disso, criar ambientes de confiança facilita essa troca de ideias e ampliação do conhecimento, pois acreditamos que onde há confiança, também há mais tolerância no relacionamento.

O contrário também é verdadeiro, ambientes que sejam hostis ou que tenham muitos conflitos que não foram efetivamente resolvidos geram uma desconfiança muito grande e causam grandes transtornos na condução dos negócios e, muitas vezes, superando a racionalidade dos negócios, por se tratar de relações humanas com terceiros (Franqueados) que juridicamente são interdependentes e que podem, a qualquer momento, questionar determinados posicionamentos, gerando um desalinhamento entre todos os integrantes.

> *"À medida que o Franqueador age e constrói a sua confiança empresarial, ele estará em posição muito melhor para lidar com situações difíceis."* Greg Nathan, no livro *Parcerias Lucrativas*.

Principais papéis de cada parte na construção do sucesso

Dentro da lógica que Franqueadora pensa macro e Franqueados pensam micro, é importante destacar as principais responsabilidades de cada parte na construção de uma rede bem-sucedida.

Aliás, esse tem sido um dos nossos principais pontos de difusão do conhecimento para o Franchising nacional, por meio de artigos sobre o tema ou mesmo programas de capacitação, destacando quem faz o que nessa relação nem sempre tão harmoniosa do Franchising.

> *"Sempre que você não está envolvido em atividades de valor agregado, tais como atendimento a clientes, planejamento estratégico ou motivação pessoal, está inevitavelmente desperdiçando tempo, dinheiro e energia."* Greg Nathan, no livro *Parcerias Lucrativas*.

Franqueadora
- Desenvolver continuamente o negócio e seu conceito.
- Estabelecer padrões e normas de funcionamento, diretrizes básicas.
- Selecionar e capacitar os seus Franqueados.
- Autorizar o uso da marca e do sistema de negócios.
- Oferecer apoio e orientações importantes sobre operação e gestão do negócio.
- Supervisionar a rede para preservar o DNA (Identidade Genética) empresarial.
- Aprimorar continuamente o modelo de negócios.
- Pensar no médio e longo prazo (de 3 a 5 anos).
- Definir o que chamamos de *brand statement* – posicionamento de marca e princípios do negócio.
- Alinhar os seus Franqueados com a sua cultura organizacional – missão, visão e valores devem ser continuamente difundidos.
- Apoiar a transformação dos Franqueados em empresários ligados a um conceito (rede).
- Fornecer liderança clara e positiva.
- Ajudar os Franqueados a alcançarem os seus objetivos.
- Proteger a posição estratégica da marca.
- Inspirar os Franqueados num processo de aprendizado contínuo.

Franqueados
- Investigar antes de investir em uma Franquia.
- Investir e reinvestir na sua Franquia (as pessoas jurídicas "envelhecem" e, muitas vezes, ficam empobrecidas pela constante retirada dos sócios e o não reinvestimento).
- Operar segundo os padrões e diretrizes da Franqueadora.
- Pagar os valores devidos à Franqueadora e aos demais parceiros em geral (fornecedores, obrigações governamentais etc.).
- Cuidar do dia a dia do negócio e fazer acontecer na sua região.
- Garantir a execução dos planos e diretrizes elaborados pela Franqueadora (e seus próprios planos).
- Estruturar seu próprio planejamento para um escopo anual (no mínimo) e executá-lo com excelência.
- Proporcionar experiência de consumo relevante para os clientes atendidos em sua Franquia.
- Participar de maneira efetiva e íntegra da rede, proporcionando o conhecimento local necessário para a manutenção do negócio.
- Operar e gerenciar sua unidade de maneira empresarial.
- Ampliar a base de clientes satisfeitos com a marca.
- Respeitar e disseminar os princípios e valores da empresa e marca.

- Transformar-se em empresário de seu próprio negócio (e não simplesmente um Franqueado).

De maneira geral, encaramos o Franchising como uma orquestra, na qual o Franqueador é o regente dessa orquestra, e os Franqueados são os músicos que tocam os seus instrumentos, alinhados a uma composição de várias notas e seguindo o padrão musical adotado como verdadeiro e melhor para entregar ao público participante das apresentações (clientes). É interessante a relação com uma das citações de Peter Drucker:

> *"O protótipo da organização moderna é a orquestra sinfônica. Cada um dos seus 200 músicos é um especialista de alto nível. Contudo, sozinha, a tuba não faz a música: só a orquestra pode fazê-la. E isso só acontece porque todos os músicos têm a mesma partitura. E todos tocam uma peça musical de cada vez."*

Desafio semelhante é a forma como a empresa que transformou o conceito de circo no mundo, o Cirque du Soleil, orienta os seus integrantes dos diversos *shows* que acontecem todos os dias em várias partes do mundo no que se refere às suas maquiagens. Primeiro, porque as maquiagens são feitas e aplicadas pelos próprios artistas, que entendem a visão geral do *show* (a promessa de entrega da marca naquele *show*) e seguem um roteiro pré-definido, mas a eles é permitido dar um toque pessoal que não descaracterize a essência do personagem e, ao mesmo tempo, lhes envolva ainda mais na construção do sucesso do *show*.

Aliás, usamos várias cenas de *shows* em nossos programas de capacitação por entendermos que vários conceitos da administração moderna são perfeitamente aplicáveis, entre eles a experiência de consumo que é vivida pelos clientes nos *shows*, o alto nível de preparo e capacitação dos integrantes do *show*, desde os músicos, organização, pessoal das unidades até os artistas, o constante questionamento dos limites (parece que, para eles, limite é uma coisa que de fato não existe), elementos de segurança sempre presentes nos espetáculos sem perder a audácia que lhes caracteriza, entre outros fatores.

> *"A maneira mais eficaz de educar Franqueados a pensarem e se comportarem como empresários bem-sucedidos é tratá-los como tal – como parceiros de negócios que estão trabalhando com seus Franqueadores para alcançar resultados e sucesso mútuos!"* Greg Nathan, no livro *Parcerias Lucrativas*.

E para concluir a importância do papel das partes na construção do sucesso de uma rede de Franquias, extraímos integralmente do livro de Greg Nathan (*Parcerias Lucrativas*) as diferenças de perspectivas entre as partes, pois são geradoras de tensões e conflitos naturais ao longo da relação de Franquia. E conhecê-las melhor e entende-las já é um grande passo rumo à estruturação de uma relação menos conflituosa e, portanto, mais amistosa.

PERSPECTIVA DA FRANQUEADORA	PERSPECTIVA DO FRANQUEADO
• Empreendedora, impaciente: "Vamos fazer isso!"	• Mais cuidadosa com o risco: "Vamos esperar e ver."
• Quer tomar decisões e que elas sejam implementadas pela rede	• Quer ter opinião nas decisões que o impactam
• Tem uma visão global das necessidades dos clientes	• Tem uma visão local das necessidades locais dos clientes
• Focada em resultados de longo prazo e questões estratégicas	• Focado em resultados de vendas semanais e questões operacionais diárias
• Quer consistência e conformidade com o sistema de negócios	• Quer alguma autonomia e flexibilidade em como fazer as coisas
• Quer compartilhamento aberto de informações comerciais e financeiras	• Pode ser relutante em compartilhar informações comerciais e financeiras

O lado humano do Franchising

Várias pessoas nos inspiraram nessa jornada de evolução de nossas carreiras no Franchising, mas uma, em especial, merece destaque. Trata-se do consultor australiano Gregory Nathan, psicólogo, que já foi Franqueador e Franqueado e hoje possui uma empresa de Consultoria e Capacitação (www.franchiserelationships.com), com vários livros publicados sobre o tema.

A visão de que bons relacionamentos trazem bons resultados é uma de nossas principais crenças na condução dos negócios, seminários, palestras e *workshops*.

Até na nossa missão empresarial, inserimos essa crença, como nossa razão de existir: "Ajudamos as empresas a melhorarem seus resultados e relacionamentos com seus Canais de Vendas por meio de Educação Corporativa e Consultoria".

John Naisbitt, em seu (famoso) livro *Megatrends*, afirma que o Franchising é o método de marketing mais poderoso conhecido para a empresa moderna. Daí a importância de se entender o Franchising sob a ótica das relações humanas.

Na nossa experiência, aprendemos (muitas vezes de maneira não tão suave e fácil) que os relacionamentos e os ambientes de franca e aberta comunicação geram menos conflitos e desconfiança entre as partes envolvidas.

Há tempos usamos um ditado em nossas apresentações, que estamos cada vez mais convencidos da sua importância: "Onde há confiança, há tolerância!". Estamos nos referindo às redes que conseguem construir bases sólidas de confiança no decorrer de suas jornadas empresariais, em que os envolvidos (de fato estão envolvidos) buscam soluções para os problemas que constantemente surgem numa relação como a de Franquia comercial, e não somente os culpados ou responsáveis.

Resultados incríveis são conquistados em ambientes colaborativos e de confiança mútua, e grande parte dessa conquista está nas mãos dos dirigentes (os principais executivos da Franqueadora, além de seu fundador), pois isso passa a fazer parte de seu DNA corporativo e transmite segurança na relação, sobretudo numa economia totalmente globalizada e ligada em rede.

Certo evento, assistindo a uma das maiores autoridades Franqueadoras nacionais, o dr. Miguel Krigsner, fundador e presidente do Conselho de Administração da rede O Boticário (a maior empresa Franqueadora de cosméticos e perfumes do mundo), tivemos acesso a uma declaração que trouxe profundas reflexões em nosso aprendizado e, por consequência, nos nossos programas de capacitação e consultoria: "O ar que o Franqueador respira entra pelas narinas dos seus Franqueados!".

Não sabemos se, de fato, todos compreendem essa afirmação, mas entendemos aqui uma profunda interdependência entre vários CPFs (Cadastro de Pessoas Físicas) ao invés somente dos CNPJs (Cadastro Nacional de Pessoa Jurídica). Isso mesmo, por trás de um CNPJ sempre existe um (ou mais) CPF, e esse deve estar bem envolvido com o contexto da Franquia.

Em momento algum sugerimos desprezar as normas jurídicas da relação, as quais, por suas Leis e Acordos/Contratos, precisam ser seguidas e muito bem seguidas. Acreditamos até que o contrato de Franquia deva ser mais rigoroso (pois a Franqueadora é a detentora da marca e produtos, conceito do negócio, foi ela que desenvolveu e apostou na sua marca, de maneira geral, é de sua propriedade intelectual) e a relação mais flexível. A relação entre as partes precisa ser mais entendida e compreendida sob a ótica das expectativas de cada um dos envolvidos.

Ter na equipe da Franqueadora pessoas com interesse genuíno em outras pessoas torna-se imperativo para conquistar relações mais maduras e responsáveis, focando sempre nos resultados que sustentam toda e qualquer iniciativa empresarial. E isso tem relação direta com a cultura organizacional criada pela Franqueadora, pois tem poderosa influência no comportamento e nas relações das pessoas.

Segundo Greg Nathan: "Franchising é uma relação de forte interdependência entre as pessoas. Se prestarmos atenção somente em contratos, finanças e mercados e ignorarmos a dimensão humana do Franchising – os sentimentos, motivações e comportamento das pessoas –, ignoramos o núcleo da relação da Franquia". E complementa: "Trata-se de trabalhar com pessoas em um relacionamento altamente interdependente, quando há visões diferentes a conciliar. Esses são os desafios diários do Franchising ou de qualquer parceria de negócios".

Há vários fatores de sucesso e insucesso para uma operação de Franchising, que serão amplamente apresentados nesse livro, mas um deles nos tem chamado mais a atenção. Ao invés de somente pensarmos e procurarmos o perfil ideal de Franqueado (você pode acessar diversos *sites* de empresas Franqueadoras e em todas vai encontrar uma lista de itens, e se encontrarem alguém com todas aquelas características, é bom desconfiar, não estaria procurando uma Franquia, e sim estaria talvez mudando um país ou planeta, tamanha são as determinações necessárias), o Franchising deveria também ter definido o perfil ideal de empresa Franqueadora.

Para usar o Franchising como forma de expansão de seus negócios, é preciso entender claramente as regras desse novo jogo, não citando apenas as regras legais (imprescindível que as conheça também!), mas a forma como as coisas devem ser feitas, o espírito de parceria que deve estar presente numa relação de Franquia, as crenças e expectativas de cada parte. Deve existir também uma clara definição de propósito da empresa Franqueadora (*brand statement*) e que consiga envolver todos os participantes. Podemos afirmar que a maioria absoluta dos Franqueados brasileiros desconhecem a missão, visão e valores da empresa Franqueadora que representam (são proprietários de unidades franqueadas de uma marca que não conseguem entender claramente os seus princípios).

E uma das mais antigas lições de Vendas diz o seguinte: "Vendemos aquilo em que acreditamos, conhecemos". Como entregar a promessa da marca nos mais diversos pontos de contato sem entender claramente os princípios e razão de existir do negócio?

Paco Underhill, um dos principais expoentes do varejo mundial, ao qual já assistimos diversas palestras nos Estados Unidos e autor de diversos livros provocantes e importantes, sempre tratou o tema Experiência de Consumo de forma a entregar a promessa da marca nas suas interações com os clientes. Se Franquia é um método de expansão de negócios, torna-se fundamental que haja maior alinhamento e investimento de tempo e recursos para proporcionar a tal "*One Brand Experience*", ou, numa tradução simples, a mesma experiência de marca em todos os pontos de contato do cliente com a marca, no caso aqui em destaque as Franquias, que são uma forma de acessar mercado e clientes de maneira mais estruturada.

O que você deseja que seus clientes pensem e sintam sobre a sua empresa quando veem a sua marca? Esses são os valores da sua marca! (Greg Nathan, *Parcerias Lucrativas*)

De fato, o lado humano do Franchising não pode ficar escondido em contratos, manuais e estratégias, pois esses são aspectos importantes e fundamentais, mas é o lado racional e lógico da gestão de um negócio. Ainda segundo Greg Nathan, e também as nossas crenças, as decisões das pessoas são frequentemente guiadas por emoções, pensamentos e impulsos, e nem tanto pela racionalidade que buscamos sempre nas relações comerciais. Dessa forma, há três estados emocionais que todas as pessoas compartilham e que têm relação direta com o Franchising:

- **Pertencimento** (*belonging*) – senso de pertencimento, para estarmos conectados e sermos aceitos pelas pessoas que consideramos importantes em nossas vidas.
- **Respeito** – queremos ser tratados com respeito, para sabermos que temos valor, e isso desenvolve a confiança e a autoestima.
- **Objetivo** – há a necessidade de termos um propósito em nossas vidas, descobrir de fato um sentido para a nossa existência, para direcionar as nossas ações num sentido mais amplo, mais missionário (defesa de uma missão, crença!).

Um sintoma que pode ser percebido em redes com baixa presença, por exemplo, de Franqueados em suas convenções e encontros regionais, é o chamado de Greve Motivacional dos próprios Franqueados (Greg Nathan). Observamos muito isso em várias redes quando a aderência aos programas é bem abaixo dos níveis aceitáveis. Cabe, nesse momento, uma verdadeira reflexão e, se possível, a implementação de um diagnóstico mais estruturado para o negócio, pois, em muitos casos, torna-se missão dos Franqueados punir seus Franqueadores por não perceberem um tratamento de respeito.

Os principais desafios do Franchising

Os números do Franchising no Brasil impressionam pela sua pujança, manutenção de crescimento constante e consistente todos os anos e cada vez mais pela quantidade de empresas que usam dessa estratégia de canais para expansão de seus negócios.

O Brasil tem tido destaque internacional nessa área, estando entre as 4 maiores nações mundiais em números de franqueadores, o que dá uma ideia exata da amplitude do Franchising para a economia, empreendedorismo e geração de renda e empregos.

Estamos atingindo um nível de maturidade impressionante, muitas redes nacionais já desbravaram mercados internacionais, com sucesso em boa parte dos casos e nacionalmente passamos por um processo de revisão dos caminhos e métodos usados, dentro de um cenário complexo de mudanças por parte dos consumidores e da relação das empresas com esses, que estão cada vez mais informados e empoderados, com diversas opções à sua disposição e com o uso das mídias sociais e demais aparatos tecnológicos cada vez mais presentes nos negócios.

Vários são os aspectos que trarão impacto para os negócios em canais de vendas e, em especial, para o Franchising, e procuramos elencar alguns pontos de atenção e reflexão por parte dos envolvidos no sistema. São eles:

Acesso ao Mercado – com a enorme quantidade de ofertas para o consumidor, tomar uma decisão de compra tem sido influenciada por diversos fatores, mas, em especial, estar no local certo, no momento certo e com a oferta adequada compõem o tripé de sucesso nessa decisão. Buscar cada vez mais ampliar o acesso ao mercado, seja por meio do crescimento e expansão dos negócios em franquias ou mesmo por outros canais de vendas tornar-se-á imperativo para conquistar e fidelizar o mercado. Além dessa busca, há a necessidade de manter um alinhamento e posicionamento nos canais de vendas de maneira a gerar uma visão consistente para o mercado consumidor e a relação das marcas com o mercado tem ficado cada vez mais complexa, em virtude da enorme parafernália tecnológica (aparelhos de celular smartphone, tablets, dispositivos móveis, acesso a web cada vez mais rápido e disponível em vários locais, etc.) existente nos dias de hoje. No acesso ao mercado também deve-se levar em consideração revisões do modelo de negócios para atingir locais com potencial para o negócio em formatos adequados à realidade local, e não ao padrão da Franquia somente.

Gestão Estratégica dos Negócios – buscar o alinhamento entre Franqueadores e Franqueados em sua visão de negócios, missão e valores pode ser o diferencial de consistência que o mercado procura, onde a experiência de consumo oferecida pelos Franqueados tende a ser mais alinhada com a promessa de marca da empresa. Cada vez mais as redes precisarão investir tempo e recursos para buscar esse alinhamento com a sua base de Franqueados e assim gerar maior consciência e consistência na prestação de serviços aos clientes, desde a padronização da marca, produtos, aspectos visuais e da operação do negócio propriamente dita. O termo Gestão Estratégica corresponde à execução correta na ponta (Franquias e Franqueados) da missão, visão e valores da marca Franqueadora e assim gerar a mesma experiência de consumo em todas as unidades.

Capacitação da Rede – está cada vez mais clara a necessidade de buscar maior preparo da rede de Franqueados, uma vez que os mesmos representam as marcas perante o mercado consumidor, que está cada vez mais exigente e informado. Transformar Franqueados em empresários se torna imperativo e fazer os mesmos agirem com mais empenho na condução de seus negócios, mas sempre alinhados com as premissas e diretrizes da marca Franqueadora. Entender a capacitação como um processo estratégico e não ações pontuais de treinamento e esporádicas, quase que espasmódicas na relação durante o longo prazo de convivência entre Franqueadores e Franqueados. A estratégia e objetivos gerais precisarão estar claros para todos os envolvidos e os programas de capacitação alinhados com essas premissas, com frequência e duração definidas no começo do ano, para permitir maior programação de todos na rede e também uma melhor alocação de custos para a Franqueadora e para os próprios Franqueados, que cada vez mais deverão arcar parte desses custos dentro de seus negócios, para poder viabilizar o crescimento que se espera do negócio.

Gestão Financeira Empresarial – para ambas as partes, Franqueadores e Franqueados, não haverá espaço para descontroles, ausência de indicadores de performance e desequilíbrio financeiro, com risco de comprometer a imagem da empresa e a própria sustentabilidade do sistema de Franquias. Todos deverão se tornar gestores financeiros com boa habilidade e conhecimento dos números do negócio e agir com base nessas avaliações, de maneira frequente e preventiva. Criar essa cultura de gestão é um dos pilares de sucesso das redes que estão conquistando posições de destaque no mercado. Além disso, também deverá haver uma constante busca e cálculo do valor do negócio (valuation, em inglês), pois deverá haver muitas fusões e consolidações das redes nesse ano que se inicia e nada melhor do que estar preparado e com o método de se apurar essas informações já sistematizado na empresa. Isso se aplica também aos Franqueados, que deveriam calcular o valor de suas unidades, no mínimo, mensalmente, não que se espere a venda do negócio ou transferência, mas uma empresa nasce para gerar valor aos seus fundadores e é legítimo que se tenha conhecimento desse valor, até para poder conduzir melhor a gestão dos negócios.

Produtividade Comercial – com diversas opções de consumo pelos clientes, oportunidades comerciais não poderão ser desperdiçadas, principalmente nos pontos de vendas Franqueados. A visita de um cliente deverá ampliar a taxa de conversão dos negócios (quem não mede, já deveria estar fazendo!), de maneira treinada e alinhada às premissas da empresa franqueadora e seguindo um roteiro ou método conhecido por todos. É impressionante a quantidade de oportunidades que são desperdiçadas no varejo pela falta de preparação das equipes de atendimento e vendas, como falta de produtos, abordagem errada para conhecer as necessidades dos clientes, o simples fato de atender o cliente e entregar o que ele solicita (chamamos de equipe tiradora de pedido e não de consultores de vendas que procuram entender o que de fato os clientes precisam e passam a lhes oferecer as melhores soluções em produtos e serviços). Gerar essa consciência na rede franqueada é um dos primeiros passos e depois preparar toda a rede com capacitação e métodos bem definidos poderá ajudar muito na melhoria dos resultados de todos.

Obviamente, inúmeros são os desafios e variam de rede para rede, que estão em estágios distintos de maturidade, mas acreditamos, de maneira geral, que esses caminhos podem ajudar a todos no mercado, Franqueadores, suas equipes e Franqueados com os seu times na busca de melhores resultados e maior satisfação dos clientes, gerando um reconhecimento de marca relevante para os consumidores, tornando-os mais fiéis ao negócio. Os desafios são enormes, de fato, mas as oportunidades também trarão diversas recompensas para quem estiver preparado para enfrentar essa rica jornada e conquistar clientes e mercados.

Franchising como Canal de Vendas

Num mundo onde cada vez mais os produtos e campanhas publicitárias estão parecidos, e os preços também estão bastante próximos, diferenciar-se é vital para o sucesso e perenidade dos negócios.

Cada vez mais as empresas adotam novas estratégias de acesso ao mercado, por meio de seus Canais de Vendas, que podem ser definidos da seguinte maneira:

"As formas utilizadas pelas empresas para acessar seus consumidores e interagir com eles, levando até eles seus produtos, serviços, informações ou marketing e agregando-lhes valor."

Também podemos definir como Canais de Distribuição ou Canais de Marketing, que têm na sua essência aspectos de diferenciação, mas, para fins deste livro, vamos adotar essa definição de entendimento básico de Canal.

Existem diversos Canais à disposição de uma empresa para acessar cada vez mais mercado e de maneira estruturada, podendo ser considerados como diretos ou indiretos.

- **Canais diretos** – quando a empresa realiza a oferta de seus produtos e serviços diretamente aos clientes finais.
- **Canais indiretos** – quando a empresa se utiliza de outras empresas para oferta e comercialização de seu portfólio aos clientes finais.

Estabelecer uma estratégia de Canais tem se tornado o diferencial dos negócios, pois, na nossa visão, o "acesso ao mercado" tem tido mais valor do que simplesmente o processo de elaboração (fabricação) em si. Hoje, várias empresas estão adquirindo outras (ou se associando, fundindo ou estruturando *joint-ventures*), muitas vezes em função da capilaridade de seus canais de vendas.

Nas redes de varejo isso é fato concreto e cada vez mais usual, que pode ser classificado como "aquisição de mercado" pura e simplesmente.

Portanto, a definição de políticas de canais deve ser cuidadosamente pensada e implementada, pois se trata de região de potencial conflito, de fato, sob vários aspectos, principalmente em assuntos de preços e políticas de desconto.

Aprendemos, ao longo desses anos, que se não há conflito entre os canais, provavelmente uma empresa não está cobrindo todo o mercado devidamente. Não é uma questão tão simples assim, mas é um ponto de reflexão constante dos executivos da área comercial, responsáveis pela geração de resultados e vendas.

O amadurecimento das relações entre empresas e seus canais de vendas tem sido uma das tarefas de longo prazo e que precisam ser bastante cuidadas, já que entendemos a importância estratégica dos canais de vendas e vários aspectos precisam ser avaliados na construção dessa parceria, entre eles:

- Definição do mix de produtos e serviços disponíveis para os Canais;
- Regras e política comercial – preços, comissionamento, margens etc.;

- Território e carteira de clientes;
- Suporte e programas de capacitação oferecidos ao Canal;
- Ações de comunicação e promocionais;
- Modelo financeiro do negócio – análise de viabilidade e sustentabilidade do Canal;
- Políticas de crédito e inadimplência;
- Aspectos jurídicos bem claros e alinhados com os parceiros dos Canais;
- Relacionamento ativo, efetivo e próximo dos integrantes dos Canais;
- Programas de estímulos às vendas e campanhas motivacionais, entre outros.

Cobrir cada vez mais mercado e reduzir o tempo de acesso é um dos principais desafios das empresas atualmente, ou seja, construir uma capilaridade e cobertura geográfica interessantes para a manutenção de vendas e conquista de participação de mercado (*market share*).

O plano de marketing e comunicação das empresas deve contemplar programas específicos para geração de demanda no canal de distribuição e, portanto, definir os parceiros para cada tipo de canal e principalmente desenvolvê-los é uma tarefa árdua e estratégica para as empresas.

A escolha do tipo de canal de distribuição está diretamente relacionada com o tipo de produto ou serviço, já que existem vários tipos de canais de vendas com características de negócio específicas.

Uma citação de Nori Lucio Jr. torna-se importante dentro desse contexto: "Um canal sem capacitação não reproduz com fidelidade o real benefício dos produtos e serviços, neutralizando assim todo o investimento em marketing. Como consequência, pode simplesmente exterminar o valor de uma marca" (fonte *site* da Empresa Brand ME – www.brandme.com.br).

Os principais canais à disposição de uma empresa são os seguintes:

▶ **Revendedores Independentes**
- São um canal que compra produtos da indústria ou de atacadistas e distribuidores e os revende ao consumidor final. De forma geral, definem o seu próprio mix de produtos e marcas, e trabalham com mais de uma marca para uma mesma linha de produtos, apesar de também poderem revender somente uma marca, por decisão própria. Podem se estabelecer num ponto comercial ou empregar outros formatos de vendas, como a porta a porta.

- **Concessionários**
    - Também podem ser chamados de *dealers*. São, de forma geral, revendedores com contrato de exclusividade com uma marca ou fabricante, e seguem regras de negócio estabelecidas pelo fabricante. Do ponto de vista conceitual, por terem exclusividade, atuarem sob uma mesma marca e seguirem regras de negócio do fabricante, é possível defender que os concessionários atuam sob um modelo de Franquias, apesar de que no Brasil até hoje não se convencionou classificar este modelo de canal como Franchising.
- **Atacadistas/Distribuidores**
    - São um canal de revendedores que compra produtos da indústria e os revende para outros canais de vendas, e não para os consumidores finais. Na grande maioria dos casos trabalham com várias marcas de uma mesma linha de produtos. Podem ser especializados em alguma linha de produtos específica ou trabalhar com um mix amplo de produtos. Cumprem um papel importantíssimo de fazer a ponte entre a indústria e o pequeno e médio varejos, nas mais diferentes regiões geográficas.
- **Representantes Comerciais**
    - Também chamados de representantes de vendas, são um canal que atua como agente comercial direto da indústria ou de atacadistas e distribuidores, não efetuando a revenda de produtos. Podem ser exclusivos de um fabricante ou marca, ou trabalhar com mais de uma marca. Proporcionam boa capilaridade de vendas na relação entre a indústria e os canais que atendem ao consumidor final.
- **Equipes Próprias**
    - São um canal de vendas diretas, sem o emprego de intermediários. Também podem ser consideradas as unidades próprias (lojas ou unidades) cujo controle de operação e gestão são da própria empresa, entre elas filiais, escritórios de negócios ou equipe própria de vendedores. Outro formato de equipe própria podem ser considerados os *Key Account Managers* (KAM ou Gerentes de Contas Chaves), que são responsáveis por grandes/estratégicos clientes para a empresa e que demandam um nível de atenção, suporte e relacionamento mais estruturados e efetivos.

- **E-commerce**
  - É o comercio eletrônico. É um modelo de canal de vendas a distância que emprega tecnologias de telecomunicações e de processamento de informações para realizar vendas, sem necessariamente precisar haver o contato direto do comprador com um vendedor (pessoa). Pode ser empregado nas relações comerciais entre empresas (*business to business*, ou *B2B*) ou para vendas diretamente ao consumidor final no caso de bens ou produtos de consumo. Atualmente, os *sites* na Internet e os dispositivos móveis conectados à mesma são as tecnologias mais empregadas neste modelo de canais de vendas.
- **Televendas**
  - É um canal de vendas a distância por meio do telefone. Embora tenha alguma semelhança com o *e-commerce*, a característica principal é que a venda ocorre por meio do contato telefônico direto entre um vendedor (o operador de televendas) e o comprador. O canal de televendas pode ser empregado tanto para vendas ativas (quando a empresa liga para o potencial comprador) como para vendas receptivas (quando o comprador liga para a empresa para efetuar uma compra).
- **Franquias**
  - O Franchising está mais relacionado a um modelo de se fazer negócios do que a um canal propriamente dito, uma vez que pode ser adotado para a replicação de vários tipos ou formatos de canais de vendas, além de que também pode ser adotado em atividades industriais. Como o mais comum são Franquias de lojas de varejo, ou seja, que vendem produtos e serviços ao consumidor final, podemos entender as Franquias como uma opção de canais de vendas para indústrias e marcas.

Conquistar um maior acesso ao mercado, para vender sempre mais e melhor, é definitivamente um dos principais desafios de qualquer empreendedor. Dessa forma, a estruturação de uma estratégia adequada de Canais de Vendas tem se tornado cada vez mais importante e consumido tempo e energia dos gestores de negócios.

Vários fatores são necessários à elaboração e implantação desses canais de vendas, para ampliar o acesso ao mercado, porém, temos percebido que uma fórmula elaborada pelos maiores especialistas mundiais na gestão de canais de vendas, chamada dos 3 C´s (Cobertura, Controle e Custo), descritos a seguir deve ser ampliada para o modelo dos 4 C´s (Convencimento), principalmente no mercado brasileiro.

Os quatro C´s referem-se aos elementos importantes e conceituais que irão determinar uma série de esforços e ações por parte da empresa.

- **Cobertura de Mercado**
    - O que a empresa espera de cobertura, do tamanho do mercado, potencial de negócios, capilaridade de sua rede de distribuição etc.
- **Controle sobre o Canal**
    - Que tipo de controle a empresa exercerá sobre o canal de vendas, como irá avaliar a atuação de seus integrantes, como está a interação com o consumidor final (no caso de canais com contato direto com o público-alvo da empresa), as políticas de remuneração e comissionamento etc.
- **Custo para servir o Canal**
    - Como a empresa prestará suporte e qual o tipo de suporte aos canais, como irá recrutar, liderar, servir e capacitar os integrantes dos canais de vendas.
- **Convencimento dos integrantes do Canal**
    - O Convencimento refere-se a buscar o envolvimento e o engajamento dos integrantes dos canais, visando maior integração e alinhamento com o posicionamento da marca e entrega dessa promessa aos clientes, ampliando o nível de motivação de todos os participantes e, assim, gerando melhores resultados ao negócio.

Em todos os casos, a empresa deve adotar uma política clara em relação ao seu foco na definição de canais, sendo impossível abranger todas as situações sem perdas ou grandes investimentos financeiros.

A estratégia multicanal tem tido cada vez mais impacto e fazendo sentido na ampliação de cobertura de mercado (ou acesso ao mercado), em que há a necessidade de integração de todos os pontos de contato com o cliente e os canais.

Os americanos definem o conceito "*Web to Store*" (da internet para a loja) de forma bastante importante dentro do contexto da importância do Canal Internet como forma de relacionamento, mais do que propriamente de vendas aos clientes. A *Web* deve ser vista como uma extensão da empresa ou unidade, como se fosse sua vitrine de negócios.

Há tempos que Neil Rackham, um dos maiores especialistas em vendas consultivas do mundo, afirma que uma estratégia de canais é definida pelos clientes da marca. São eles que finalmente definem a forma como querem se relacionar e interagir com cada empresa. E cada vez mais os clientes querem usar diversos canais para se relacionarem com as empresas, sendo chamados de "consumidores onipresentes", ou seja, eles têm acesso a diversas informações e conhecem muito sobre os produtos/serviços da empresa e querem comprar do seu jeito, no momento e quando eles quiserem. Também são chamados de consumidores empoderados, os quais exigem cada vez mais preparo das empresas para atendê-los.

Ao invés de vender-lhes, esses clientes querem que as empresas lhes sirvam, simplesmente pelo fato de que possuem diversas informações e, de certa forma, já pesquisaram muito sobre isso antes do momento da experiência de compra.

Entender isso se torna vital para a evolução do negócio em Franquias ou canais de vendas, pois cada vez mais o acesso a essas tecnologias tem mudado a forma de se relacionar e compreender o mercado.

Portanto, adotamos a seguinte definição para o FRANCHISING:

> **"É uma estratégia de expansão dos negócios que envolve a transferência de know-how e métodos de se fazer as coisas entre duas partes, a Franqueadora (que é detentora da marca) e o Franqueado (terceiro interdependente que investe no negócio), que constroem uma relação de longo prazo visando resultados sustentáveis e duradouros, além de se desenvolverem constantemente na busca de maior participação de mercado, de forma rentável e dentro de modelos de negócios em que o planejamento e a gestão estratégica são fundamentais para a consecução dos resultados esperados."**

O que é Gestão Estratégica?

Acreditamos fortemente na construção do futuro pelas organizações, de maneira geral e, em especial, as Franqueadoras, que têm uma de suas principais obrigações essa atribuição (afinal, os Franqueados esperam isso). Para tanto, é necessário que as pessoas que compõem a empresa Franqueadora percebam a sua responsabilidade e comprometimento, ressaltando a importância da estratégia nas agendas pessoais de cada um. Esse processo contribui para direcionar o comportamento de todos os envolvidos no planejamento organizacional e, assim, concentrando os esforços, tempo e energia gerenciais necessários para essa construção.

> *"Meu interesse está no futuro, porque é lá que vou passar o resto da minha vida."* Charles Kettering, no livro *Gestão Estratégica*, de Eliezer Arantes da Costa.

Uma das ferramentas mais usadas em todas as principais empresas do mundo ainda é o planejamento estratégico e, em seguida, a formulação da missão, visão e valores organizacionais. Obviamente, isso não irá garantir o futuro e o sucesso de qualquer organização, pois diversos outros elementos devem estar presentes, como a gestão efetiva dos resultados e indicadores, uma política de retenção de talentos e capacitação contínua, um processo de comunicação e alinhamento entre todos os envolvidos, políticas comerciais aderentes ao mercado, *mix* de produtos, entre vários outros itens.

Para que uma empresa possa construir suas estratégias de negócios é fundamental que exista um propósito, que pode ser definido como um conjunto de elementos básicos que caracterizam o que a organização gostaria de ser no futuro, a sua vontade, de ser e agir. Segundo Eliezer Arantes da Costa, o propósito é o impulso, a motivação maior que fornece essa força, direcionando a escolha de caminhos e ainda esse propósito sintetiza a sua autoimagem projetada para o futuro e suas crenças básicas.

Visão e missão são conceitos distintos, mas complementares e ligados entre si, sendo que a visão descreve o que a empresa quer ser no futuro, e a missão define a razão de sua existência.

A visão também tem sido estabelecida como um modelo mental de um estado ou situação altamente desejável, de uma realidade futura possível para a organização, e a missão normalmente responde à pergunta: para que serve essa empresa?

Dessa forma, é também importante buscar uma definição para estratégia, e sabemos que há várias, mas a que mais acreditamos é a seguinte: estratégia é o caminho a ser seguido que irá levar a empresa a atingir os seus objetivos. Este caminho envolve a decisão por mercados (produtos, públicos-alvo e atuação geográfica), e por posicionamentos de marca e de preços (composto da oferta aos clientes). Em mercados onde há concorrentes, as decisões estratégicas envolvem a avaliação das decisões e da atuação dos concorrentes diretos, uma vez que estes também afetam o comportamento da demanda no mercado. No âmbito de canais de vendas, as decisões estratégicas estão relacionadas com os tipos de canais que serão empregados conforme cada mercado de atuação, produto e públicos-alvo, de modo a atingir os objetivos de vendas definidos para a empresa. Tendo decidido os caminhos a seguir, o "como" fazer ou "como seguir estes caminhos" já se refere ao nível tático, aos processos e às regras do negocio, e a todos os recursos que na prática permitirão seguir o caminho definido pela estratégia. A "gestão estratégica" é um modelo de gestão que busca fazer a ponte entre a estratégia e o melhor emprego possível dos recursos disponíveis para o atingimento dos objetivos da empresa.

Atualmente, o conceito de estratégia é uma das palavras mais utilizadas na vida empresarial e encontra-se amplamente difundida da literatura de negócios.

E mais recentemente temos lido e estudado cada vez mais a gestão estratégica, que apesar de não ser tão nova assim, tem conquistado mais seguidores, na medida em que se torna mais conhecida e entendida.

Segundo um estudo desenvolvido por Gluck, Kaufmann e Walleck (nos meados dos anos de 1980 e depois revisto nos anos 2000), é possível conhecer a evolução do pensamento estratégico entre as várias escolas a seguir descritas:

- **Planejamento Financeiro** – base de um orçamento anual, controle financeiro e administração por objetivos (PAO) - iniciada nos anos de 1950;
- **Planejamento a Longo Prazo** – base de projeção de tendências e análise de lacunas (anos 1960);
- **Planejamento Estratégico** – envolve o pensamento estratégico e a análise de mudanças no ambiente (anos 1970);
- **Administração Estratégica** – Análise da estrutura da indústria e contexto econômico e competitivo (anos 1980);
- **Gestão Estratégica** – envolve o pensamento sistêmico e a integração entre planejamento e controle, com boa dose de direção estratégica e coordenação de todos os recursos para a realização dos objetivos (anos 1990 e 2000).

Ou seja, a gestão estratégica veio dar um enfoque mais processual ao planejamento estratégico, pois, além de planejar estrategicamente, era preciso organizar, dirigir, coordenar e controlar também de maneira estratégica.

Assim, a gestão estratégica entende que o processo terá mais chance de sucesso se a organização estiver em sintonia com o seu ambiente de negócio, e a metodologia aplicada deve se ajustar à necessidade da empresa, portanto não existe uma metodologia universal que possa ser unicamente implantada em qualquer empresa.

Entendemos que esse conceito tem importância fundamental para a elaboração desse livro, uma vez que é o tema central ligado ao Franchising. Outro desafio é como criar elementos estratégicos sustentáveis e que sejam de conhecimento de todos que fazem parte da empresa, principalmente seus Franqueados e suas equipes.

Acreditamos no processo de planejamento, e não no ato isolado de uma cúpula (presidência e direção da empresa), muitas vezes distante da realidade do mercado e principalmente numa rede de Franquias. Entendemos que o Franqueador deve criar o hábito em toda a sua equipe (aculturar todos os envolvidos!) de se planejarem ao invés de somente estarem focados em aspectos operacionais do negócio, que de maneira geral consomem grande energia e esforço e não trazem resultados significativos no longo prazo.

A *Gestão Estratégica do Franchising* deve envolver toda a cadeia de participantes no processo de elaboração contributiva e colaborativa, num mundo em que a produção do conhecimento está cada vez mais descentralizada.

Porém, é responsabilidade da Franqueadora definir as diretrizes básicas de seu negócio, bem como sua missão empresarial (alguns chamam de propósito ou razão de existir), visão e valores empresariais, além dos principais caminhos a serem seguidos (estratégia). Esse conjunto de definições ou responsabilidades é chamado de Diretrizes da Empresa Franqueadora.

Já aos Franqueados, dentro do contexto de alinhamento estratégico, cabe a execução bem-sucedida dessas diretrizes, iniciando-se com o seu plano de gestão dos negócios, nesse livro chamado de GEN – Gestão Estratégica do Negócio, envolvendo indicadores do negócio, planos de ações e o engajamento das pessoas envolvidas.

Podemos afirmar que essa é uma definição simplificada do conceito do BSC (*Balanced Scorecard*), criado pelos autores Robert Kaplan e David Norton, em 1992, cuja principal razão de existir do BSC é entendê-lo como um modelo de avaliação e desempenho empresarial, porém, a aplicação em empresas proporcionou seu desenvolvimento para uma metodologia de gestão estratégica.

Os requisitos para a definição dessa forma de avaliação tratam dos processos de um modelo da administração de serviços e busca da maximização dos resultados baseados em quatro perspectivas que refletem a visão e estratégia empresarial:

- Financeira;
- Clientes;
- Processos internos;
- Aprendizado e crescimento.

BSC é uma sigla que pode ser traduzida para Indicadores Balanceados de Desempenho, ou ainda para Campos (1998), Cenário Balanceado. O termo "Indicadores Balanceados" se dá ao fato da escolha dos indicadores de uma organização não se restringirem unicamente no foco econômico-financeiro, as organizações também se utilizam de indicadores focados em ativos intangíveis como: desempenho de mercado junto a clientes, desempenhos dos processos internos e pessoas, inovação e tecnologia. Isto porque a somatória desses fatores alavancará o desempenho desejado pelas organizações, consequentemente criando valor futuro.

Segundo Kaplan e Norton (1997, p. 25), o *Balanced Scorecard* reflete o equilíbrio entre objetivos de curto e longo prazo entre medidas financeiras e não financeiras, entre indicadores de tendências e ocorrências e ainda entre as perspectivas interna e externa de desempenho. Este conjunto abrangente de medidas serve de base para o sistema de medição e gestão estratégica por meio do qual o desempenho organizacional é mensurado de maneira equilibrada sob as quatro perspectivas. Dessa forma, contribui para que as empresas acompanhem o desempenho financeiro, monitorando, ao mesmo tempo, o progresso na construção de capacidades e na aquisição dos ativos intangíveis necessários para o crescimento futuro.

Portanto, a partir de uma visão balanceada e integrada de uma organização, o BSC permite descrever a estratégia de forma muito clara, por intermédio de quatro perspectivas: financeira, clientes, processos internos, aprendizado e crescimento, sendo que todas se interligam entre si, formando uma relação de causa e efeito. Ou seja, é uma forma efetiva de permitir às organizações desdobrarem suas estratégias para elaborarem seus planejamentos. Ou mesmo pode ser considerado como um sistema de gestão baseado em indicadores que impulsionam o desempenho, proporcionando à empresa uma visão atual e futura do negócio, como foco específico e controle proativo dos objetivos planejados.

Em resumo e para maior fixação, podemos adotar o conceito de gestão estratégica como um processo de transformação organizacional voltado para o futuro, liderado, conduzido e executado pela mais alta administração da empresa, com a colaboração da média gerência e consultores de campo &

negócios, envolvendo os Franqueados e suas equipes nesse processo. Afinal, o processo de gestão estratégica passa primeiro por uma fase de diagnósticos, na qual se procura detectar possíveis lacunas ou deficiências que, se não corrigidas a tempo, podem impactar no sucesso futuro da organização.

A gestão estratégica no contexto do Franchising

O conceito de BSC tem sido difundido por muitas organizações e pela essência do Franchising, em que uma parte central (a Franqueadora) define as principais diretrizes, e as demais, mesmo sendo empresas independentes juridicamente, são interdependentes no conceito de rede e por isso deve ser usado de maneira a respeitar essa característica.

A nossa crença é que somente a Franqueadora deve ter uma missão e propósitos consistentes e amplamente difundidos para os seus Franqueados, que, por sua vez, devem segui-los e executar a estratégia com perfeição, focando nos resultados e objetivos definidos e acertados.

Claro que os Franqueados têm o seu DNA (identidade genética) como empresas independentes (ou interdependentes, como costumamos tratar aqui), têm uma cultura para fazer negócios, mas é preciso que haja um alinhamento fundamental nesse sentido, pois as partes serão fiéis na medida em que acreditarem nos princípios norteadores do negócio e esses forem vivenciados no decorrer da relação comercial.

Os integrantes da empresa Franqueadora passam a ter responsabilidade mais ampla como autênticos missionários, ou seja, pessoas que defendem um credo, uma missão organizacional e que buscam esse engajamento por meio de todas as medidas necessárias.

À medida em que as pessoas estão comprometidas com objetivos e princípios específicos, reduz-se a necessidade de controles e o convencimento se torna mais efetivo, e, por consequência, acreditamos que gere mais resultados, efetivos e duradouros.

É grande o desafio de implantar essa cultura em todos os participantes do sistema de Franchising, mas não conseguimos abrir mão desse princípio, por crença de que as empresas e pessoas podem (e devem) se desenvolver consistentemente e continuamente.

O aprendizado contínuo é a chave para a perenidade dos negócios, e para isso a empresa Franqueadora deve ter um propósito claro e estratégico e conhecido de toda a rede, voltado para a aquisição de novas capacidades e um efetivo compromisso com a experimentação contínua. Mas além de tudo isso, deve ter uma capacidade extraordinária de envolver todos num senso comum e na crença de que fazem parte de algo maior, mais estruturado, e que juntos (Franqueadores e Franqueados) podem e devem buscar mais sinergia de negócios e operações.

De maneira resumida, podemos afirmar que a *Gestão Estratégica do Franchising* tem os seguintes elementos com parte fundamental de sua estrutura:

- Alinhamento aos valores e princípios da rede.
- Elaboração do plano de Gestão Estratégica do Negócio (GEN).
- Diagnóstico empresarial criterioso.
- Avaliação consistente de mercado.
- Análise sistemática da equipe.
- Definição dos principais indicadores de performance do negócio.
- Visão de futuro – onde você quer chegar?
- Construção de um plano de ações alinhado às estratégias e indicadores do negócio.

Assim, a construção dos resultados ocorrerá, e não somente a sua apuração. De fato, os resultados não acontecem, precisam ser construídos e, de maneira efetiva, devem ter um esquema (estrutura) de domínio de toda a rede.

Deve-se evitar que sejam feitos laudos (na gestão é o que chamamos de gestor médico legista) ao invés de diagnósticos (gestor médico de prevenção, que avalia os indicadores antes de efetivamente acontecer as coisas).

A gestão estratégica passa a ter fundamental importância na perenidade das redes de Franquias brasileiras, e podemos afirmar que cada vez mais tornar-se-á imprescindível para o mercado competitivo em que estamos inseridos, exigindo cada vez mais das partes envolvidas na construção do sucesso de uma rede de Franquias.

Em resumo, a *Gestão Estratégica do Franchising* visa assegurar o crescimento e sustentabilidade da empresa Franqueadora e dos seus Franqueados por meio da avaliação contínua de sua estratégia, estrutura e capacitação, envolvendo toda a sua rede de Franqueados e suas equipes, até os Consultores de Campo & Negócios, na construção de um futuro melhor e com resultados desejados.

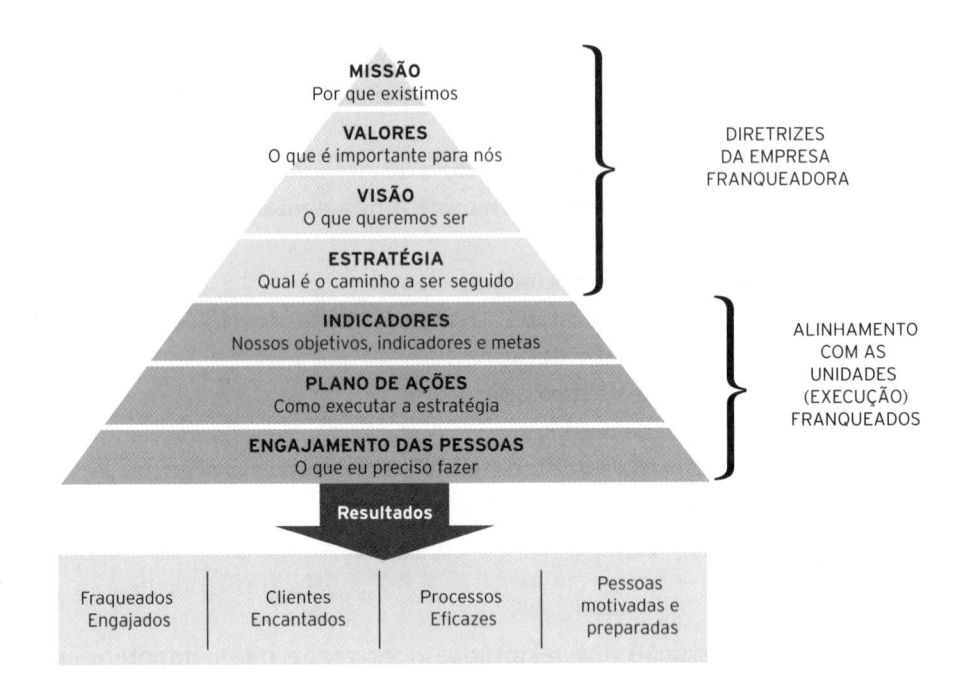

Pirâmide da Gestão Estratégica

MISSÃO — Por que existimos
VALORES — O que é importante para nós
VISÃO — O que queremos ser
ESTRATÉGIA — Qual é o caminho a ser seguido

> DIRETRIZES DA EMPRESA FRANQUEADORA

INDICADORES — Nossos objetivos, indicadores e metas
PLANO DE AÇÕES — Como executar a estratégia
ENGAJAMENTO DAS PESSOAS — O que eu preciso fazer

> ALINHAMENTO COM AS UNIDADES (EXECUÇÃO) FRANQUEADOS

Resultados

| Fraqueados Engajados | Clientes Encantados | Processos Eficazes | Pessoas motivadas e preparadas |

AVALIAÇÃO DE FRANQUEABILIDADE

CAPÍTULO 2

Viabilidade do Negócio

A Análise de Viabilidade

Quando se trata de abrir um novo negócio, o objetivo certamente é ser bem-sucedido, o que significa obter lucro, ter o retorno do investimento realizado, construir uma marca associada a uma boa imagem e reputação, gerar empregos, ter satisfação pessoal naquilo que se faz e perpetuar o negócio. Isso é válido para qualquer tipo de empreendimento, inclusive aqueles chamados sem fins lucrativos, como projetos sociais e entidades filantrópicas, com a diferença de que os resultados buscados são os de satisfazer necessidades específicas e gerar benefícios para o público ou o grupo social que atendem.

Porém, o que o empreendedor de um novo negócio nem sempre se atenta é com o caminho que terá de trilhar para que seu negócio seja bem-sucedido. No imaginário de muitos há a crença de que basta ter uma boa ideia, força de vontade e dedicação que os resultados virão. Não há dúvidas de que isso é necessário, mas a verdade é que quase nunca será suficiente. Para um negócio dar certo, muitos outros fatores estão envolvidos, os quais precisam ser devidamente analisados e, de certa forma, até previstos para a correta tomada de decisões.

A análise de viabilidade pode contribuir para que se reduzam muitas das dificuldades e problemas que podem surgir na condução de um negócio. Pode inclusive levar à decisão de que não vale a pena abrir aquele negócio, seja por não haver condições presumidamente suficientes para o seu sucesso, ou por envolver um nível de risco maior do que será possível suportar. Por mais que possa parecer frustrante desistir de um empreendimento antes mesmo de começá-lo, muitas vezes esta será a melhor decisão, evitando prejuízos e dívidas que podem envolver desde os sócios ou parceiros do empreendimento até fornecedores, bancos, funcionários, família e amigos.

A grande questão é que abrir um negócio sempre envolverá um determinado grau de risco, que se devidamente dosado, é perfeitamente aceitável, e a análise de viabilidade pode ajudar a fazer ajustes no projeto do empreendimento, para que os riscos sejam reduzidos e as chances de sucesso aumentadas.

Abordando ao Franchising, a análise de viabilidade é ainda mais importante, uma vez que envolve o capital, o tempo e a dedicação de terceiros, os Franqueados.

Nos negócios que empregam o modelo de Franchising para a replicação de sua operação, há dois contextos distintos que devem ser analisados à parte quanto à sua viabilidade: o negócio em si e o seu franqueamento, ou seja, a oferta de uma marca associada a um modelo de negócio para ser implantado e operado por terceiros. Embora diretamente relacionados, o negócio e o seu franqueamento podem ter resultados diferentes de viabilidade. Ou seja, um negócio pode ser viável, bem-sucedido, mas não necessariamente será viável o seu franqueamento. Portanto, na análise de qualquer projeto de franqueamento de um negócio, é preciso considerar uma série de fatores, que vamos detalhar logo mais à frente, mesmo para negócios que já se provaram bem-sucedidos.

Por princípio, um negócio, para ser Franqueado, deveria já estar suficientemente testado quanto à sua viabilidade em uma ou mais operações ou unidades em funcionamento, de modo que as chances de sucesso de novas unidades sejam maiores. Mas nem sempre é assim que acontece. É possível observar exemplos de Franquias que já iniciam sem ter nenhuma unidade própria do Franqueador, ou com um tempo de experiência do negócio a ser Franqueado ainda insuficiente para avaliações mais seguras. Embora haja um Projeto de Lei (até este momento ainda em tramitação no Congresso Nacional) propondo a exigência de um prazo mínimo de operação própria de um negócio antes de se ofertar Franquias ao mercado, até hoje, no Brasil, ainda é permitido abrir Franquias sem qualquer unidade própria em operação, nem comprovação de sucesso. Para se ofertar Franquias no Brasil, basta ter uma ideia, uma marca própria e um modelo de negócio, por mais simples que seja, assim como a documentação jurídica obrigatória pela Lei do Franchising (para uma referência completa sobre os documentos jurídicos necessários num modelo de Franquias, consulte o Capítulo 3 – Aspectos Jurídicos neste livro).

Em nossa visão, como o Franchising envolve tantas responsabilidades, é recomendado tomar a decisão sobre o franqueamento de um negócio de forma geral somente quando já houver suficiente estabilidade e maturidade em sua operação, e com base numa avaliação cuidadosa de sua viabilidade para o Franchising. Porém, também tem havido casos de ideias desenvolvidas em incubadoras de novos negócios, as quais são lançadas no mercado já no formato de Franquias. Como essas experiências são recentes (até o momento em que este livro é escrito), ainda não se têm histórico suficiente para uma avaliação quanto ao seu desempenho. Porém, são novas iniciativas que devemos acompanhar e que poderão vir a mudar alguns conceitos sobre Franchising.

Para empreendedores, pessoas que acreditam em suas ideias e em seus negócios, e estão dispostas a assumir mais riscos do que aqueles que são mais conservadores, seguir este caminho nem sempre é tarefa das mais fáceis. Oportunidades de negócios surgem e podem durar pouco tempo, e a lentidão na tomada de decisões pode levar a perdê-las.

Porém, como a tomada de decisões estratégicas erradas no Franchising pode trazer prejuízos multiplicados pelo tamanho que uma rede de Franquias pode atingir, é mais prudente empregar toda a ciência e a experiência já desenvolvidas em várias décadas de erros e acertos neste modelo de replicação de negócios em todo o mundo. Muito já se aprendeu até aqui, e não há porquê abrir mão desta experiência e incorrer riscos desnecessários. O mundo dos negócios e o empreendedorismo já trazem desafios e riscos suficientes para ocupar os gestores de empresas na tarefa diária e incessante pela busca das melhores soluções que mantenham ou levem a sua empresa e sua marca à perpetuidade.

O Franchising é uma boa solução para a replicação e o crescimento de alguns negócios, não de todos, e mesmo assim exige preparo, estrutura adequada, modelos de controle e uma capacidade excepcional de gerenciamento de pessoas, parceiros e de relações de negócio e humanas.

Por fim, devemos lembrar da máxima de que no mundo dos negócios, bons resultados em geral estão associados a um maior nível de riscos, esforço e dedicação. Os bons resultados não vêm por acaso. Mas também é importante ter a capacidade de avaliar mais friamente as opções de crescimento e os modelos que se podem empregar para a expansão de um negócio. Adotar caminhos que tragam mais riscos, dificuldades e desafios do que possibilidades de sucesso devem ser evitados.

Neste capítulo, nosso objetivo é o de orientar quanto aos fatores mais relevantes que devem ser analisados para a tomada de decisões mais acertadas sobre franquear ou não um negócio.

O resultado da análise poderá ser de que realmente não valerá a pena, e, neste caso, devem ser avaliadas outras opções para a expansão do negócio. Em se tratando de canais de vendas, o Franchising é apenas um dos modelos disponíveis para o crescimento de uma rede de negócios. Considere outras opções de canais de vendas conforme o seu produto, o mercado em que atua e os públicos aos quais se destina. Se houver muitas dúvidas ou dificuldades para tomar esta decisão, não hesite em buscar a ajuda de profissionais especializados que podem dar apoio na escolha quanto aos melhores caminhos a seguir.

O resultado da análise também poderá ser de que é possível franquear o negócio, desde que sejam feitos ajustes, e que a empresa seja preparada para o Franchising. Esse, possivelmente, será o caso da grande maioria, se não da totalidade, dos negócios que podem obter sucesso com o Franchising.

> *"Se tudo parece estar sob controle, você simplesmente não está rápido o suficiente."* Mario Andretti, piloto da Fórmula 1 e da Fórmula Indy, tradução livre.

A avaliação de franqueabilidade de um negócio

A seguir, vamos tratar dos principais aspectos de um negócio para uma avaliação de franqueabilidade. O conjunto dos itens a seguir reúne os principais itens que compõem o potencial de franqueabilidade do negócio. Quanto mais sólidos forem estes elementos no negócio em avaliação, maiores serão as chances de franqueá-lo com sucesso.

- **Marca & Imagem no mercado**
  - Força da marca e boa imagem. Elas estão ligadas ao tempo de operação e ao sucesso do negócio. Também têm relação com a qualidade dos produtos ou serviços e do atendimento nas unidades.
- **Mix de produtos e exclusividade de marcas ou de produtos**
  - É importante no sentido da oferta de opções para os clientes. Está ligado com o posicionamento de mercado do negócio. Cabe também uma análise de amplitude e profundidade do mix: a amplitude está ligada à quantidade de linhas de produtos oferecidas. Já a profundidade do mix está relacionada à oferta de opções ou variações dentro de uma mesma linha de produtos. Se, por exemplo, num negócio de alimentação as opções de sabores, tamanhos, combinações de ingredientes e formas de apresentação do produto não forem muitas, ha-

verá menores fatores de atração de clientes para a unidade, podendo resultar em baixa frequência de consumo por cada cliente.

▶ **Potencial de mercado & concorrência**

- É preciso avaliar o potencial de mercado para o tipo de produto ou serviço. Um ponto importante é a existência de concorrentes, tanto em estabelecimentos únicos como em redes para a mesma categoria de produtos. Também precisa ser considerada a concorrência direta de produtos similares ou substitutos quando for o caso.

- Outro ponto são os preços. É necessário compará-los com os produtos concorrentes, se estão acima ou abaixo. Abaixo, é fator de competitividade, mas pode levar o negócio a incorrer em margens de lucro pequenas ou insuficientes para o seu sustento. Acima, perde competitividade se não houver diferenciais importantes nos produtos ou serviços.

▶ **Modelo financeiro e fontes de receita**

- É preciso analisar as margens de lucro do produto e as despesas médias de operação de uma unidade no modelo de negócio a ser Franqueado. Se, por exemplo, for um negócio que dependa de alto volume de vendas por ter tíquete-médio baixo e com margens de lucro bruto pequenas, será um negócio com grau de risco mais elevado. Se houver erro na localização do ponto comercial ou o Franqueado se endividar para a implantação da Franquia, o negócio pode nunca se tornar rentável.

- Quanto às fontes de receita, pode-se avaliar se itens complementares cabem no mix da unidade sob a análise de "agregar receita sem aumentar muito os custos e despesas do negócio". A diversificação do mix de produtos pode complementar as receitas do negócio e torná-lo mais viável e atrativo.

▶ *Know-how* **do negócio**

- Está ligado aos processos de gestão e de operação do negócio: é preciso avaliar quanto o conhecimento de operação do negócio está consolidado e estável, e de alguma forma já padronizado e documentado para a replicação em escala e a operação por Franqueados.

▶ **Potencial de cópia do negócio**

- Se for alto, é um ponto negativo. Hoje, está cada vez mais difícil criar algo que outros não tenham acesso às mesmas matérias-primas e insumos, ou que não possam criar algo semelhante. O que pode ajudar

é conseguir ter fornecedores únicos ou exclusividade em algum produto, ou mesmo usar produtos de marcas fortes.
- **Barreiras de saída do negócio**
  - São formadas por um conjunto de fatores que fazem o Franqueado pensar várias vezes antes de decidir sair da rede quando estiver insatisfeito com o negócio ou com a Franqueadora.
  - Os principais fatores que criam barreiras de saída são:
    - A força da marca.
    - A exclusividade ou inovação em produtos.
    - Condições especiais de compra ou de fornecimento de produtos e insumos da operação.
    - A lucratividade e a rentabilidade do negócio.
    - A qualidade do suporte prestado à Franquia pela Franqueadora.
    - A qualidade da relação entre a Franqueadora e as Franquias no sentido da parceria de negócios.
    - Se não houver pelo menos três desses itens, a barreira será fraca, mesmo com dispositivos de multas e outras consequências previstas no contrato de Franquia.
- **Estrutura atual e capacidade de investimento da empresa**
  - Avaliação de quanto a empresa que pretende se tornar uma Franqueadora está preparada para gerenciar uma rede em termos de estrutura, pessoal qualificado, organização interna, capacidade de suporte e controle da rede, ferramentas de gestão, e se tem capital disponível para investir em melhorias que sejam necessárias nos processos do negócio a ser Franqueado e também em sistemas de tecnologia da informação

Avaliação por tipos de negócios no Franchising

Na avaliação de viabilidade de um negócio também cabe uma análise quanto ao tipo ou à natureza da atividade.

Negócios de venda de produtos ou comércio

São os negócios de varejo, cuja atividade principal é a venda mercantil de produtos fabricados por terceiros.

Varejo é a venda de produtos em unidades de consumo ou de serviços diretamente aos consumidores finais. É diferente da venda por "atacado", que ocorre em quantidades maiores e é realizada para estabelecimentos comerciais. Estes compram produtos para revendê-los ao consumidor final e, portanto, obtêm sua renda pela diferença entre o preço que cobram do consumidor e o valor que pagam ao fornecedor destes produtos. Essa diferença pode ser chamada de margem do produto ou margem bruta.

Para que esse tipo de negócio gere lucro, a diferença de valor precisa ser suficiente para pagar os impostos devidos e todas as despesas da operação do negócio, como salários da equipe, aluguel do imóvel, serviços públicos como água, energia elétrica, telefonia e acesso à Internet, prestadores de serviços como contador, técnicos de manutenção de equipamentos, serviços bancários, entre outros. Dentro do modelo de Franchising é preciso considerar ainda o pagamento das taxas de *royalties* e de marketing. Embora haja casos de modelos de Franquias que não pagam essas taxas, a realidade é que na grande maioria dos casos elas vão existir.

Dessa forma, a margem do produto é um dos aspectos mais importantes na avaliação de um negócio de venda de produtos. Na análise de um negócio pelo aspecto da margem do produto, três variáveis principais devem ser consideradas:

- O valor agregado do produto (preço final ao consumidor).
- O valor pago pelo estabelecimento comercial para a compra do produto (custo do produto).
- Volume de vendas (quantidade de unidades vendidas).

A relação entre estas três variáveis pode determinar a viabilidade e a atratividade do negócio.

O valor agregado, pelo aspecto financeiro, está associado ao valor que o consumidor final paga para adquiri-lo. Um cafezinho, por exemplo, pode ser considerado como de baixo valor agregado, uma vez que seu preço médio não passa de alguns poucos Reais. Já um carro é um produto de alto valor agregado. O custo do produto pode variar muito conforme tipo de mercadoria, e vai depender de toda a lógica de negócios, financeira e tributária da cadeia produtiva do produto até chegar ao estabelecimento comercial. Já o volume de vendas vai depender de uma série de fatores, que vão desde a procura ou demanda pelo produto até a qualidade do atendimento ao cliente no estabelecimento. O volume de vendas também depende, em maior ou menor grau, ao preço.

Vamos analisar três situações comuns:

- **Alto valor agregado e baixo custo**
  - É o caso em que a margem do produto é maior. Nestes casos, por princípio, o negócio depende menos de volume de vendas. Unidades especializadas em carros de luxo, por exemplo, podem vender poucas unidades por mês, mas a margem do produto em cada venda deve garantir o resultado.
- **Baixo valor agregado e alto custo**
  - É a situação oposta à anterior e o pior dos casos. O bom desempenho do negócio depende de alto volume de vendas, devido à baixa margem do produto. Nesses casos, pode-se dizer que o negócio é muito sensível à demanda. Ou seja, as quedas, mesmo que pequenas, nas vendas podem levar o negócio facilmente a operar em prejuízo. Um negócio com essas características, que não tenha a capacidade de manter um alto volume de vendas, seja por questões de localização, crescimento da concorrência ou sazonalidades de produtos, envolverá um grau muito alto de risco ou mesmo será economicamente inviável.
- **Baixo valor agregado e baixo custo**
  - Neste caso, mesmo com baixo valor agregado, a margem do produto será maior, devido ao custo baixo do produto. No entanto, também é um negócio que dependerá de volume de vendas para se manter interessante para o empresário. Um cachorro-quente num carrinho de rua, por exemplo, pode ter o custo unitário do pão, da salsicha e dos recheios de apenas centavos de Real, enquanto é vendido ao consumidor por R$2,00, R$3,00 e até R$4,00, o que pode representar uma margem bruta de mais de 400%. Lucro certo, não? Bom, isso já vai depender do volume. Se a soma das margens brutas de todos os cachorros-quentes vendidos não for suficiente para pagar as despesas de operação do carrinho, mesmo com uma margem alta assim o negócio terá prejuízo.

Dentro do Franchising, para negócios de vendas de produtos, é interessante avaliar quem são os fornecedores dos produtos vendidos na Franquia. Se as compras forem feitas do próprio fabricante, seja este ligado à Franqueadora ou a própria Franqueadora ou não, há mais chances de que as margens do produto sejam melhores para a Franquia. Já se os produtos forem comprados por meio de canais de vendas intermediários, como atacadistas e distribuidores, a tendência será de margens menores para a venda no varejo.

Negócios de prestação de serviços
No caso de negócios de prestação de serviços, a diferença é que não são vendidos produtos. A receita do negócio é proveniente apenas da execução de tarefas que resultem em algum benefício específico para o cliente, como, por exemplo, uma roupa limpa, uma hospedagem, a busca ou indicação de um imóvel, um aconselhamento jurídico etc. O ponto de atenção para esses negócios é o custo dos recursos e insumos necessários para a prestação dos serviços. Os recursos podem ser pessoas qualificadas para as funções envolvidas, máquinas e equipamentos, *softwares*, telefones, materiais de escritório, combustíveis de veículos, *sites* na Internet etc. Tais recursos e insumos necessários representam custos variáveis para o negócio, o que significa que quanto maior for o volume de serviços prestados, maior serão também os gastos com estes recursos.

Se o custo para manter todos esses recursos disponíveis e funcionando bem for muito alto em relação ao valor cobrado para a prestação do serviço, a margem bruta do mesmo será menor. De forma geral, serviços que envolvem conhecimento técnico mais complexo ou que seja dominado por poucos profissionais tendem a ser mais caros e, portanto, têm margem bruta maior.

Quanto ao volume de vendas, também vale a lógica de quanto mais, melhor, porém é importante entender que, de forma geral, os recursos e insumos necessários para a prestação de serviços têm um limite de capacidade de atendimento. Quando esse limite é atingido, são necessários novos recursos e insumos para atender a um volume maior, o que pode representar aumento relativo de custos enquanto esses novos recursos ainda não estiverem no máximo uso de sua capacidade de atendimento.

Alguns serviços podem envolver a venda de produtos associados aos trabalhos prestados, como é o caso, por exemplo, de assistência técnica que envolva a troca de peças ou a instalação de acessórios, ou mesmo nos serviços de educação, em que, além de aulas, também são vendidos materiais didáticos, como livros e apostilas. Nesses casos, o negócio tem dois tipos de receitas, ou seja, a da venda mercantil de produtos e da prestação do serviço, cada uma delas obedecendo à mesma lógica financeira discutida anteriormente. Também é possível definir a oferta cobrando somente pelo produto, sendo que seu preço já embute o custo pela prestação do serviço.

Atenção para bares, restaurantes e lanchonetes, que, apesar de oferecerem um conjunto de produtos mais serviços, do ponto de vista fiscal e tributário de classificação da atividade são considerados comércio.

Construção de Modelos de Negócio

Dentro da análise de viabilidade é preciso definir e avaliar como o negócio empregará os recursos de que dispõe e como será capaz de lidar com os desafios de sua gestão, sua operação e com as forças do mercado, como as preferências dos clientes, os concorrentes e até as regulamentações da respectiva atividade.

Conceitualmente, o modelo de negócio se refere ao conjunto de elementos com os quais um empreendimento é concebido e também à forma como esses elementos estão coordenados e articulados para o funcionamento do negócio. Na prática, é como um negócio está montado e funciona para atingir os seus objetivos. No caso do Franchising, o modelo de negócio também se refere à forma como a rede de Franquias é gerenciada pela Franqueadora, ou seja, que tipo de suporte é dado às unidades da rede, como processos de gestão e operação do negócio, ferramentas de apoio, capacitação, consultoria de campo, controles e o desenvolvimento constante do negócio.

Os principais pontos para a construção de um modelo de negócios são citados a seguir:

- Produto;
- Produção, origem, tecnologias envolvidas;
- Atuação do negócio na cadeia produtiva do respectivo setor de atuação;
- Mercado e seu estágio de desenvolvimento;
- Concorrentes;
- Localização ideal;
- Marca;
- Posicionamento de mercado;
- Definição do que o negócio se propõe oferecer ao seu público-alvo;
- Modelo financeiro;
- De onde vêm as receitas do negócio e por qual lógica;
- Preços a serem praticados;
- Volumes de vendas esperados;
- Custos dos produtos e margens de lucro bruto esperadas;
- Modelo tributário do negócio;
- Despesas da operação do negócio;
- Investimentos necessários;

- Necessidade de capital de giro;
- Retorno esperado sobre os investimentos;
- Modelo da operação;
- Processos;
- Equipe necessária e perfil;
- Outros recursos necessários;
- Projeto-padrão da unidade e de instalações.

Nível de Complexidade

Ao se avaliar a viabilidade do negócio para o seu franqueamento, um dos aspectos em que é necessária atenção especial é o nível de complexidade do negócio.

Podemos definir a complexidade de um negócio a partir de uma série de fatores que definem o seu formato e a sua operação, os quais influenciam o seu desempenho e que exigem mais recursos ou maior esforço para atingir os seus resultados. Conforme o grau de cada um destes fatores, um negócio será mais ou menos complexo.

Para o caso da avaliação de franqueabilidade, um negócio cuja complexidade seja mais elevada poderá exigir um perfil menos comum para os seus possíveis Franqueados e também um maior preparo, o que, em muitos casos, pode tornar a sua replicação por meio de Franquias mais difícil, ou até mesmo torná-la inviável.

Os principais fatores que devem ser levados em consideração para a avaliação da complexidade na maior parte dos negócios estão listados a seguir, com uma breve orientação sobre como analisá-los.

Nível de organização do mercado

Refere-se basicamente à forma como os produtos ou serviços são oferecidos aos clientes do mercado de atuação do negócio, à divisão das funções ou tarefas entre os diversos participantes deste mercado e à sua regulamentação, indicando o seu grau de evolução.

Quanto mais evoluído, provavelmente haverá mais opções de compra, maior concorrência e níveis de preços mais equilibrados em relação ao que os clientes estão dispostos a pagar. Para os empresários, possivelmente haverá mais informações disponíveis, e as regras às quais o negócio é submetido serão mais conhecidas e confiáveis, permitindo a tomada de decisões com menor grau de risco. A evolução de um mercado não está necessariamente ligada ao tempo. Há segmentos de mercado que já são tradicionais, existindo há muitas décadas, e, mesmo assim, ainda funcionam num estágio baixo de evolução.

Para Franquias, atuar em mercados menos organizados significa que será necessário ter mais atenção às dificuldades e ameaças adicionais que o negócio terá que enfrentar, envolvendo assim a sua forma de atuação (que faz parte do modelo de negócios) e a preparação dos Franqueados.

Vamos imaginar um cenário hipotético e simplificado de um negócio de revenda de pneus para carros. Podemos assumir que os pneus sejam vendidos desde borracharias pouco organizadas e nada convidativas de beira de estrada até centros automotivos amplos, limpos e que tenham atendimento altamente qualificado. Imagine que haja uma Franquia destes centros automotivos que, por princípio, devem funcionar obedecendo plenamente a todas as legislações cabíveis à sua atividade empresarial. Se neste nosso cenário hipotético houver parte destes revendedores de pneus que consigam adotar práticas de negócio que deixem o seu preço mais baixo, seja por meios dentro da lei ou não, as Franquias dos centros automotivos enfrentarão concorrência mais forte em preços e terão que ser capazes de oferecer outras vantagens para manter seus clientes comprando os seus pneus. Nesse caso, o modelo de negócios do centro automotivo oferecido pela Franqueadora a seus Franqueados será robusto o suficiente para que as Franquias sejam capazes de operar neste mercado de pneus de forma bem-sucedida e lucrativa. Na prática, a capacitação do Franqueado e da equipe do centro automotivo, a qualidade dos pneus oferecidos, a forma de atender o cliente, o preço de venda, as margens de lucro do produto para a Franquia, considerados todos os impostos, as taxas da Franquia e as despesas de operação da unidade, deverão ser suficientes para gerar o lucro esperado.

Em outro exemplo podemos comparar aeronaves, ou mesmo veículos automotores, e produtos de limpeza doméstica. O mercado da venda de aeronaves ou automóveis é mais organizado que o de produtos de limpeza doméstica. Como fabricar aviões ou automóveis envolve muito mais investimentos e tecnologia, a sua oferta no mercado, pelo menos para os produtos novos, é feita somente pelos próprios fabricantes ou por revendedores autorizados pelas fábricas, havendo maior nível de organização do mercado. Já produtos de limpeza podem ser fabricados com conhecimentos, matérias-primas e equipamentos mais simples e com menor necessidade de capital. Havendo muito mais fabricantes e revendedores, sem uma carga muito grande de exigências e de regulamentações, aliado a uma menor capacidade de fiscalização pelo governo nestes casos, haverá menor organização neste mercado.

Tipo dos produtos ou serviços

Quanto mais os produtos ou os serviços forem desenvolvidos e envolverem maior tecnologia para a sua fabricação, maior será a tendência de sua venda ou o seu uso ser mais complexo. Isso não significa ser necessariamente mais difícil, mas vai exigir maiores conhecimento, melhores processos de operação e maior preparo das pessoas que lidam com esses produtos ou serviços.

Clientes e consumidores

Quanto mais informados e exigentes forem os clientes de um determinado produto ou serviço, melhores formatos de negócios e processos serão necessários.

Regulamentação

Qualquer atividade empresarial que seja exercida dentro da lei é abrangida por pelo menos algum tipo de regulamentação. Podem ser quanto às exigências para o seu exercício, como licenças especiais, instalações mínimas etc., quanto à localização, aos horários de funcionamento e até a idade dos clientes. As regulamentações existem para organizar uma atividade, garantir a segurança e o respeito aos consumidores e de terceiros que de alguma forma são abrangidos por aquela atividade. Mas o ponto aqui é que as regulamentações podem restringir a oferta ou a venda de alguns produtos ou serviços e, em alguns casos, até fixar os preços no mercado.

Assim como remédios manipulados somente podem ser vendidos com receita médica, bebidas alcoólicas não podem ser vendidas para menores de idade, e bares e casas noturnas sem proteção acústicas podem ter horários máximos para funcionar. Do ponto de vista da gestão e operação de negócios, essas restrições representam dificuldades adicionais que precisarão ser levadas em conta na condução do negócio. Em alguns casos, limitações impostas por regulamentações podem até mesmo inviabilizar um negócio.

Concorrência

Todos os mercados livres, por princípio, são concorrenciais, ou seja, têm diversos ofertantes para uma mesma categoria de produtos ou serviços, e o resultado disso para o conjunto destes mercados é bom. A concorrência faz com que os ofertantes procurem oferecer pelo menos algum benefício a mais aos seus clientes, sejam melhores produtos, melhor atendimento ou preços mais baixos entre muitos outros. Ou uma combinação desses fatores. À medida que os ofertantes se esforcem para oferecer melhores produtos e melhor atendimento, o mercado estará em constante evolução, entregando mais valor pelo que é pago pelos clientes. Além do mais, esta competição entre os ofertantes contribui para que se invista em mais pesquisa & desenvolvimento de processos mais eficientes, que podem levar à redução de custos na operação dos negócios e à melhoria de resultados.

Porém, a concorrência pode se tornar um problema para um negócio quando o equilíbrio saudável das forças de oferta e demanda num mercado é prejudicada. Isso ocorre quando há ofertantes demais de um mesmo tipo de produto em relação à quantidade de clientes ou ao volume consumido.

Por exemplo, numa praça de alimentação de um *shopping center*, o administrador do mesmo procura colocar a melhor combinação possível de tipos de lanchonetes e restaurantes em relação ao tipo de comida para garantir que os clientes tenham uma boa variedade de oferta e também para que não haja uma quantidade muito grande de estabelecimentos com um mesmo tipo de comida. Eventualmente, isso poderia dividir muito os clientes com preferência naquele tipo de comida, resultando em baixo faturamento para cada um destes estabelecimentos. Numa situação dessas, alguns poderiam fechar as portas por não terem vendas suficientes para pagar seus custos e despesas.

Essa mesma análise é válida para unidades de rua. Locais onde já existem muitos concorrentes estabelecidos podem apresentar maior dificuldade para uma nova unidade a ser aberta nas proximidades. Mas atenção! Essa regra nem sempre será verdadeira. Há casos em que várias empresas de um mesmo segmento de mercado se estabelecem numa mesma rua ou região da cidade, o que acaba atraindo consumidores interessados naqueles tipos de produtos para aquele local. Embora a concorrência seja muita alta, o maior volume de clientes acaba justificando ter uma unidade no local. Na cidade de São Paulo, apenas para citar alguns exemplos, temos unidades de materiais elétricos, produtos eletrônicos e de informática na Rua Santa Efigênia (bairro da República, próximo à região central da cidade), unidades de móveis na Rua Teodoro Sampaio (bairro de Pinheiros, na Zona Sul), e lustres e luminárias na Rua da Consolação (próximo à Avenida Paulista).

Nível técnico dos processos da operação

A dificuldade associada ao nível técnico dos processos da operação tem implicações com o perfil e a capacitação das pessoas que irão executá-los. Quanto mais difícil ou mais caro for encontrar as pessoas com perfil adequado e capacitá-las para a operação do negócio, mais complexa poderá ser a replicação do negócio com qualidade.

Há casos de negócios bem-sucedidos em sua operação original, que acabam perdendo a qualidade ao serem replicados. Negócios cujo principal valor está baseado no conhecimento de apenas uma ou de poucas pessoas e em processos artesanais precisam ser capazes de organizar e registrar este conhecimento e codificar seus processos de operação, para que então outras pessoas consigam reproduzi-los com qualidade.

Exemplos comuns de maior nível de dificuldade técnica em operações de varejo são as cozinhas de lanchonetes e restaurantes. Mesmo com as receitas originais e os equipamentos adequados, a qualidade do produto final dependerá muito da capacidade de execução da equipe responsável. Como estão envolvidos muitos fatores, tais como a qualidade dos ingredientes empregados, sua conservação e manipulação, a preparação, cozimento, tempero e, finalmente, a apresentação do lanche ou do prato, qualquer falha nessa sequência pode produzir resultados indesejados. Num ambiente em que a rotatividade de pessoal costuma ser muito comum, além de bons processos de operação, um dos pilares que garantirão a qualidade é o programa de capacitação da equipe aliada a uma gestão de pessoal competente.

Necessidade de investimentos e inovação muito frequentes

Se o tipo de negócio ou a lógica de atuação no mercado em questão exigir frequentemente investimentos em atualizações e inovações para a manutenção das condições de competitividade, o negócio tem de ser capaz de reservar recursos suficientes para este fim ou de buscar financiamentos.

É importante ressaltar que, pelos propósitos deste livro, estamos tratando da complexidade de um negócio como um aspecto relevante a ser considerado em sua avaliação de franqueabilidade, à medida que quanto mais complexo um negócio for, haverá mais exigências ou dificuldades para replicar sua gestão e operação por terceiros (os Franqueados) com qualidade. Não tratamos aqui se o nível de complexidade de um negócio pode ser responsável pelo seu sucesso ou fracasso, nem se será mais ou menos lucrativo que outros negócios mais simples. A atratividade financeira de um negócio depende de uma quantidade muito grande de outros fatores, dos quais podemos destacar as relações de oferta e demanda no mercado, valor agregado e margens brutas dos produtos, modelos tributários, entre outros.

Potencial de Mercado

Na avaliação de viabilidade do negócio, o potencial de mercado deve ser levado em consideração. Embora nem sempre seja uma tarefa simples avaliá-lo, um negócio pode revelar-se inviável se não houver potencial de vendas suficiente para torná-lo lucrativo.

O potencial de mercado para uma linha de produtos ou serviços é definido pelo volume de vendas que pode haver naquele mercado. O conceito de mercado, aqui, pode ser definido como uma linha de produtos ou serviços num determinado território geográfico. O potencial deste mercado será determinado pelo total de vendas dos produtos ou serviços que poderão acontecer naquele local. Podemos citar, por exemplo, o mercado de cursos de inglês na cidade de Curitiba (PR), ou o mercado de chá-mate na cidade do Rio de Janeiro (RJ), ou ainda o mercado de acarajé em Salvador (BA). O volume total de dinheiro gasto com esses produtos, num determinado período de tempo, representa o potencial de mercado dos mesmos nessas cidades. Conforme cada caso, o território considerado pode ser desde o país inteiro, um conglomerado de cidades, um bairro e, até mesmo, um determinado *shopping center*.

O potencial pode ser então estimado a partir de fatores como o número de pessoas que vivem ou circulam por aquele local e consomem os respectivos produtos ou serviços, pelo nível de renda e pela parcela média desta renda que é destinada a estes produtos, pelo comportamento de compra e consumo destas pessoas, entre outras variáveis.

A partir do potencial total do mercado considerado, pode-se estimar o potencial para um negócio específico ou uma unidade. Além de fatores como a qualidade e a disponibilidade dos produtos, o atendimento e a própria localização do ponto comercial, o potencial de vendas de uma unidade dependerá do seu raio de influência no território, de sua capacidade de atendimento e da presença de concorrentes nesta mesma localização.

Como na maioria dos casos uma unidade não será a única ofertante daquele produto num dado território, é fácil concluir que essa unidade conseguirá capturar apenas uma parte do potencial total do mercado. Uma captura relativamente pequena em relação ao total do mercado não é necessariamente ruim. Na análise de viabilidade de um negócio ou de uma unidade, o que importa é se o potencial de vendas daquela unidade é suficiente para que se sustente, obtenha lucros e seja atrativa para o empresário que investirá dinheiro e trabalho naquele negócio.

Em Análise de Potencial de Mercado (Capítulo 6), você encontrará orientações sobre como estimar o potencial para diferentes tipos de negócios e como calcular o número de unidades que podem caber em cada mercado local.

FORMATAÇÃO DA FRANQUIA

CAPÍTULO 3

Aspectos Jurídicos

Este capítulo tem como objetivo somente apresentar os princípios jurídicos do Franchising e não tem a pretensão de esgotar o assunto, nem tampouco ser fonte de consulta para advogados e juristas, mas sim de elucidar questões de extrema importância tanto para Franqueadores quanto para Franqueados, no que se refere ao conhecimento do Franchising. Não foi escrito para advogados (nem por advogados), e sim para gestores de negócios que precisam conhecer estes conceitos e princípios para a melhor condução de suas empresas.

É fundamental que uma empresa Franqueadora se utilize sempre de profissionais especializados e de notório saber – advogados com experiência em negócios e, preferencialmente, com experiência em Franchising ou canais de vendas.

A nossa experiência tem mostrado que conduzir um projeto de avaliação de franqueabilidade em conjunto com advogados especializados no Franchising traz resultados melhores em termos de planejamento, diminuição dos riscos, discussão dos principais tópicos que vão ser impactantes no decorrer da operação da Franquia e prepara a empresa e seus executivos para caminhos que deverão ser percorridos.

Lei do Franchising

Conhecida como a Lei do Franchising (ou Lei Magalhães Teixeira – nome de seu autor), Lei Nº 8.955/94, foi aprovada em 15 de Dezembro de 1994 com o intuito de aumentar a transparência no relacionamento entre Franqueadoras (ou futuras Franqueadoras) e seus candidatos à Franquia (ou futuros Franqueados). Em termos mais simples, ela aborda o fato de que alguém (Franqueadora) apresenta ou divulga algo (as premissas do negócio em si) a outro alguém (o candidato à Franquia).

Ela deve ser encarada como uma ferramenta (mais do que obrigação legal, que por si só e por força de Lei precisa ser cumprida!) de apoio às Franqueadoras sérias e comprometidas com a transparência das informações, bem como com princípios de governança corporativa (ainda que em estágio muito superficial).

A Lei não obriga as Franqueadoras a prestarem todos os serviços citados. Em congressos ou encontros de profissionais do Franchising, é comum presenciarmos cenas e ouvir comentários do tipo: "Ah, a lei obriga a Franqueadora a fornecer suporte duas vezes por ano!". Isso não é determinado pela Lei, mas a recomendação é que se a Franqueadora fornece suporte, que isso seja informado ao candidato a Franqueado nos documentos legais. Ou seja, a determinação é que a Franqueadora informe sobre os diversos itens – se um determinado serviço de suporte será ou não prestado, ou em que condições será prestado, por exemplo, não obrigando a Franqueadora a prestá-lo.

Essa é uma forma de candidatos à Franquia conhecerem melhor os seus direitos e deveres em uma relação comercial que está só iniciando, baseada no princípio do "*disclosure*" (transparência).

De uma forma bem ampla, a Lei de Franquias apresenta uma relação de quesitos – documentos legais, informações etc. – que compõem um determinado negócio (Franquia), facilitando assim a análise por parte de um candidato. No final do livro, é possível acessar a Lei vigente quando da elaboração dessa obra.

Principais Documentos Legais

São dois os documentos principais que compõem uma relação de Franquias: a COF (Circular de Oferta de Franquia) e o Contrato de Franquia (ou pré-contrato, se houver). São os documentos que oficializam uma relação comercial dentro de um sistema de Franquias.

Circular de Oferta de Franquia (COF): É um documento estruturado pela empresa Franqueadora e apresentado ao candidato a Franqueado durante o processo de seleção do mesmo. Deve ser escrita em **linguagem clara e acessível** e constar em linhas gerais:

1) **Histórico resumido da empresa Franqueadora** – Serve para mostrar a Franquia ao candidato, como a Franqueadora está estruturada, seu histórico, quais as empresas fazem parte do grupo empresarial, quais são as razões sociais, endereços etc.
2) **Balanços e Demonstrações Financeiras da empresa Franqueadora** dos últimos dois anos, a fim de apresentar a situação financeira da Franqueadora.
3) **Pendências Judiciais** – Informações das pendências judiciais existentes, bem como o andamento destas, ou qualquer outra informação que possa impactar no funcionamento da Franquia.
4) **Descrição da Franquia/Negócio** e das atividades que serão desempenhadas pelo Franqueado. A ideia, aqui, é apresentar o que se pretende do futuro Franqueado para que não haja surpresas posteriormente.
5) **Perfil do Franqueado** – Características essenciais e desejáveis que serão procuradas nos candidatos à Franquia.
6) **Requisitos quanto ao envolvimento direto** – Saber se há ou não obrigatoriedade do Franqueado estar na operação e/ou na gestão do negócio e qual o requisito de tempo a ser dedicado, se é presença integral ou não. Tende a ser um ponto de muita discussão, pois, no momento de seleção, muitos candidatos assumem ficar à frente no negócio, mas, com o passar do tempo, acabam assumindo outras funções ou outros negócios. A questão, aqui, é que a Franqueadora apresente qual grau de envolvimento esta deseja, baseada no seu sucesso histórico.
7) **Investimento inicial por parte do Franqueado** – Estimativas de gastos referentes à taxa inicial de Franquia, valores de aquisição e entrada na operação, instalações, estoque inicial, equipamentos etc.
8) **Expectativas realistas dos gastos mensais da Franquia** – *Royalties*, gastos ocupacionais (ponto, aluguel, condomínio, segurança), taxa de marketing, seguro etc.
9) **Relação completa dos Franqueados e ex-Franqueados (últimos 12 meses)** – Esta lista permite ao futuro Franqueado que faça contato com outros Franqueados e entenda melhor sobre a rede que pretende fazer parte. É um dos principais pontos de segurança para os futuros Fran-

queados, pois nada melhor do que saber como as coisas funcionam por gente que já está na rede ou que se desligou. Também temos visto Franqueadores que divulgam uma lista completa, sem ficar restrito somente aos 12 meses. Isso amplia o senso de transparência na relação com os futuros Franqueados.

10) **Exclusividade e prioridade de território de cada Franquia** – Se a Franqueadora não possui uma política definida de exclusividade e prioridade de território, basta informar. No entanto, se houver, esta deverá constar na COF como funciona. Vale ressaltar que esse é um tema bastante polêmico, pois abrange o conflito de canais ou mesmo entre Franqueados da própria rede. Portanto, estruturar de maneira adequada essa política comercial e de território é fundamental para minimizar esses potenciais conflitos.

11) **Obrigatoriedade ou não da aquisição de produtos exclusivos ou homologados pela Franqueadora** – No caso de haver fornecedores homologados, deverá constar uma lista destes fornecedores, além dos critérios para se homologar ou não um novo fornecedor, a fim de garantir que toda a rede trabalhe com mercadorias ou serviços que mantenham os padrões pré-estabelecidos pela Franqueadora.

12) **Suporte à rede** – Relação de itens oferecidos pela Franqueadora à sua rede de Franqueados. Quais os treinamentos, manuais, *layout* e padrões arquitetônicos, Serviços de Atendimento ao Franqueado (SAF), Consultoria de Campo & Negócios etc. Vale citar que as empresas Franqueadoras não são obrigadas a prestarem esses serviços, mas se o fazem ou não, isso deve ser informado. Novamente, as Franqueadoras de sucesso tem uma relação direta com a qualidade e efetividade do suporte fornecido.

13) **Situação da marca perante o INPI** – O INPI (Instituto Nacional de Propriedade Industrial) é o órgão que registra as marcas e patentes no Brasil. Na COF, a Franqueadora deve apresentar a posição de como está o processo do registro de sua marca.

14) **O que acontecerá quando o contrato se expirar** – Condições de renovação, final da relação comercial franqueada e limitação para abertura de negócios no mesmo segmento (concorrente), *know-how* e segredo sobre o que foi assimilado durante o contrato etc.

15) **Modelo do Contrato-Padrão e ou Pré-Contrato-Padrão** – Para que se tenha real noção do que será assinado num futuro próximo. A inclusão desse item na lei de Franquias tem razão histórica relevante, pois, no passado (antes da Lei, 1994), muitas Franqueadoras não tinham sequer um contrato de Franquia assinado com os seus Franqueados.

A Circular de Oferta de Franquia deve ser entregue ao candidato com, no mínimo, 10 (dez) dias de antecedência da assinatura de qualquer Contrato ou Pré-Contrato, ou ainda do pagamento de qualquer taxa pelo candidato à Franqueadora. O não cumprimento de qualquer um destes pontos poderá causar a anulabilidade do contrato e gerar o ressarcimento de quaisquer taxas ou gastos ao candidato pela Franqueadora.

Claro que, por parte da Franqueadora, também podem ser exigidos dos candidatos (é recomendado às Franqueadoras) alguns documentos antes da entrega da COF. Além de ter sido aprovado nas diversas etapas do processo de seleção da Franqueadora, muitas podem solicitar que o Franqueado comprove:

- disponibilidade de valor financeiro para montagem da unidade e pagamento de todas as taxas referentes à sua instalação;
- documentos pessoais, certidões e antecedentes criminais;
- diagnóstico de perfil comportamental;
- disponibilidade de renda mensal, para eventuais aportes necessários à Franquia;
- entre outros.

Sempre que uma Franqueadora entrega a Circular de Oferta de Franquia a um candidato, esta deve solicitar ao interessado a sua assinatura no **Termo de Entrega da COF**. Trata-se de um comprovante, assim como um recibo, para comprovar que o candidato teve acesso a este material. Além, também, de ser uma medida de proteção empresarial pela Franqueadora e sinal de que cumpre a Lei perante o Franqueado.

O Franchising é muito mais amplo do que sua própria lei, até porque poderá envolver questões de direito civil, tributário, imobiliário, direito do consumidor, entre outros. Assim, mais uma vez reforçamos a importância de sempre consultar advogados especializados para o planejamento e tomadas de decisões acerca do Franchising.

Outro assunto que vem conquistando muito espaço no Franchising é a questão da cláusula relativa a **arbitragem ou mediação** para dirimir eventuais conflitos que possam surgir relativos ao próprio contrato ou da relação comercial que se estabelecerá. Cada vez mais é criado um processo de consciência estruturado na relação comercial, mostrando, de certa maneira, que a Franqueadora acredita nesse mecanismo para resolver eventuais problemas de maneira legal, porém de modo rápido e efetivo, como tende a ser a arbitragem ou mediação.

CAPÍTULO 4

Processos e Manuais

Importância dos Processos e Manuais da Franquia

Os processos e manuais da Franquia são a materialização do *know-how* que a Franqueadora adquiriu ao longo dos anos, seja por meio da operação de unidades próprias, ou através da gestão das unidades franqueadas que ajudou a implantar.

É por meio dos processos e manuais que os Franqueados da rede terão acesso a forma de se operar a Franquia, a fim de aumentar significativamente as chances de obter sucesso com o empreendimento. Os processos e manuais também são uma rica fonte de informação para a construção de Programas de capacitação de Franqueados e respectivas equipes. Assim, a unidade estará apta a entregar uma experiência de consumo positiva para os clientes, de acordo com os padrões que levaram a marca a ter sucesso no mercado.

Como Construir os Processos da Rede de Franquia (Franqueadora e Unidades)

Os manuais devem consistir no registro explícito de como as atividades devem ocorrer na prática, para que a Franquia opere dentro dos padrões da rede. Em outras palavras, os manuais nada mais são do que o registro dos processos operacionais. Por isso, abordaremos primeiramente os processos e, depois, como estes devem ser registrados em manuais.

Podemos definir processos de negócios como sendo "a sequência de atividades que transforma insumos em produtos finais ou serviços de muito maior valor para o cliente final".

Portanto, os processos de negócios agregam valor ao que recebem como insumo, seja uma informação, um produto ou um serviço, e podem entregar o resultado gerado tanto para um cliente interno (outro departamento da empresa) quanto externo (consumidor final).

Outra característica interessante dos processos de negócio é sua independência de relacionamento hierárquico. Como um processo é uma sequência de atividades, não é relevante se o insumo será recebido de um diretor ou de um assistente. O importante é que a sequência de atividades não pare, e o insumo seja recebido com a qualidade exigida. Em redes de Franquia, esse ponto tem uma importância adicional, pois, dependendo do processo, a Franqueadora deve entregar um resultado para a Franquia, e o contrário também é verdadeiro.

Atributos dos processos

De acordo com a definição apresentada, concluímos que todos os processos apresentam os atributos ilustrados na Figura 1:

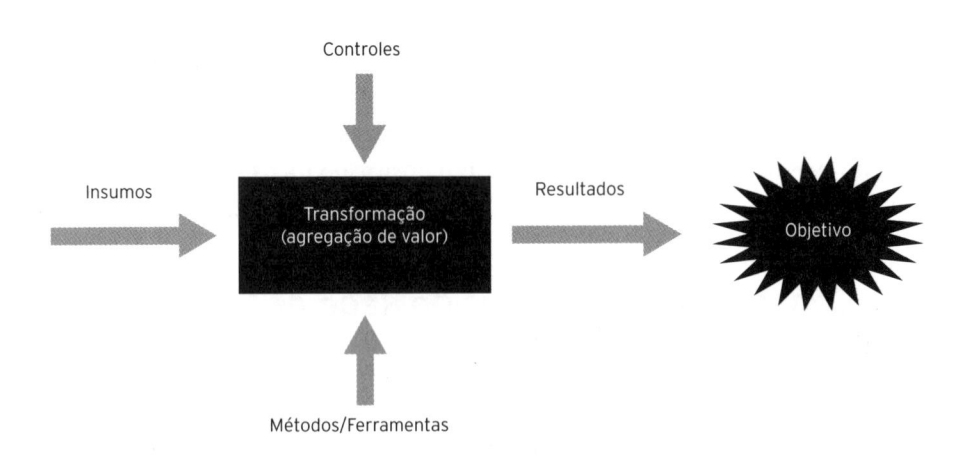

Figura 1 – Atributos de um processo de negócio

Objetivo do processo

Para que o processo cumpra bem seu papel, primeiramente, é preciso saber o que se espera dele, ou seja, definir o seu objetivo. Portanto, o objetivo do processo deve responder às seguintes perguntas: Para que este processo existe? O que se espera obter ao final do processo?

Se a definição do objetivo do processo estiver falha, existe uma grande probabilidade do processo não entregar o resultado esperado. Uma definição de objetivo de processo consistente ajuda, e muito, a clarificar quais aspectos são mais valorizados. Observe na Figura 2 os exemplos com definições de objetivos falhos comparadas a definições de objetivos consistentes, com os aspectos mais valorizados do processo em negrito:

PROCESSO	OBJETIVO FALHO	OBJETIVO CONSISTENTE
Compras	Comprar insumos para a empresa	Prover os insumos necessários a todas as áreas da empresa no **prazo adequado** com o **melhor custo-benefício**
Vendas	Vender os produtos e serviços para os clientes	Vender com **qualidade** e **lucratividade** os produtos e serviços da empresa, **satisfazendo as necessidades dos clientes**
Prospecção	Procurar clientes potenciais	**Gerar** o maior número de **abordagens de vendas** a um custo adequado (dentro do orçamento)

Figura 2 – Exemplos de objetivos dos processos de negócio

Note que a definição de um objetivo consistente já apresenta explicitamente o que se espera como resultado do processo, não dando margem a subjetividades que podem atrapalhar o entendimento de quem executa as atividades.

No processo de vendas, não basta vender. É preciso vender da maneira correta para atingir o objetivo. No processo de prospecção, o importante não é procurar clientes (pois quem só procura, nem sempre acha!), e sim gerar abordagens de venda. Esta mudança fará toda a diferença no momento de se atribuir metas para os objetivos. É importante que a estrutura de suporte (Consultores de Campo & Negócios) esteja bem alinhada com esta metodologia para poder fazer bem seu trabalho com a rede (veja mais detalhes sobre Consultoria de Campo & Negócios no Capítulo 9).

Insumos

Os insumos são os recursos necessários para o início do processo. Eles podem ser informações, relatórios, infraestrutura, produtos etc. Portanto, tudo o que for necessário para a execução das tarefas inerentes ao processo são considerados insumos. Importante lembrar que caso todos os insumos não sejam entregues no tempo correto, o processo não é iniciado, o que pode gerar perda de tempo e produtividade, portanto uma boa "orquestração" da entrega dos insumos se faz necessária.

Transformação

É a forma pela qual os insumos serão transformados no resultado final do processo, ou seja, são as atividades que são executadas e aplicadas sobre os insumos que, ao agregar valor a estes, os transformam em outra coisa de maior valor para o cliente (interno ou externo). Nas redes de Franquia, é papel do Franqueador informar como as Franquias devem executar as tarefas rotineiras para entregar os resultados necessários em cada processo.

Métodos e ferramentas de trabalho

Os métodos são as formas pelas quais a transformação deverá ocorrer. Como em uma receita de bolo, se o método proposto não for seguido exatamente, o resultado final não será satisfatório. Para que os resultados sejam consistentes, é preciso que se desenvolvam métodos e procedimentos, padronizando a realização das atividades, a fim de garantir o resultado esperado.

E é exatamente nesse desafio que as ferramentas de trabalho são importantes. Entenda-se por ferramenta de trabalho os recursos de apoio à realização das atividades, sejam formulários, *check-lists*, relatórios, sistemas de informação etc. Ao padronizar uma atividade utilizando-se um formulário ou um sistema específico, diminui-se a chance de erros na transformação. Isso aplicado a um canal de venda com várias unidades espalhadas geograficamente, que é o caso de uma rede de Franquias, é um benefício que não pode ser ignorado.

O método é também quem garante a mesma experiência da marca em todos os pontos de contato da rede (*one brand experience*), conceito bastante difundido nas redes de varejo internacionais e que algumas redes brasileiras já estão implementando para ficarem alinhadas a esta tendência mundial de varejo. Segundo este conceito, existem diretrizes da Franqueadora que devem ser seguidas para garantir que o cliente terá uma experiência de consumo positiva nas Franquias da rede.

Resultados

É o resultado das atividades do processo de negócio. Se os insumos estavam na qualidade necessária e a transformação seguiu o método proposto por meio da utilização das ferramentas de trabalho, existe uma grande chance de que o resultado final do processo seja satisfatório e cumpra o objetivo proposto. Veja um exemplo da aplicação dos atributos do processo aplicados ao processo de compras da Franqueadora na Figura 3:

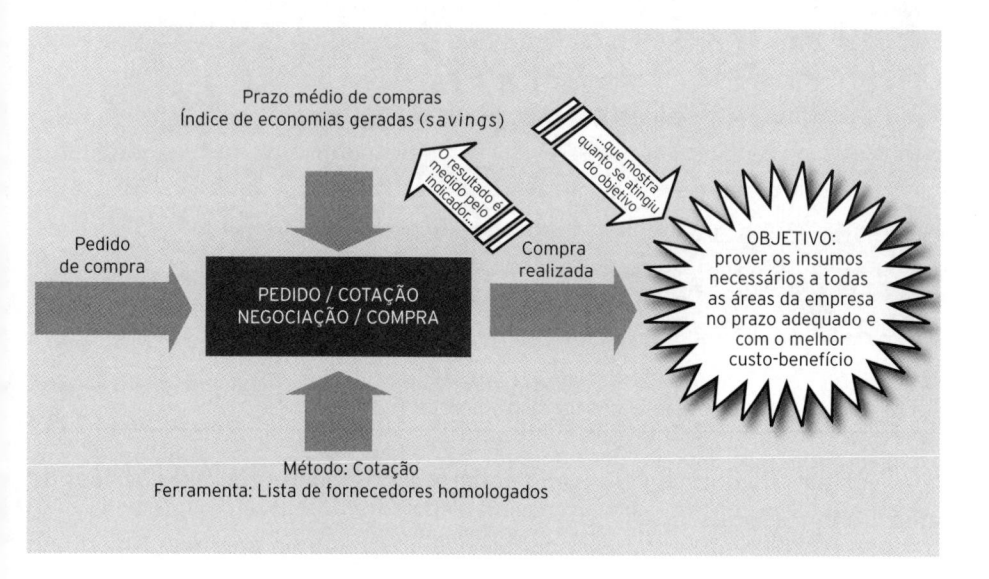

Figura 3 – Exemplo prático de aplicação dos atributos de um processo de negócio

Níveis de detalhamento dos processos

Até o momento, mesmo não existindo consenso de uma metodologia que defina claramente os níveis de detalhe de um processo de negócio – como, por exemplo, as metodologias para processos de Tecnologia da Informação –, é possível entender este assunto fazendo um paralelo com a visão que temos de uma floresta à medida que nos aproximamos dela.

Quando você está vendo uma floresta de um helicóptero, não é possível enxergar os pequenos detalhes, mas é possível ver a floresta como um todo. Ao passo que andamos em uma floresta, conseguimos ver os diferentes tipos de árvores e as enxergamos com mais detalhes. Ao subir em uma árvore, conseguimos ver quantos galhos a compõem, bem como as suas folhas. Ao olhar uma folha, conseguimos ver claramente sua cor, sua espessura e suas características no maior nível de detalhe possível.

Da mesma forma que a floresta, podemos enxergar a empresa como um todo, ou seja, tendo a "visão de helicóptero", podemos enxergar os macroprocessos internos, os quais sintetizam tudo o que a empresa faz, conforme mostra a Figura 4.

Figura 4 – Macroprocessos genéricos de uma empresa

A figura seguinte ilustra como poderia ser os macroprocessos básicos de uma Franqueadora:

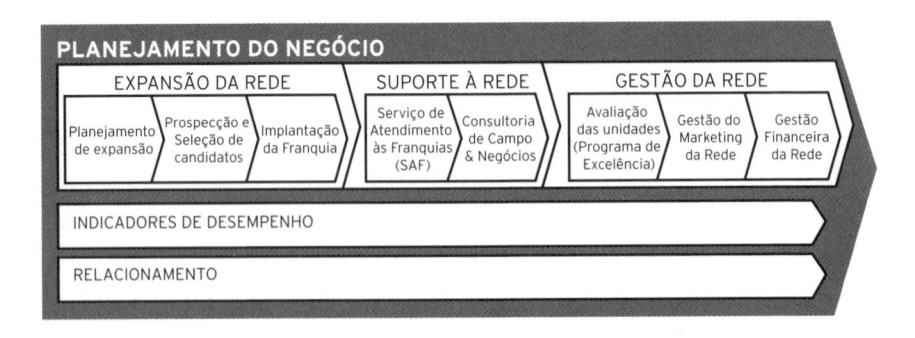

Figura 5 – Macroprocessos de uma Franqueadora

Os macroprocessos são compostos de processos, os quais são divididos em atividades que, por sua vez, também podem ser separadas em tarefas.

A título de exemplo, na figura a seguir será ilustrado como poderia ser descrito um processo de Marketing e Vendas de uma Franqueadora com quatro níveis de detalhamento, chamando estes níveis de macroprocesso, processo, atividade e tarefa (importante: os nomes dos níveis podem mudar de acordo com a literatura que for consultada):

NÍVEIS DE DETALHE DE UM PROCESSO

1. MACROPROCESSO	2. PROCESSOS	3. ATIVIDADES	4. TAREFAS
Marketing e Vendas	Entendimento das necessidades e desejos dos clientes	Analisar informações de mercado	• Levantar e analisar comportamento de consumo dos clientes-alvo • Levantar e analisar as tendências de mercado do segmento • Analisar portfólio de produtos e serviços dos concorrentes e substitutos
		Analisar informações internas	• Levantar e analisar informações que as Franquias percebem sobre as necessidades e desejos não atendidos dos clientes
		Levantar necessidades e desejos dos clientes que a marca ainda não atende	• Realizar pesquisa com consumidores-alvo (dados primários) • *Focus group* com consumidores-alvo • Consolidar achados em um relatório final
		Definir novos produtos e serviços que podem ser oferecidos nas franquias	• Analisar possíveis produtos e serviços que podem ser oferecidos • Definir novos produtos e serviços para fazer teste de conceito
	Desenvolvimento de produtos/ serviços	Encontrar fornecedores	• Contatar fornecedores atuais • Procurar fornecedor alternativo
		Solicitar materiais para lote piloto	• Especificar materiais • Solicitar materiais
		Produção de lote piloto	• Planejar produção (PCP) • Produzir
		Teste de conceito	• *Focus Group* com consumidores • Análise e ajustes no produto
	Lançamento de produto	Estimativa de demanda	• Analisar potencial de mercado • Estimar a demanda por região
		Comunicação ao mercado	• Comunicar às Franquias • Comunicar aos consumidores
	Vendas	Atendimento de pedidos	• Contatar Franquias • Negociar condições comerciais
		Formalização da venda	• Providenciar documentação • Separar e expedir produtos
		Análise do desempenho do produto	• Analisar vendas (região e Franquias) • Ajustar previsão de demanda

Figura 6 – Exemplo dos níveis de detalhe de um processo

É importante lembrar que cada canal de venda tem os seus macroprocessos de acordo com as características específicas de cada negócio e mercado. Nas redes de Franquias não é diferente, apesar de haver uma estrutura de processos genérica (que serve de inspiração para qualquer Franqueadora), cada negócio deve ter a sua de acordo com as particularidades do segmento e da empresa.

Apesar de o exemplo mostrar quatro níveis de detalhamento do processo, na prática, pode haver outras formas de representação, como fluxogramas, procedimentos operacionais padrão (POP's), instruções de trabalho, regras de negócio, entre outras nomenclaturas.

Alinhando os processos à estrutura organizacional

Conforme afirmam Tachizawa e Scaico no livro *Organizações Flexíveis*: "As estruturas organizacionais, com seus diferentes tamanhos, sofisticação tecnológica e graus de complexidade e formalização, destinam-se a ser ou a evoluir para processos de negócios tanto produtivos como de apoio". Nessa afirmação, podemos verificar a inter-relação entre os processos e a estrutura organizacional, ou seja, a estrutura deve ser definida em consonância com os processos de negócio necessários para realizar a atividade empresarial.

A falta de alinhamento entre estrutura e processos é uma causa comum de problemas nas redes de Franquias que não conseguem atingir seus objetivos. Os problemas mais comuns são as sobreposições, em que duas pessoas/funções fazem o mesmo trabalho em departamentos diferentes; as zonas cinzentas, nas quais existem atividades e decisões necessárias, mas não fica claro quem é o responsável, e temos a falta de dono, em que não existe a função para realizar as atividades e as decisões necessárias. Esses problemas são exemplificados na figura seguinte:

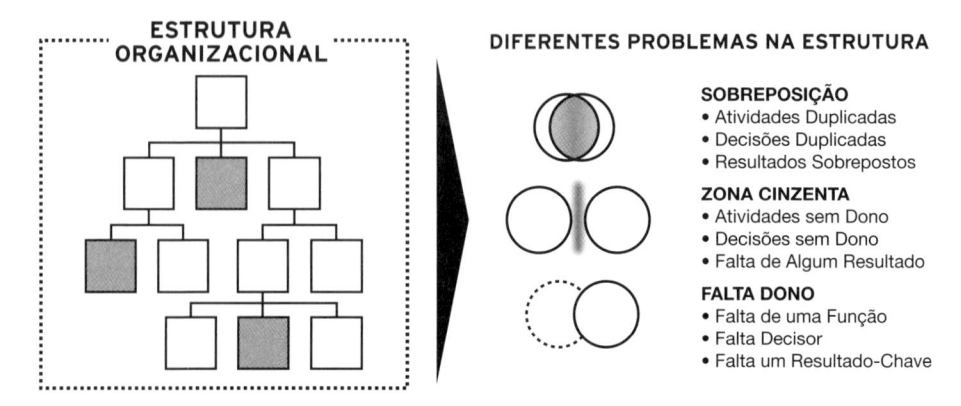

Figura 7 – Consequências da falta de alinhamento entre processos e estrutura organizacional

Organograma

Em decorrência dos processos de uma rede de Franquias, é necessário definir qual a melhor configuração de organograma. Para isso, é necessário entender quais as configurações existentes e qual a melhor opção para a Franqueadora de acordo com sua realidade de negócio. Seguem os tipos de estrutura organizacional com suas respectivas características, vantagens e desvantagens.

TIPOS DE ESTRUTURA	PRINCIPAL CARACTERÍSTICA	PRINCIPAIS VANTAGENS	PRINCIPAIS DESVANTAGENS
FUNCIONAL	Atividades agrupadas de acordo com as funções da organização	Especialização do trabalho Pouca mudança na rotina Máxima utilização dos recursos	Visão parcial da organização Soluções fragmentadas Centralização excessiva
TERRITORIAL	Atividades de campo são agrupadas e entregues a um gestor regional	Maior conhecimento dos fatores e problemas locais Ação imediata no local	Replicação das estruturas Preocupação estritamente local
POR PRODUTOS E SERVIÇOS	Atividades agrupadas por produtos e serviços da empresa	Uso de pessoal especializado Maior facilidade de coordenação (interdepartamental e resultados)	Replicação das estruturas Dificuldade de estabelecer políticas gerais da empresa
POR CLIENTES	Atividades agrupadas de acordo com as necessidades dos clientes	Tira proveito das condições dos grupos de clientes Atendimento rápido e eficaz	Dificuldade de coordenação (interdepartamental e dos recursos)
POR PROJETOS	Pessoas recebem atribuições temporárias e, ao final da tarefa, são realocadas	Versatilidade da equipe Melhor cumprimento de prazos e orçamentos	Empresa fragmentada Comunicação corporativa dificultada
MATRICIAL	Fusão entre a estrutura funcional e a estrutura por projetos	Uso adequado dos recursos Especialização do trabalho Aprimoramento da equipe	Duplicidade de subordinação Aparente conflito de interesse entre os chefes (função/projeto)
MISTA	Adaptação da estrutura que mais se adapta à realidade da empresa	Flexibilidade Atende aos negócios com vários níveis de complexidade	Aparente desorganização Dificuldade de estabelecer políticas gerais da empresa
DIVISIONALIZADA	Centraliza as atividades-meio e organiza as divisões por produto ou por cliente	Atende aos negócios com vários níveis de complexidade Ganho de escala (centralização)	Aparente replicação de estrutura Preocupação estritamente com a divisão

Figura 8 – Tipos de estruturas organizacionais que a Franqueadora pode apresentar, conforme Tachizawa e Scaico

De acordo com alguns fatores como número de unidades franqueadas, capilaridade da rede, maturidade da Franqueadora e a importância deste canal para o negócio, a Franqueadora pode apresentar diferentes formatos de organização. Para exemplificar, seguem dois modelos genéricos de organograma que uma Franqueadora pode manifestar.

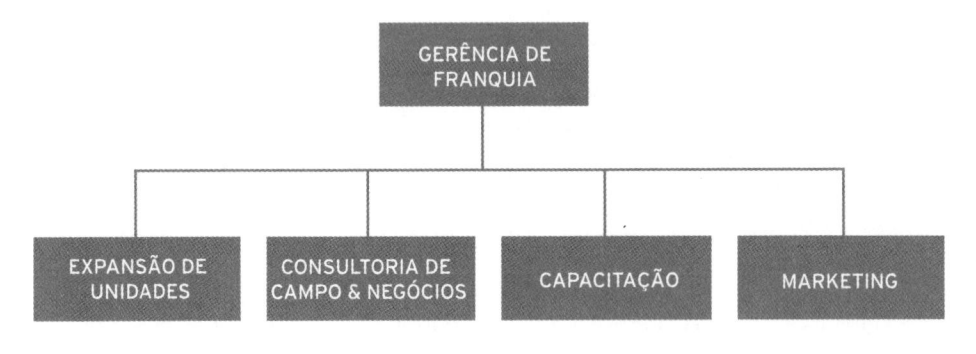

```
                    GERÊNCIA DE
                     FRANQUIA
                         |
   ┌─────────────┬───────┴───────┬─────────────┐
EXPANSÃO DE   CONSULTORIA DE   CAPACITAÇÃO   MARKETING
 UNIDADES    CAMPO & NEGÓCIOS
```

Estrutura organizacional básica de uma Franqueadora.

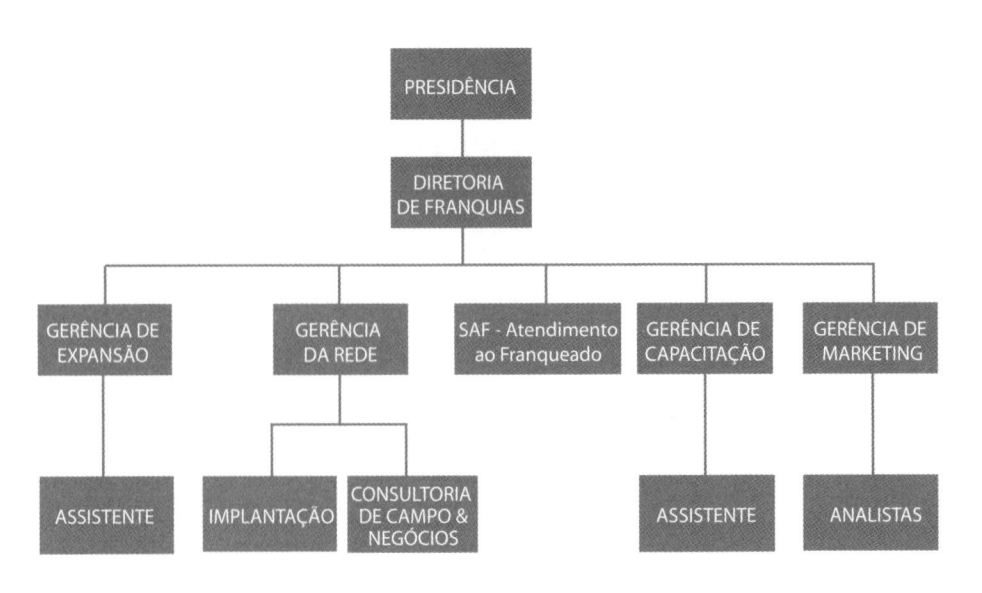

```
                         PRESIDÊNCIA
                              |
                         DIRETORIA
                        DE FRANQUIAS
                              |
   ┌──────────┬──────────┬────┴─────┬──────────┬──────────┐
GERÊNCIA   GERÊNCIA    SAF -      GERÊNCIA   GERÊNCIA
   DE         DA     Atendimento     DE         DE
EXPANSÃO     REDE   ao Franqueado CAPACITAÇÃO MARKETING
   |          |                       |          |
ASSISTENTE  ┌─┴─────────┐         ASSISTENTE  ANALISTAS
         IMPLANTAÇÃO  CONSULTORIA
                      DE CAMPO &
                       NEGÓCIOS
```

Modelo complementar de estrutura organizacional de uma Franqueadora.

Definindo a Melhor Forma de Registrar os Processos em Manuais

Existem várias formas de registrar os processos de negócio para que seja possível transferir o *know-how* da operação para a rede de Franquias. A seguir, vemos os formatos mais encontrados para este fim:

- Manuais Impressos: São basicamente em formato de texto, com toda a descrição do passo a passo das tarefas a serem realizadas.
- Guias de Processos: São materiais mais resumidos, contendo basicamente as diretrizes para a execução das tarefas e o guia de utilização das ferramentas de trabalho.
- Intranets/Extranets: Podem ter o mesmo conteúdo dos manuais ou dos guias de processos, mas com a característica de estarem disponíveis em mídia eletrônica que pode ser acessada via Internet.
- Treinamentos: Devem ter como base o conteúdo dos manuais ou guias de processos e têm a característica de agregar outras formas de aprendizado para facilitar a compreensão do conteúdo, como, por exemplo, atividades práticas, dinâmicas, troca de experiências entre os participantes, entre outras.
- Formulários: Consiste no passo a passo de uma determinada tarefa que deve ocorrer dentro de um processo da operação.
- Planilhas: Consiste em ferramentas de suporte às tarefas de registro e análise dos resultados da operação.
- *Check-lists*: Têm a finalidade de auxiliar a execução de tarefas rotineiras dentro de um padrão pré-estabelecido para que nada seja esquecido.
- *Software*/Sistema: Consiste na automação dos processos da operação, ou seja, torná-los automáticos e disponíveis nos computadores da empresa, muitas vezes com o apoio de outras metodologias, tal como o fluxo de trabalho (*workflow*).

Independente do formato do registro, existem algumas diretrizes que devem ser seguidas para que os manuais tenham um fácil entendimento por parte de quem irá utilizá-los.

Os manuais devem ter foco no que é essencial para que seja percebido como uma ferramenta prática e útil. Outro ponto é que eles devem ser utilizados como apostilas de capacitação pela equipe da Franquia. Assim, o seu uso é disseminado e evita-se criar vários materiais isolados acerca dos mesmos assuntos, o que dificultaria eventuais atualizações. Para isso, devemos ter uma preocupação especial com o aspecto visual, o qual deve ser atrativo.

Outro ponto é que os manuais devem ser utilizados como uma ferramenta de suporte pelos Consultores de Campo & Negócios e pelas áreas internas de apoio aos Franqueados, uma vez que eles trazem todo o registro de como devem ser realizadas as atividades dentro da Franquia. Caso existam alguns materiais que não fazem parte do processo operacional, mas que são importantes para o Franqueado e equipe conhecerem, esses devem ser colocados nos manuais como conteúdos extras, na forma de anexos. Um exemplo disso é a lista de produtos. Ele não é um processo em si, mas é uma informação muito útil para a equipe da Franquia, que deve consultá-la sempre que necessário.

Para que os manuais tenham todas as informações necessárias, é preciso que dentro de cada processo estejam registradas todas as informações necessárias para a execução do mesmo. Para isso, uma forma rápida e efetiva de garantir que nada seja esquecido, é usar a técnica do 5W + 2H (técnica oriunda do conceito de gestão da qualidade), que recebe esse nome devido as iniciais na língua inglesa, conforme é exemplificado a seguir:

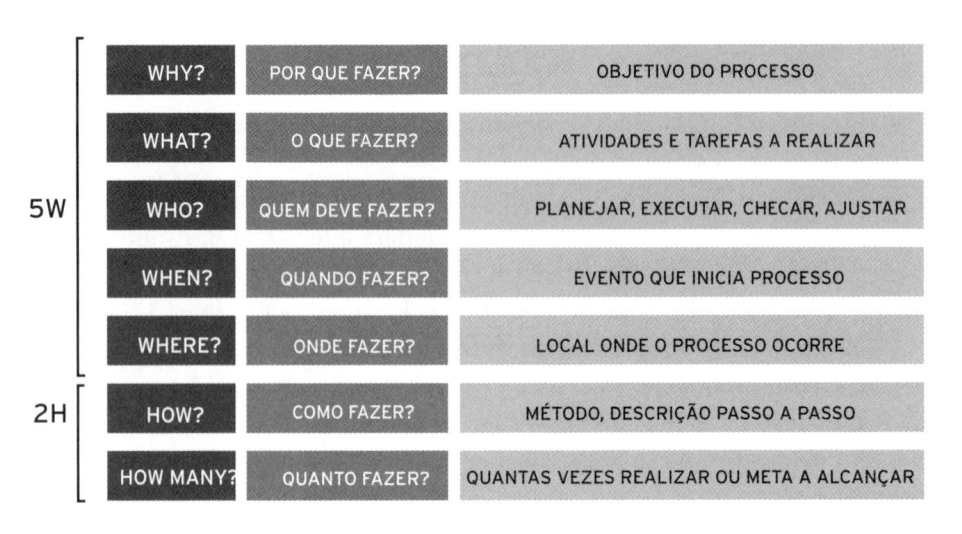

	WHY?	POR QUE FAZER?	OBJETIVO DO PROCESSO
	WHAT?	O QUE FAZER?	ATIVIDADES E TAREFAS A REALIZAR
5W	WHO?	QUEM DEVE FAZER?	PLANEJAR, EXECUTAR, CHECAR, AJUSTAR
	WHEN?	QUANDO FAZER?	EVENTO QUE INICIA PROCESSO
	WHERE?	ONDE FAZER?	LOCAL ONDE O PROCESSO OCORRE
2H	HOW?	COMO FAZER?	MÉTODO, DESCRIÇÃO PASSO A PASSO
	HOW MANY?	QUANTO FAZER?	QUANTAS VEZES REALIZAR OU META A ALCANÇAR

Figura 9 – Técnica 5W e 2H baseada nos conceitos de Gestão da Qualidade.

Principais manuais que devem ser desenvolvidos

Para que ocorra um alinhamento total entre os processos de negócio e os manuais operacionais, sugerimos que seja seguida a mesma ordem e nomenclatura entre ambos.

Na figura a seguir, veja como ficaria, de forma genérica, a cadeia de valor com os macroprocessos e os processos de negócio de uma Franqueadora (gestora da rede) e das Franquia (unidades) para que seja a base da construção dos manuais da rede:

Franqueadora

Expansão Rede	Suporte à Rede	Gestão da Rede
Desenvolvimento do Plano de Expansão	Atendimento às Unidades	Avaliação de Desempenho das Unidades
Prospecção de Candidatos	Capacitação / Univ. Corporativa	Gestão de Marketing
Seleção de Candidatos	Consultoria de Campo & Negócios	Gestão Financeira

Franquias

Implantação Unidade	Operação da Unidade	Gestão da Unidade
Abertura de empresa	Divulgação e Prospecção	Gestão de Marketing Local
Implantação da Infraestrutura	Atendimento e Vendas	Gestão de Pessoas
Implantação da Unidade	Operações/ Back-Office	Gestão Financeira

Figura 10 – Exemplo de processos de uma Franqueadora e suas unidades franqueadas

Ressaltamos que os processos da figura anterior são genéricos, ou seja, eles devem ser personalizados de acordo com cada rede de Franquias. Trata-se dos processos mínimos que uma rede deve conter, mas existem redes que podem apresentar a necessidade de novos processos de acordo com a peculiaridade do negócio. Como exemplo desse fato, podemos citar os processos de segurança alimentar em uma rede de restaurantes. Nesse caso, deve-se observar em que macroprocesso ele se encaixa e descrevê-lo para completar os manuais.

Principais conteúdos que os manuais devem apresentar

De acordo com os processos apresentados, acreditamos que os manuais, no mínimo, devem ser desenvolvidos com os seguintes conteúdos:

Manuais da Franqueadora:
Expansão da Rede
- Planejamento da Expansão
- Perfil do Franqueado
- Ferramentas de Expansão
    - Cadastro Inicial de Interessados
    - Relatório de Qualificação
    - Roteiro de Entrevista
    - Avaliação de Perfil
- Divulgação do Negócio
- Prospecção de Candidatos
    - Cadastro
    - Primeira Entrevista
- Seleção de Candidatos
    - Análise da Documentação
    - Análise do Perfil
    - Segunda Entrevista
- Pontos Comerciais
    - Busca
    - Seleção
- Fechamento do Negócio
- Formalização da COF, Pré-Contrato e Contrato
- Suporte à Implantação da Unidade
    - Planejamento da Implantação
    - Constituição da Empresa Franqueada
    - Aprovação do Ponto Comercial
    - Acompanhamento da Implantação
        - Cronograma de Implantação

- Fornecimento de Relação de Fornecedores Homologados
- Visitas de Inspeção e Acompanhamento
- Estoque Inicial de Produtos
  - Capacitação Inicial
  - Dicas para o Evento de Inauguração

Suporte à Rede
- Atendimento às Unidades (SAF – Serviço de Atendimento ao Franqueado)
  - Recebimento de Demandas das Unidades
  - Resolução das Demandas
  - Comunicação das Soluções para a Unidade Solicitante
- Capacitação / Universidade Corporativa
  - Capacitação Operacional
  - Capacitação Gerencial
  - Capacitações Específicas com foco Motivacional e Comportamental
  - Consultoria de Campo & Negócios
  - Recrutamento e Seleção dos Consultores de Campo & Negócios
  - Capacitação dos Consultores de Campo & Negócios
  - Remuneração dos Consultores de Campo & Negócios
- Processo de Consultoria de Campo & Negócios
  - Planejamento de Visitas
    - Apoio à Implantação (antes de inaugurar a unidade)
    - Apoio à Operação (após a inauguração da unidade)
    - Apoio à Gestão
  - Realização das Visitas Planejadas
    - Aspectos Operacionais
    - Aspectos de Gestão (GEN – Gestão Estratégica do Negócio)
    - Plano de Ação
  - Acompanhamento Pós-Visita

Gestão da Rede
- Avaliação de Desempenho das Unidades
  - Desenvolvimento das Métricas de Avaliação das Unidades Franqueadas (Programa de Excelência)

- Métricas Qualitativas
- Métricas Quantitativas
  - Comunicação do Programa para a Rede
  - Calendário de Aferição de Resultados
  - Entrega das Premiações
- ► Gestão de Marketing
  - Gestão da Marca (*Branding*)
  - Calendário de Eventos e Promoções
  - Assessoria de Imprensa e *site* Corporativo
  - Política de utilização de Mídias Sociais pela Rede
  - Realização de Ações de Marketing Nacional
  - Supervisão das Ações de Marketing Local (realizadas pelos Franqueados)
  - Visual *Merchandising*
  - Gestão do Fundo de Marketing
- ► Gestão Financeira
  - Organização dos Documentos das Franquias
  - Gestão dos Recebíveis da Franqueadora
    - Taxas de Franquia
    - *Royalties* e Fundo de Marketing
    - Patrocínios e outras Receitas
  - Gestão dos Pagamentos a Realizar
  - Gestão de Pessoal da Franqueadora
    - Folha de Pagamento
    - Benefícios

Esses manuais da Franqueadora não devem ser entregues ao Franqueado, pois eles são a consolidação do conhecimento que a Franqueadora organizou sobre como gerenciar a rede de Franquias e recomenda-se a leitura por todos os integrantes da Franqueadora.

Manuais das Unidades Franqueadas:
- ► Implantação da Unidade
  - Histórico da Marca

- Visão, Missão e Valores (DNA da empresa)
- Planejamento da Implantação
- Contratação de Escritório de Contabilidade
- Busca por Ponto Comercial
  - Características Ideais de Ponto
  - Ferramentas para Análise de Ponto
  - Cuidados com o Contrato de Locação
- Montagem da Unidade
  - Projeto Arquitetônico
  - Mobiliário
  - Estoque Inicial de Produtos
  - Identidade Visual
- Equipe
  - Contratação de Pessoas
  - Capacitação Inicial
- Inauguração
  - Planejamento
  - Evento
  - Pós-evento

▶ Operação da Unidade
- Compra de Produtos
  - Análise das Curvas de Demanda de Produtos e Insumos (ABC)
  - Sugestão de Compra de Produtos (estoque mínimo e máximo)
  - Realização do Pedido
- Gestão de Estoque
  - Previsão de Vendas
  - Recebimento e Conferência
  - Armazenamento no Estoque
  - Reposição da Área de Vendas
  - Controle dos Indicadores de Estoque (Giro e Cobertura)
  - Como fazer o Inventário
    - Inventário Físico

- Periodicidade de Inventário
- Atendimento e Vendas
  - Preparação Diária da Equipe de Vendas
  - Como Atender os Clientes (técnica de vendas utilizada)
  - Registro da Venda no Sistema (caixa)
  - Formas de Pagamento Aceitas
  - Troca de Produtos
- Gestão da Unidade
  - Gestão Financeira
    - Qual é o Papel da Gestão Financeira
    - Gestão Financeira *x* Contabilidade
    - Capital de Giro
    - Contas a Receber e Contas a Pagar
    - Fluxo de Caixa
    - Gestão Econômica
    - Demonstrativo de Resultados
    - Indicadores do Negócio
      - Lucratividade
      - Rentabilidade
      - *Payback*
  - Gestão do Marketing Local
    - Campanhas e Divulgações
    - Planejamento Local de Marketing
    - Marketing Direto
    - Mídias Sociais
    - Visual *Merchandising*
    - Som Ambiente e Aromatização
    - Exposição de Produtos
    - Processo para Realização de Marketing Local
  - Gestão de Pessoas
    - Administração de Pessoal
      - Recrutamento e Seleção de Pessoas

- Admissão
- Capacitação do Novo Funcionário
- Controle de Horas Trabalhadas
- Remunerações
    - Remuneração mensal
    - Salário-Família
    - 13º Salário
    - Fundo de Garantia do Tempo de Serviço (FGTS)
- Benefícios
- Desligamentos
- Gestão de Pessoas
    - Avaliação de Desempenho
    - *Feedback* Formal
- Estratégias Motivacionais
- Disposições Gerais da CLT (Consolidação das Leis Trabalhistas)

Via de regra, o projeto de construção dos manuais da rede é um trabalho árduo, pois não raro os processos mudam de acordo com novas demandas dos clientes, ou mudanças de legislação. Portanto, para realizar o trabalho de desenvolvimento de manuais, é preciso tratar desse projeto conforme as etapas a seguir:

- Definir um coordenador para o projeto.
- Definir o objetivo e o conteúdo de cada manual.
- Identificar o usuário final para adequar a linguagem.
- Definir o melhor formato para o registro.
- Fazer um levantamento detalhado dos procedimentos atuais envolvidos na operação.
- Redigir conteúdo conforme levantamento realizado.
- Realizar revisão e testes em unidades em funcionamento.
- Garantir a continuidade com a atualização periódica.
- Estabelecer um prazo para cada uma dessas etapas.

É importante ressaltar que, ao entregar os manuais para os Franqueados, deve-se entregar também um termo de recebimento dos manuais, registrando que a Franqueadora os passou aos Franqueados, e esse termo deve ficar armazenado na Franqueadora.

Outro aspecto importante é a confidencialidade das informações dos manuais. É importante que esteja claro para a rede que as informações têm um caráter confidencial e que não podem ser passadas para outras pessoas que não pertencem ao sistema de Franquia da rede.

Para que o Franqueado esteja sempre em linha com o padrão de operação da rede, é importante que a Franqueadora mantenha sempre os manuais atualizados. E isso é um desafio contínuo, uma vez que os segmentos de mercado têm uma dinâmica de constantes mudanças. Portanto, cabe um esforço adicional por parte das empresas Franqueadoras para que, de tempos em tempos, absorvam tanto as mudanças nos negócios quanto as boas práticas da rede que podem ser aplicadas pelas demais unidades.

Para alcançar esse objetivo, é desejável que as empresas Franqueadoras contemplem um processo estruturado para que os Franqueados possam dar sugestões de alterações para os manuais das unidades. Dessa forma, a Franqueadora consegue trabalhar no conceito das organizações que aprendem, em que o conhecimento gerado é organizado e disseminado sistematicamente. Trazemos na imagem seguinte um modelo de processo de captura de sugestões da rede para possíveis alterações nos manuais.

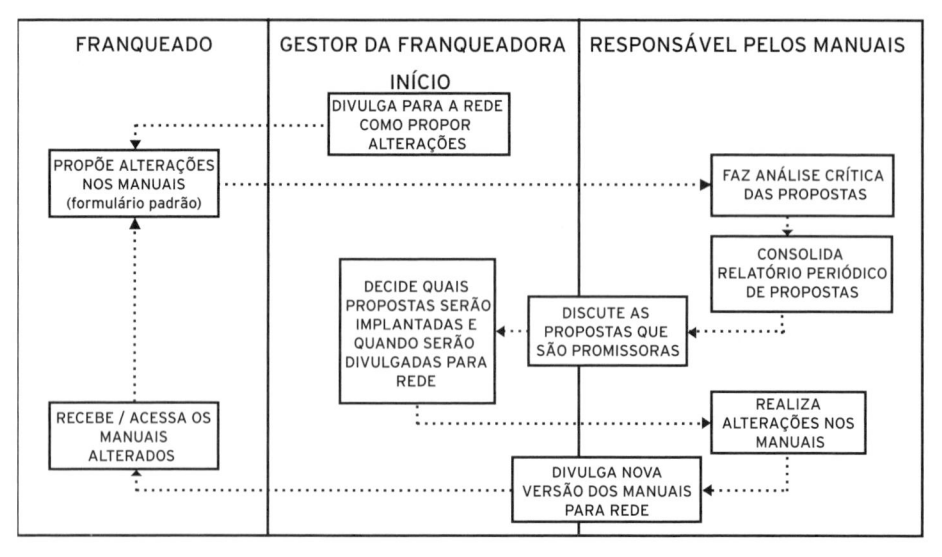

FRANQUEADO	GESTOR DA FRANQUEADORA	RESPONSÁVEL PELOS MANUAIS
	INÍCIO	
	DIVULGA PARA A REDE COMO PROPOR ALTERAÇÕES	
PROPÕE ALTERAÇÕES NOS MANUAIS (formulário padrão)		FAZ ANÁLISE CRÍTICA DAS PROPOSTAS
		CONSOLIDA RELATÓRIO PERIÓDICO DE PROPOSTAS
	DECIDE QUAIS PROPOSTAS SERÃO IMPLANTADAS E QUANDO SERÃO DIVULGADAS PARA REDE	DISCUTE AS PROPOSTAS QUE SÃO PROMISSORAS
		REALIZA ALTERAÇÕES NOS MANUAIS
RECEBE / ACESSA OS MANUAIS ALTERADOS	DIVULGA NOVA VERSÃO DOS MANUAIS PARA REDE	

Processo de captura de sugestões da rede para alterações nos manuais da Franquia.

Para as Franqueadoras que se propuserem a implementar esse processo, é importante iniciar com a divulgação para a rede de que é possível sugerir alterações nos manuais. Essa divulgação deve ser feita de forma que a rede entenda que as sugestões devem ser feitas com base em dados e fatos e de forma que todas as unidades da rede sejam beneficiadas. O ideal é que seja disponibilizado um formulário padrão com campos pré-formatados a serem preenchidos.

A partir da sugestão da rede, a pessoa responsável pelos manuais na Franqueadora deve fazer uma análise crítica destas propostas de alterações para verificar se alguma delas é viável e irá gerar uma melhoria real para a rede. Periodicamente, é necessário consolidar um relatório com as propostas promissoras recebidas para que seja discutido com o gestor da rede. As propostas que em primeira análise não são promissoras nem precisam constar neste relatório, mas é importante que se dê uma resposta ao Franqueado que a enviou dizendo que a sugestão foi analisada e não será implementada neste momento.

Para as propostas que forem viáveis, o gestor da rede deve decidir quais delas serão implantadas, quando se tornarão padrão para a rede e quando serão divulgadas para as Franquias. Com essa informação, a pessoa responsável deve atualizar todos os manuais e divulgar para a rede que as atualizações já estão em vigor e que a partir dessa divulgação, estes padrões deverão ser seguidos pelas unidades. Essa divulgação pode ser parcial quando as alterações não são muitas e não mudam significativamente a forma de operação da unidade. Entretanto, essa divulgação pode ser feita por meio de uma versão totalmente nova dos manuais, a qual pode ser enviada fisicamente para rede ou pode ser disponibilizada para as Franquias via extranet.

CAPÍTULO 5

Modelo Financeiro

Receitas do Negócio

Nos modelos de Franchising, é possível ter desde fabricantes ou importadores que são a própria Franqueadora de um modelo de negócios, até Franqueadoras que existem somente como gestoras de suas redes de Franquias. Em cada caso, as fontes de receita do negócio podem ter diferentes origens.

Analisemos as seguintes situações:

- **Franqueadora com finalidade única de gestão da rede de Franquias**
  - Organização empresarial: apenas uma empresa é necessária.
  - Atividade principal: gestão da rede de Franquias. É uma empresa prestadora de serviços.
  - Marca: é a detentora da marca ou possui a concessão legal da marca.
  - Fontes de receitas: são as taxas cobradas pela concessão de Franquias e pela prestação de serviços à rede. Também podem haver receitas pela intermediação de negócios fornecedores de produtos e serviços à rede de Franquias.
- **Franqueadora que é a fabricante e fornecedora de sua rede de Franquias**
  - Organização empresarial: apenas uma empresa é necessária. No caso

de haver previsão de receitas de *royalties* pela concessão de Franquias e outras taxas, seu Objeto Social precisa prever a prestação de serviços à rede de Franquias, além da atividade industrial. Existe a opção de a Franqueadora ser outra empresa, com CNPJ (Cadastro Nacional de Pessoa Jurídica) distinto.

- Atividade principal: produção ou importação de produtos. Tem a gestão da rede de Franquias como atividade adicional. Do ponto de vista de sua atividade industrial, enxerga as Franquias como canal de vendas para os seus produtos.
- Marca: em geral pertence à fabricante. No caso da Franqueadora ser outra empresa distinta, a detentora da marca precisa autorizar o uso da marca para a concessão de Franquias.
- Fontes de receitas: a venda mercantil de produtos e as taxas cobradas pela concessão de Franquias e pela prestação de serviços à rede. Também podem haver receitas pela intermediação de negócios fornecedores de produtos e serviços à rede de Franquias.

▶ **Franqueadora não fabricante, mas que importa ou compra produtos nacionais de terceiros, que organiza ou detém a distribuição para a sua rede de Franquias**

- Organização empresarial: apenas uma empresa é necessária. Seu Objeto Social precisa prever as atividades de comércio atacadista e da prestação de serviços para a rede de Franquias. Também existe a opção da Franqueadora ser outra empresa, com CNPJ distinto.
- Atividades principais: comércio atacadista e a gestão da rede de Franquias.
- Marca: é a detentora da marca ou possui a concessão legal da marca.
- Fontes de receitas: são as taxas cobradas pela concessão de Franquias e pela prestação de serviços à rede. Também podem haver receitas pela intermediação de negócios fornecedores de produtos e serviços à rede de Franquias.

▶ **Franqueadora detentora da tecnologia ou processo de prestação de serviços**

- Organização empresarial: apenas uma empresa é necessária.
- Atividade principal: gestão da rede de Franquias.
- Marca: é a detentora da marca ou possui a concessão legal da marca.

* Fontes de receitas: são as taxas cobradas pela concessão de Franquias e pela prestação de serviços à rede. Também podem haver receitas pela intermediação de negócios fornecedores de produtos e serviços à rede de Franquias.

Taxa Inicial de Franquia

A taxa inicial de Franquia, ou também taxa de Franquia, é um valor cobrado pela Franqueadora no momento da entrada de um Franqueado à sua rede, ou mesmo quando da abertura de novas unidades de um Franqueado que já pertence àquela rede. Essa taxa, além de funcionar como uma espécie de pedágio para a entrada na rede, também se destina a cobrir as despesas que a Franqueadora tem para divulgar sua oferta de Franquia, buscar e selecionar interessados, e oferecer o suporte necessário para o novo Franqueado implantar a sua unidade e iniciar a sua operação. No suporte inicial estão incluídas a capacitação para o Franqueado e a equipe da nova unidade, a orientação e o acompanhamento de obras e da instalação de móveis e equipamentos da unidade, orientação para as ações de divulgação inicial e o evento de abertura da unidade, entre outros. Para essas tarefas, de forma geral, os integrantes da equipe da Franqueadora precisam dedicar tempo, fazer viagens, se hospedar em hotéis etc., o que representa despesas para a Franqueadora.

Defendemos a ideia de que é um equívoco vender Franquias com o objetivo principal de "ganhar dinheiro" com a taxa de Franquia. Ao se vender uma Franquia, inicia-se uma relação de negócios de longo prazo que deverá ser gerenciada com competência pela Franqueadora, a fim de conseguir atingir os resultados esperados com o negócio.

O projeto e o objetivo de franquear um negócio precisam ir muito além de apenas fazer dinheiro com a entrada de Franqueados para o negócio. Se a Franqueadora não estiver devidamente preparada em termos de estrutura, pessoas, processos, controles, para apoiar e lidar com os seus Franqueados, provavelmente as dificuldades levarão o negócio a ter resultados ruins, anulando o eventual "ganho" com a taxa de Franquia e até mesmo levando a perdas muito maiores.

Para quem planeja se tornar Franqueado de um negócio, é importante entender que a Franqueadora faz investimentos para preparar a oferta da Franquia no mercado e seleciona Franqueados com o perfil mais adequado para a operação e a gestão do negócio. Embora algumas Franqueadoras não cobrem a taxa de Franquia, na maioria dos casos ela vai existir. Também é verdade que quanto mais forte e conhecida for a marca do negócio, maior tenderá a ser sua taxa de Franquia. É como o título de um clube. Para se tornar sócio, é preciso pagar pelo título. Quanto mais tradicional, equipado, melhor localizado e até glamoroso for, maior será o valor do título para se tornar sócio. E não tenha dúvidas de que não basta apenas ter dinheiro. Outros pré-requisitos serão exigidos e investigados antes de se permitir que alguém se torne sócio. Numa rede de Franquias deve acontecer o mesmo.

Para a definição da taxa de Franquia, alguns autores, como o Dr. Martin Mendelsohn, afirmam que a taxa de Franquia deve ser definida numa base percentual do investimento inicial médio para a implantação de uma unidade franqueada da marca. Empregando esse método, será razoável considerar o valor da taxa de Franquia como algo entre 10% e 20% do investimento inicial médio. Embora não seja um método perfeito, ainda assim pode ser empregado como referência para a definição da taxa.

Situação na renovação do Contrato de Franquia

Uma dúvida comum é se a taxa de Franquia deve ser novamente cobrada na renovação do contrato de Franquia. Nesse caso, cada Franqueadora adota um critério próprio. Enquanto algumas cobram uma nova taxa integralmente, no valor atualizado à época da renovação do contrato, outras isentam totalmente o seu pagamento pelo Franqueado.

Nossa orientação é para que a regra seja justa para ambas as partes. Como na renovação de contrato a Franqueadora provavelmente não terá todas as despesas que tem para a inauguração de uma nova unidade franqueada, pode-se estabelecer a cobrança de 50% do valor vigente da taxa de Franquia. Pode-se ainda prever uma regra de isenção total da taxa de Franquia na renovação do contrato, por critérios de desempenho em indicadores do negócio ou no programa de excelência da rede, quando existente.

Seja qual for o caso, é muito importante que as regras para a renovação contratual, incluindo a cobrança ou não de nova taxa de Franquia, estejam previstas no contrato de Franquia.

Taxa de *royalties*

A taxa de *royalties* é um valor cobrado da Franquia de forma recorrente. O mais comum é que seja mensal, tendo como objetivo remunerar a concessão pelo uso da marca e todos os demais serviços prestados pela Franqueadora à Franquia.

A taxa de *royalties* não tem obrigatoriedade por lei, é uma decisão da Franqueadora adotá-la em seu modelo de Franquia, porém, deve estar bastante clara se há a cobrança e quais as bases em todos os seus documentos legais.

Há várias formas de determinar o seu valor, que em geral varia conforme o modelo do negócio:

- **Valor fixo**
  - O valor a ser pago será sempre o mesmo mês a mês, independente de outros fatores como volume de compras ou de vendas.
  - Dentro de uma mesma rede, podem haver valores fixos diferentes conforme critérios definidos, como, por exemplo, o porte da Franquia (em área ou em nível de faturamento) ou a sua localização (se numa capital de Estado ou em cidades de menor porte).
  - A cobrança por valor fixo tem a vantagem de ser bem mais simples de controlar. Porém, não capta para a Franqueadora o aumento de faturamento das unidades franqueadas. Para Franqueadoras que vivem somente das taxas do modelo de Franquias, e não pelo fornecimento de produtos para a rede, o crescimento das receitas virá somente pela entrada de novas unidades franqueadas na rede.
  - Outro ponto importante para o modelo de taxa fixa é a atualização dos valores. Embora vivamos, hoje, numa economia mais estável, a inflação ainda existe, e num horizonte de cinco anos, que é o prazo de vigência mais comum nos contratos de Franquia, um valor fixo de *royalties* pode ser corroído com o tempo. Nesse caso, é interessante prever no contrato de Franquia a correção periódica do valor fixo, referenciada em algum índice de inflação.
- **Valor variável**
  - O valor é definido como um percentual (alíquota) de um indicador da operação de cada unidade franqueada individualmente (base de cálculo).
  - Como esse indicador, de forma geral, está ligado ao desempenho do negócio, quanto melhor o desempenho de uma unidade franqueada, maior será a taxa a ser paga para a Franqueadora.
  - Para a Franqueadora, a cobrança pelo valor variável tem a vantagem de aferir maior valor quando as Franquias tiverem maior desempenho. Por exemplo, se num determinado negócio há um forte aumento de vendas por ocasião de uma época do ano, como o Natal e final de ano, a Franqueadora também arrecadará mais *royalties*.

- Porém, como num casamento, em que é preciso compartilhar as situações tanto na riqueza como na pobreza, se a Franquia vai mal, os *royalties* também vão se reduzir.
- Uma desvantagem em relação ao modelo de taxa fixa é a cobrança mais trabalhosa. Como a cada mês a base cálculo pode variar, é necessário ter controle sobre a apuração do indicador que compõe a base de cálculo da taxa. De forma geral, isso exige mais e melhores sistemas de tecnologia da informação, a conferência de mais dados e mais gente na Franqueadora voltada para essas tarefas.

Há várias formas de determinar o valor da taxa variável, que, em geral, é diferente em cada modelo de negócios. Conforme a base de cálculo, temos os seguintes casos mais comuns:

▶ **Sobre compras da Franquia**
  - Para negócios que envolvem a compra de produtos para revenda, ou de insumos para o preparo dos produtos, como num restaurante, os *royalties* podem ser calculados sobre o volume de compras.
  - Essa opção é mais interessante quando a própria Franqueadora é a fornecedora dos produtos (ou de parte dos produtos) para a rede de Franquias, ou quando a Franqueadora estiver ligada ao principal fornecedor da rede, uma vez que o controle será mais fácil e irá gerar menos problemas de apuração.

▶ **Sobre vendas ou faturamento da Franquia**
  - Acaba sendo a forma mais comum para as empresas Franqueadoras que vivem da gestão da rede, ou seja, têm suas receitas financeiras provenientes somente das taxas cobradas das Franquias.
  - A cobrança da taxa sobre as vendas da Franquia tem sido a opção mais comumente adotada pelas Franqueadoras, tanto para negócios de comércio de produtos como da prestação de serviços, mesmo sendo um modelo que apresenta desvantagens importantes.
  - A principal dificuldade é quanto a precisão e a confiabilidade das informações sobre as quais o valor da taxa de *royalties* é calculado. Se tanto na Franqueadora ou nas Franquias não houver controles adequados sobre o valor das vendas, seja por deficiência de sistemas de tecnologia da informação, por falhas de processos ou mesmo ne-

gligência de qualquer das partes, poderá haver cobrança de valores diferentes dos devidos, com grandes chances de perdas de receitas pela Franqueadora.

- Esse tem sido um problema bastante comum nas redes que adotam *royalties* sobre o faturamento, resultando em Franqueadoras muitas vezes com recursos insuficientes para a prestação dos serviços de suporte necessários às Franquias e pode comprometer a sustentabilidade do negócio no longo prazo.

► **Sobre o lucro da Franquia**
- É a forma menos comum e menos indicada, embora possível.
- Os valores são calculados sobre o lucro operacional da Franquia.
- Apresenta duas dificuldades importantes:
    - A primeira, semelhante à cobrança sobre vendas, é quanto à dificuldade da apuração da base de cálculo, o lucro da unidade.
    - A outra se refere ao maior fator de risco envolvido para a Franqueadora. Na eventualidade da Franquia ter prejuízo na operação, o que não é tão incomum assim, a Franqueadora deixa de arrecadar *royalties*, o que não acontece em nenhuma das outras formas de cobrança, podendo ser consequência direta da má gestão do Franqueado.

Também existe o caso de modelos híbridos de determinação do valor da taxa de *royalties*. Por exemplo, estabelece-se um valor fixo como mínimo e um percentual sobre uma base de cálculo, sejam compras, vendas ou outro fator, e a Franquia deve pagar aquele que for maior. Esse tipo de modelo é interessante por captar bons resultados da Franquia, ao mesmo tempo em que protege a Franqueadora da queda de *royalties* se a operação estiver indo mal. Mas também não elimina as dificuldades de controle e apuração da parte variável.

É importante ressaltar alguns pontos:

► Os *royalties* remuneram o uso da marca e os serviços prestados pela Franqueadora à rede, e ambos os itens continuam existindo mesmo quando uma Franquia opera com prejuízo.

► Todo negócio com fins lucrativos é concebido para ser lucrativo. Parece óbvio, mas o argumento é importante para entendermos que em nenhum momento a Franqueadora e o Franqueado esperam ter prejuízo, à exceção de situações já previstas, como o início da operação de uma nova unidade, quando, de forma geral, haverá um período de prejuízos até que se atinja o equilíbrio das contas. O responsável pela operação e pela gestão da unidade franqueada é o Franqueado, que deverá fazê-las com competência para obter bons resultados em seu negócio. A Franqueadora, por seu lado, apoia o Franqueado na busca pelo sucesso de seu negócio por meio da concessão de sua marca e de seu modelo de negócio, pela transferência de *know-how* do negócio, pelo apoio de marketing (ações de divulgação) e pelos serviços de suporte de campo ao visitar as unidades e oferecer orientações operacionais e consultoria de negócio à Franquia. Se a unidade eventualmente tiver prejuízos, que podem ser devidos a muitos fatores que inclusive nem a Franqueadora nem o Franqueado têm controle, isso faz parte do risco do negócio que o Franqueado assumiu ao decidir entrar para o negócio.

▶ Uma questão que vale a reflexão é a concessão de descontos ou a isenção limitada dos *royalties*. Como qualquer negócio novo leva algum tempo para atingir o seu potencial máximo de vendas e de resultados, prever o desconto ou isenção de *royalties* nos primeiros meses pode significar um fôlego e um incentivo a mais para a Franquia se fortalecer e atingir, quem sabe mais rapidamente, o equilíbrio das contas e a fase de lucros. Mas muito cuidado, esse tipo de política deve observar algumas regras para que funcione bem, tais como:

- Defina claramente as regras, se a concessão será parcial e em qual percentual de desconto, ou se haverá isenção total.

- Estabeleça o prazo em meses em que a concessão irá vigorar. O recomendado é de três até 12 meses. Um prazo maior do que esse aumentará as chances de dificuldades para que o Franqueado passe a pagar pela taxa.

- Não vincule o início da cobrança dos *royalties* a qualquer indicador de desempenho da Franquia, seja de nível de faturamento ou de lucros operacionais. Lembre-se do item anterior e fixe o prazo antes mesmo que a Franquia comece a funcionar. Jamais prometa, sob a forma ou meio que for, condições diferentes daquelas definidas na regra da concessão.

- Não mude as regras no meio do caminho devido a situações e alegações dos Franqueados. É comum os Franqueados solicitarem extensões do prazo devido a um desempenho da unidade inferior ao esperado. Quando uma extensão de prazo é concedida, existe o risco de que seja para sempre.

- Se for adotar a regra de descontos ou isenção temporária, faça para todos os Franqueados, sem exceção, ou tenha critérios claros e conhecidos por todos. Exemplo: isenção da taxa de *royalties* para os três primeiros Franqueados da rede por um prazo definido. A concessão de privilégios somente a alguns em detrimento de outros, sem regras claras, pode levar a situações de dificuldades de relacionamento na rede, o que é sempre bom evitar.
- Coloque as regras claramente no contrato de Franquia.
- Importante: esse tipo de concessão deve ser entendido como um benefício e um incentivo adicional da Franqueadora, e não como algo imprescindível para o sucesso das Franquias. O total de investimentos necessários para a implantação e início da operação de uma Franquia deve prever o valor necessário para o negócio funcionar nos primeiros meses antes de atingir o equilíbrio das contas. Estão incluídos nesta conta o capital de giro e a renda necessária para o Franqueado sustentar a si próprio e a sua família até que a Franquia passe a dar lucros suficientes para que se possa viver dela.

Como definir qual deve ser a taxa de *royalties*

Em princípio, não existe uma regra. De forma geral, para *royalties* sobre vendas da Franquia há taxas desde 3% até 15%. As alíquotas de Franquias de comércio costumam ser menores em relação às Franquias de serviços, por essas últimas terem margens de lucro percentualmente maiores. Há casos de alíquotas bem maiores, devido a outros fatores, que trataremos logo a seguir. Mas as taxas de *royalties* não devem ser copiadas entre as redes, mesmo se forem do mesmo segmento de atuação. A taxa de *royalties* deve ser definida a partir do modelo de negócios e, portanto, haverá uma taxa adequada que será distinta para cada caso.

A regra de ouro para a definição da taxa de *royalties* é o equilíbrio financeiro para o negócio. Ou seja, os *royalties* deverão ser suficientes para sustentar a estrutura de suporte às Franquias da rede e, ao mesmo tempo, caberem no orçamento das Franquias sem dificuldades. As Franquias, desde que estejam bem operadas, com boa gestão e já maturadas, com vendas próximas de seu potencial máximo, deverão ter lucro tendo pago a taxa *royalties*. Se esse lucro for costumeiramente mais baixo do que o fraqueado espera ou, pior, se com o pagamento dos *royalties* a Franquia não tiver lucro nenhum, algum ponto do modelo poderá estar desequilibrado. Ocasionalmente, isso poderá acontecer, mas não o tempo todo. Se isso acontecer, a situação ficará insustentável.

Outro ponto importante é que, principalmente para Franqueadoras que vivem exclusivamente da gestão da rede e não têm ganhos com o fornecimento de produtos ou serviços às Franquias, os *royalties* serão a principal fonte de receita, e é deles que as Franqueadoras deverão auferir lucro. Portanto, na definição do valor dos *royalties* é preciso considerar o pagamento de todos os impostos devidos e das despesas decorrentes da estrutura dedicada e dos serviços prestados à rede, sobrando um resultado positivo suficiente para tornar o negócio de franquear a rede atrativo.

Para as Franqueadoras que concedem Franquias com o objetivo de formar um canal de vendas para os seus próprios produtos, e que já obtém margem de lucro da venda destes produtos para as Franquias, mesmo assim podem prever alguma margem de lucro a partir da cobrança dos *royalties*, sempre visando à sustentabilidade de longo prazo do modelo. Para esses casos, é importante que o negócio Franquias seja entendido e gerenciado como um negócio à parte e que, portanto, deve ter receitas próprias que sejam capazes de sustentar suas atividades, dando lucro no final das contas.

Questão da competitividade na venda de Franquias

Alguns termos e indicadores do negócio acabam compondo um pacote de atributos para uma primeira comparação fria entre as inúmeras ofertas de Franquias no mercado. Além dos *royalties*, itens como a taxa inicial de Franquia e outras taxas, investimento e capital de giro necessário, faturamento médio e prazo para retorno do investimento povoam os guias de Franquias e materiais de divulgação das marcas.

A taxa de *royalties*, por ser cobrada mensalmente e por toda a vida da Franquia, é um item importante na avaliação e decisão pela compra de uma Franquia pelos interessados, e, dessa forma, se torna um fator de competitividade entre as Franqueadoras.

Por princípio, as Franqueadoras que cobram menos *royalties* acabam se tornando mais atrativas para os mais desavisados. Mas isso pode ser um grande erro. Na avaliação de uma oferta de negócio, como uma Franquia, deve-se considerar muitos outros fatores além das taxas cobradas. As taxas são importantes, principalmente para se identificar eventuais desequilíbrios financeiros no negócio, conforme vimos anteriormente, mas também é necessário avaliar outros itens como o potencial de resultados do negócio, a estrutura da Franqueadora e a identificação pessoal do Franqueado com a marca e o tipo de atividade. O valor das taxas em si não tem uma relação direta com o negócio ser melhor ou pior. Esta é uma avaliação muito relativa e pessoal. Um negócio que dê poucos lucros pode ter empresários muito mais realizados do que negócios que gerem maiores resultados, mas cujos empresários não se identifiquem com aquilo que fazem, ou mesmo que tenham uma relação desgastada com a Franqueadora.

A quem planeja se tornar um Franqueado, desconfie de ofertas que pareçam vantajosas demais e fuja de Franqueadoras que prometem ou garantem resultados fantásticos. O sucesso de qualquer negócio, incluindo as Franquias, depende de uma boa marca, bons produtos e serviços, localização adequada e de muito trabalho e dedicação, além da capacidade de planejamento e execução.

Modelos de cobrança de produtos na forma de *royalties*

Para Franqueadoras que são fabricantes e fornecedoras de seus produtos às Franquias, eventualmente, se avalia a possibilidade de cobrar parte do valor desses produtos na forma de *royalties*. Tal opção, em geral, somente faz sentido sob a perspectiva do planejamento tributário. Partindo-se da premissa de que sobre os *royalties* incide menor carga tributária, e desde que essa premissa seja verdadeira, cobrar pelos produtos que a rede compra, pelo menos em parte, na forma de *royalties*, resulta no pagamento de menos impostos pela Franqueadora fabricante.

Na prática, a Franqueadora venderia os produtos a preço de custo, com pouca ou nenhuma margem de lucro para si mesma, mas carregaria a diferença no valor dos *royalties*. Para as Franquias, e principalmente nas categorias de produtos que já entraram no regime de substituição tributária, em que os tributos da fase de venda no varejo já são pagos por antecipação pelo próprio fabricante, faria menos diferença.

Como este livro não tem o propósito de se aprofundar em análises de temas que saiam do foco de Franchising, principalmente em matérias específicas de Direito Tributário, orientamos que se esta opção for levada em consideração, é fundamental buscar a assessoria de especialistas no assunto, uma vez que envolve questões tributárias e fiscais, de contabilidade e jurídicas. Em primeiro lugar, avalie quais são os limites legais para operações deste tipo, e se há vantagens significativas neste modelo. Conforme as margens brutas de lucro do produto para a indústria, a eventual existência de regimes especiais de alíquotas e isenções, o regime tributário adotado pela Franqueadora e as opções de apuração de lucro, os resultados de um modelo como este podem variar muito, e mesmo se provar insuficientes. Devido à imensa complexidade do sistema tributário brasileiro, jamais tome uma decisão deste tipo ou monte um modelo nestas bases sem estar devidamente assessorado por profissionais gabaritados.

A questão dos *royalties* e o Imposto sobre Serviços de Qualquer Natureza (ISS)

Existe uma discussão no nível judicial no Brasil sobre o Imposto sobre Serviços (ISS), de competência dos municípios, relacionada à incidência sobre os valores cobrados pelas Franqueadoras a título de *royalties*, e que até o presente momento em que este livro é redigido ainda não se tem uma decisão definitiva.

O argumento jurídico a favor da não incidência se baseia no princípio de que a prestação de serviços pela Franqueadora às Franquias, como treinamentos, consultoria de campo e de negócio, assim como a cessão do uso de sua marca, são atividades-meio e, portanto, não poderiam ser tributadas como serviços. Em palavras mais simples, a Franqueadora presta esses serviços à rede com o objetivo de ajudá-las a ter uma operação de melhor de qualidade, e não para obter lucro direto sobre a oferta destes serviços.

Porém, essa matéria permanece em discussão entre os magistrados, uma vez que há uma Lei Complementar que incluiu a concessão de Franquias na lista dos serviços tributáveis, à qual se seguiram questionamentos quanto à sua constitucionalidade.

Em nossa visão como não advogados ou especialistas em Direito Tributário, não se pode ter segurança absoluta de que, no futuro, não haja uma decisão definitiva que venha a instituir de vez o ISS sobre os *royalties* no Franchising.

Há casos de Franqueadoras que, por prudência, formam reservas para o caso do ISS vir a ser cobrado, inclusive de forma retroativa a períodos fiscais anteriores, ou mesmo depositam os valores em juízo.

O fato é que essa matéria merece atenção e acompanhamento dos desdobramentos e, na dúvida, as Franqueadoras devem sempre se cercar do assessoramento de profissionais especialistas na tomada de decisões em questões tributárias e fiscais.

Além disso, Consultar a ABF (Associação Brasileira de Franchising) e participar dos fóruns relacionados ao assunto podem ajudar a minimizar as dúvidas sobre esse tema.

Taxa de Marketing

A taxa de marketing é um valor cobrado das Franquias com a finalidade específica de aplicar os recursos em divulgação e outros itens relacionados à marca, identidade visual da rede, desenvolvimento de materiais e campanhas, e até para a manutenção de uma estrutura na Franqueadora voltada para o atendimento e suporte à rede nas questões de divulgação e marketing como um todo. Em algumas redes também é chamada de taxa de propaganda ou taxa de publicidade.

É importante ressaltar que, por princípio, os recursos arrecadados com a taxa de marketing continuam pertencendo à rede (ao conjunto das Franquias) e não devem ser entendidos como receita da Franqueadora, cabendo-lhe, porém, o papel de gestora destes recursos.

À semelhança da taxa de *royalties*, a taxa de marketing também pode ser cobrada com base em valores fixos ou variáveis, valendo as mesmas lógicas e questões de cálculo, controles, vantagens e desvantagens tratadas sobre a taxa de *royalties* no item anterior deste capítulo.

A diferença da taxa de marketing em relação às outras taxas comumente cobradas nos modelos de Franchising é que ela pode ser tratada em regime especial pela Franqueadora, devido à sua finalidade específica. A Franqueadora cumpre as funções de arrecadar os recursos das Franquias por meio da taxa, bem como a sua gestão, para que haja a melhor aplicação dos mesmos conforme as necessidades de marketing da rede.

Para uma referência completa e orientações sobre a forma de lidar com os recursos da taxa de marketing, consulte o Capítulo 11 sobre Marketing da Rede, A Essência de um Fundo de Marketing, Como Estruturar um Fundo de Marketing e Prestar Contas e Os Principais Desafios do Fundo de Marketing.

Outras Taxas do Sistema

Outros tipos de taxas também podem existir no modelo de Franquias, como, por exemplo, aquelas advindas pelo uso de sistemas de tecnologia da informação. Outros casos podem ser pela prestação de serviços de manutenção, de segurança, controle de padrões de procedimentos regulamentados e fiscalizados pelo governo, entre outros.

Sempre que esses serviços fizerem parte dos padrões da Franquia, ou seja, que sejam definidos pela Franqueadora como essenciais para a manutenção da qualidade da operação e da gestão das Franquias, e como recursos de apoio para se atingir os resultados esperados do negócio, devem ser definidos como obrigatórios para a Franquia e devem constar nos documentos jurídicos.

Como na maior parte dos casos esses serviços ou sistemas e ferramentas são fornecidos por terceiros, haverá duas possibilidades:

- A Franqueadora qualifica, busca, seleciona e homologa os fornecedores para a rede.
    - Nesses casos, a Franqueadora pode negociar de forma centralizada os preços e as condições de fornecimento para toda a rede, de modo a conseguir vantagens especiais para as Franquias, devido ao maior poder de barganha.
    - Por se tratar de contratos de prestação de serviços continuados para toda a rede, o seu pagamento pode ser estabelecido na forma de taxas a serem pagas pelas Franquias diretamente para os fornecedores.
- A Franqueadora apenas qualifica, orienta, deixando que as Franquias escolham e contratem diretamente os fornecedores de sua preferência, desde que estes atendam aos pré-requisitos de qualificação.
    - Nesses casos, as regras e condições de fornecimento são negociadas diretamente entre a Franquia e o fornecedor, não havendo possibilidade de fixar o pagamento na forma de uma taxa para toda a rede.

Controles & Indicadores Financeiros

Como qualquer outro negócio, é importante que uma Franqueadora e suas Franquias controlem os seus resultados. A melhor forma de acompanhar resultados é por meio da definição de indicadores de desempenho. Conforme afirmam Kaplan & Norton: "O que não é medido não é gerenciado". A partir da leitura e análise de indicadores de desempenho, será possível a tomada de decisões mais acertadas na condução do negócio, que levem ao atingimento de melhores resultados.

A Franqueadora deve acompanhar resultados em duas dimensões principais: os seus próprios resultados como empresa gestora da rede, e os resultados das Franquias e da rede como um todo.

Já as Franquias devem acompanhar o desempenho de sua operação e, se possível, compará-lo com as demais unidades da rede. Mas atenção: um indicador de desempenho somente será útil para a gestão do negócio e para a tomada de decisões se for corretamente empregado. Observe as seguintes orientações para o uso de indicadores na gestão:

- Avalie e defina indicadores de desempenho relacionados a itens ou aspectos relevantes do negócio.
  - Por exemplo, é mais importante acompanhar o valor total de vendas, o valor médio por venda (tíquete-médio) e o custo das mercadorias vendidas num determinado período do que o valor gasto com itens de pequeno valor e volume, como material de escritório, por exemplo.
- Não crie indicadores para tudo.
  - Somente os mais relevantes vão ser realmente úteis para a gestão do negócio. O excesso de indicadores mais atrapalha do que ajuda, caso não haja a capacidade de acompanhá-los e de analisá-los adequadamente para a tomada de decisões.
  - A regra é criar e acompanhar somente os indicadores daquilo que pode ter maior influência sobre a qualidade da operação e dos resultados do negócio.
  - Veja o exemplo entre os painéis de um carro e de um avião: o de um carro tem bem menos indicadores do que o de um avião, como velocidade, nível de combustível e temperatura do motor, porque esses são os indicadores necessários e suficientes para garantir uma condução segura do automóvel. Já o painel de um avião informa indicadores de velocidade, altitude, consumo de combustível, inclinação, velocidade do ar, condições meteorológicas, localização e navegação, entre outros. Um carro até poderia ter todos estes indicadores em seu painel, mas a maioria deles não traria nenhuma informação realmente útil para a condução e a segurança do veículo e poderia inclusive desviar a atenção do motorista com tanta informação, o que poderia levá-lo a um desastre. A mesma lógica pode ser aplicada no mundo dos negócios.
- Ao criar um indicador, defina a forma de cálculo, a sua unidade de expressão, a forma e a frequência de aferição e uma referência de valor ideal.
  - Por exemplo, se um indicador for o valor relativo do aluguel do imóvel da unidade em relação às vendas mensais:
    - Indicador: valor do aluguel do imóvel relativo às vendas da unidade.
    - Forma de cálculo: valor (R$) do aluguel mensal ÷ valor (RS) total de vendas.
    - Unidade de expressão: percentagem (%).
    - Forma e frequência de aferição: valor atual pago de aluguel e fechamento de vendas, realizado mensalmente.

- Referência de valor ideal: 8%. Neste caso, é um indicador que quanto menor for, melhor será seu desempenho.

Os principais indicadores de desempenho para as Franqueadoras

Considerando somente a atividade-fim de uma Franqueadora, ou seja, a gestão de sua rede de Franquias, podemos destacar os seguintes indicadores de desempenho:

▶ **Financeiros:**
- Total de receitas com a taxa de Franquia.
- Total de receitas com a taxa de *royalties*.
- Total de arrecadação com a taxa de marketing.
- Impostos pagos.
- Total de despesas com equipe (salários, gratificações, comissões variáveis, encargos e benefícios).
- Operacionais (suporte à rede):
  - Número médio de Franquias por Consultor de Campo.
  - Número médio de visitas de suporte de campo por Franquia.
  - Número médio de Franquias por colaborador na equipe da Franqueadora.
    - Como numa rede de Franquias é possível se obter ganhos de escala (melhor emprego dos recursos disponíveis em relação ao tamanho da rede), é interessante acompanhar este indicador à medida que a rede aumente.
    - Observada a regra de não se reduzir a qualidade do atendimento às Franquias, o ideal é que as despesas não cresçam na mesma proporção que o aumento da rede. Ou seja, com uma rede maior, deve haver o melhor aproveitamento dos recursos disponíveis até se atingir o ponto ótimo.
    - O erro que muitos Franqueadores cometem, entretanto, é de desrespeitar a relação mínima de colaboradores por grupo de Franquias, procurando reduzir despesas, e acabam diminuindo também o suporte à rede, o que, no final das contas, pode prejudicar o resultado da rede e o da própria Franqueadora.

- De expansão:
  - Quantidade de interessados que acessaram o *site* procurando informações sobre a Franquia por período.
  - Número médio de novas Franquia inauguradas por período.
  - Gastos médios por cada novo Franqueado que entra na rede.
    - Este indicador deve ser relacionado com o indicador de recebimentos de taxa de Franquia.
    - Se o valor médio gasto para a entrada de um novo Franqueado na rede estiver maior do que o valor da taxa de Franquia, cabe a revisão dos processos de busca & seleção de Franqueados e/ou a revisão do valor da taxa de Franquia.
- Da rede de Franquias:
  - Faturamento total da rede (soma dos faturamentos de todas as Franquias da rede).
  - Variação do faturamento total da rede (em relação a períodos anteriores).
    - Aqui cabe uma análise de sazonalidades nas vendas. Por exemplo, para negócios cujo principal produto seja o chocolate, a época da páscoa e do dia dos namorados têm vendas acima da média de outros meses do ano. Negócios cujos produtos comumente sejam considerados para presentes, na época do Natal e final do ano as vendas serão maiores. Entender o comportamento de sazonalidades das vendas no negócio será importante para a criação de campanhas ou outros mecanismos que atenuem a queda de vendas nos períodos de baixa.
  - Faturamento médio por unidade franqueada.
  - Variação do faturamento médio por unidade franqueada.
  - Faturamento individual de cada unidade franqueada.
  - Variação do faturamento individual de cada unidade franqueada.
  - Comparação entre o desempenho das unidades da rede (formação de *ranking* da rede).
  - Valor relativo das principais contas de cada Franquia em relação ao seu faturamento no mesmo período, tais como (estes indicadores deverão ser gerados originalmente por cada Franquia):
    - Total de impostos pagos pela Franquia (incidentes diretamente sobre as vendas).

- Total do custo das compras de mercadorias destinadas à venda ou preparação de produtos da Franquia (quando for o caso).
- Total do custo de insumos necessário para a prestação dos serviços oferecidos pela Franquia (quando for o caso).
- Taxa de *royalties* paga à Franqueadora.
- Despesas com a equipe da Franquia (total de salários, benefícios e encargos sociais).
- Despesas com aluguel e IPTU do imóvel ocupado pela unidade, taxa de condomínio (quando for o caso).
- Despesas com energia elétrica, água, gás, telefonia, acesso à Internet e assinaturas de TV paga.
- Despesas com o marketing da Franquia (taxa de marketing da rede, materiais e ações de divulgação, taxa de marketing do *shopping* – quando for o caso –, entre outros).
- Despesas financeiras, como tarifas bancárias, taxas pelo uso de equipamentos de POS (máquinas de cartão de crédito e débito) etc.
- Despesas com prestadores de serviços, como contabilidade, escritório jurídico, manutenção periódica de máquinas e equipamentos, segurança etc.
- Despesas com materiais de escritório, de limpeza etc.
- Outras despesas com viagens, manutenção predial e das instalações, envio de correspondência e encomendas etc.
- Lucro operacional da Franquia (a diferença entre as receitas e o conjunto formado pelos impostos, taxa de *royalties*, custos de produtos ou insumos necessários do negócio e todas as demais despesas no período considerado).

Os principais indicadores de desempenho para as Franquias

Para as Franquias, conforme o tipo de negócio, podem ser adotados indicadores específicos da atividade. Porém, para a gestão do negócio, minimamente devem ser acompanhados os seguintes indicadores de desempenho:

▶ **Financeiros:**
- Total de vendas mensal da unidade.
- Total de vendas por item ou linha de produtos ou serviços.

- Tíquete-médio (valor médio de compra por cliente ou por Nota Fiscal).
- Média de itens por compra (ou por cliente).
- Variação das vendas mensais, comparando mês a mês.
- Valor relativo das principais contas da Franquia em relação às suas vendas no mês, tais como:
    - Total de impostos pagos (incidentes diretamente sobre as vendas).
    - Total do custo das compras de mercadorias destinadas à venda ou preparação de produtos da Franquia (quando for o caso).
    - Total do custo de insumos necessário para a prestação dos serviços oferecidos pela Franquia (quando for o caso).
    - Taxa de *royalties* paga à Franqueadora.
    - Despesas com a equipe da Franquia (total de salários, benefícios e encargos sociais).
    - Despesas com aluguel e IPTU do imóvel ocupado pela unidade, taxa de condomínio (quando for o caso).
    - Despesas com energia elétrica, água, gás, telefonia, acesso à Internet e assinaturas de TV paga.
    - Despesas com o marketing da Franquia (taxa de marketing da rede, materiais e ações de divulgação, taxa de marketing do *shopping* – quando for o caso –, entre outros).
    - Despesas financeiras, como tarifas bancárias, taxas pelo uso de equipamentos de POS (máquinas de cartão de crédito e débito) etc.
    - Despesas com prestadores de serviços, como contabilidade, escritório jurídico, manutenção periódica de máquinas e equipamentos, segurança etc.
    - Despesas com materiais de escritório, de limpeza etc.
    - Outras despesas com viagens, manutenção predial e das instalações, envio de correspondência e encomendas etc.
    - Lucro operacional da Franquia (a diferença entre as receitas e o conjunto formado pelos impostos, taxa de *royalties*, custos de produtos ou insumos necessários do negócio e todas as demais despesas no período considerado).
- Rentabilidade do negócio:
    - Indica o retorno sobre o capital empregado no negócio.

- É medido em valor percentual (%) e deve ser calculado anualmente.
- Por exemplo:
  - Tomemos uma Franquia na qual foram investidos R$100.000,00, incluindo a reforma do ponto de venda, instalações, móveis e equipamentos, estoque inicial e capital de giro necessário até que a unidade atinja o ponto de equilíbrio (ponto em que as vendas se igualam à soma de impostos pagos, *royalties* e todos os custos e despesas, passando a dar lucro).
  - Se o lucro total desta unidade, no período de um ano, alcançar R$25.000,00, basta dividir o lucro anual pelo total de investimento e multiplicar o resultado por 100, para se obter o valor da rentabilidade anual do negócio em percentual.
  - Rentabilidade anual = $25.000 \div 100.000 = 0,25 \times 100 = 25\%$ a.a.

▶ **Da equipe**
- Rotatividade da equipe (também chamado de *turnover*):
  - A forma mais simples de calcular a rotatividade da equipe é pelo tempo médio em que os colaboradores permanecem na equipe.
  - Para isso, basta fazer a média do prazo que cada colaborador fica na equipe.
  - Para os colaboradores atuais da equipe, considere o tempo contato desde sua contratação até o presente momento.
  - A rotatividade, desta forma, pode ser medida em meses ou anos. Quanto maior for o tempo médio de permanência na equipe, menor será a rotatividade.

▶ **Da operação**
- Estoques (quando for o caso):
  - Giro de estoque (ou tempo médio em que um item permanece no estoque antes de ser vendido ou consumido).
    - Deve ser medido por tipo ou linha de produtos.
  - Ponto de pedido:
    - É o ponto em que deve ser feito um novo pedido de compra de um item, antes de se atingir um nível mínimo de segurança de volume em estoque para um determinado item, conforme o consumo ou vendas médias daquele item, e considerando o prazo médio de entrega a partir do pedido de compra junto ao fornecedor.

- Indicadores específicos:
    - Conforme cada caso, podem ser definidos indicadores específicos para o negócio, como, por exemplo:
        - Para um restaurante, a ocupação média das mesas durante o período das refeições ou
        - Rotatividade média de clientes nas mesas durante o período das refeições (número médio de clientes ou de refeições servidas numa mesma mesa durante o período das refeições).

A questão da abertura de dados pelas Franquias

Para que a Franqueadora acompanhe os indicadores de desempenho das Franquias de sua rede e possa assim oferecer o apoio e a consultoria de negócios adequados, é necessário ter acesso aos dados de operação de cada Franquia. Muitas Franqueadoras enfrentam dificuldades para ter acesso a essas informações, seja por razões de falta de processos e sistemas de tecnologia da informação ou mesmo pelo fato das Franquias não abrirem esses dados à Franqueadora.

Se o caso for somente a questão de ter processos e sistemas que permitam acessar, ler e compilar as informações das Franquias de forma automática e ágil, apesar de envolver maiores investimentos, a solução é mais simples. O problema maior é quando as Franquias não querem que a Franqueadora tenha acesso às informações financeiras do seu negócio, situação que acontece com muita frequência no Brasil.

Em primeiro lugar, por princípio, desde que não haja a obrigação expressa no contrato de Franquia de que a Franquia dê pleno acesso às suas informações financeiras, a Franquia tem o direito de não abrir os seus dados à Franqueadora. Somente quem pode ter acesso a esse tipo de informação são os órgãos de fiscalização do governo, a Justiça, em casos específicos de interpelações judiciais, e auditores independentes, quando a lei assim prever.

Porém, a relação de Franchising deve ser entendida como uma parceria, e o interesse da Franqueadora em ter acessos a tais informações deve ser o de ajudar a Franquia a gerenciar melhor o seu negócio e a obter melhores resultados. Desde que haja uma relação transparente entre as partes, não haveria um porquê das Franquias não abrirem os seus dados financeiros para a Franqueadora. Mas o que muitas vezes se observa é que as Franquias entendem a Franqueadora como um fiscal ou uma auditora em seu negócio. Junte-se a isso a situação de que, eventualmente, a Franquia esteja registrando ou relatando vendas abaixo do real, seja pelo motivo que for, e tem-se uma relação de negócio prejudicada.

Outra característica importante é a falta de análise das informações pelo Franqueador.

Um ponto de atenção importante quanto ao acesso às informações da Franquia é com relação às informações fiscais e tributárias. A orientação é que a Franqueadora estabeleça limites quanto às informações que terá acesso. O objetivo é somente obter informações gerenciais para, juntamente com o Franqueado, analisar o desempenho do negócio e orientá-lo na tomada de decisões que levem à melhoria de resultados. Para isso, basta enxergar alguns indicadores do negócio. O acesso irrestrito a informações financeiras, contábeis, fiscais e tributárias não é recomendado.

Conforme já mencionado anteriormente, somente órgãos de fiscalização do governo têm a atribuição de verificar documentação desta natureza. A Franqueadora não deve assumir o papel de fiscal ou auditora das Franquias, no sentido de exigir a comprovação do pagamento de tributos ou de contas de qualquer natureza, a não ser nos casos em que ela própria seja a credora, como a taxa de *royalties*, de marketing, ou pela compra de produtos que sejam fornecidos diretamente por ela às Franquias.

O melhor caminho é a Franqueadora repassar às Franquias todas as orientações e recomendações quanto às obrigações e responsabilidades tributárias e fiscais, e deixar que os órgãos competentes realizem o seu trabalho. Lembre-se que o contrato de Franquia trata da concessão de uso de uma marca e de um modelo de negócios a ser replicado e respeitado, e não de uma sociedade no negócio. A Franqueadora não é dona ou sócia da empresa franqueada e, portanto, o responsável pelas obrigações tributárias, fiscais, trabalhistas e civis é somente o Franqueado.

O *ranking* da rede

Com base nos indicadores de desempenho da rede e de cada Franquia individualmente, a Franqueadora deve fazer uma análise comparativa entre o desempenho das Franquias, com o objetivo de criar referências de bom desempenho, as quais deverão ser seguidas por toda a rede.

Ao se identificar desempenhos acima da média em uma ou mais unidades, cabe levantar os motivos que levaram essas unidades a terem melhores resultados e procurar disseminar as mesmas práticas, quando for o caso, para as demais Franquias da rede. Também é o caso de identificar as unidades com pior desempenho para lhes oferecer maior suporte, ajudando-as a reverter essa situação.

Esta análise comparativa pode ser estruturada na forma de um *ranking* da rede, o qual pode ser divulgado para as Franquias com o objetivo de se criar uma competição saudável entre as mesmas e de incentivá-las a melhorar o seu desempenho. Mas é preciso tomar cuidado com a exposição pública na rede. Ao divulgar o desempenho de cada unidade, revelando o seu nome, certamente as primeiras colocadas ficarão satisfeitas, mas poderá criar constrangimento público para aquelas de pior desempenho comparado, o que é negativo para os propósitos do *ranking* da rede.

Uma forma de manter o objetivo de incentivo sem causar constrangimento é divulgar os melhores e os piores desempenhos, assim como a média da rede, sem revelar o nome ou localização das unidades, e informar para cada Franquia individualmente em qual posição ela se encontra no total do *ranking* da rede. Dessa forma, cada Franquia saberá como está o seu desempenho em relação às demais unidades da rede, sem precisar identificar ninguém.

EXPANSÃO DA REDE DE FRANQUIAS

CAPÍTULO 6

Expansão da Rede

Análise de Potencial de Mercado

No item Potencial de Mercado (Capítulo 2), tivemos uma introdução ao tema do potencial de mercado. Agora vamos tratar de como usar os dados de potencial de mercado para o planejamento da expansão da rede.

O projeto de franqueamento de um negócio tem como um dos objetivos principais a formação de um canal de vendas que seja capaz de garantir um volume crescente de vendas, seja por meio da entrada em novos mercados ou do fortalecimento da atuação em mercados em que a marca, produto ou serviço já estejam presentes. Isso implica a abertura de novas unidades, ou seja, a expansão da rede com unidades franqueadas. A grande pergunta é: quantas unidades a rede deve ter e onde estas unidades devem estar localizadas em termos de regiões do país, unidades da federação, cidades, bairros? Ou melhor, quantas unidades da marca em questão cabem no mercado? Afinal de contas, não basta apenas querer implantar unidades indistintamente, sem critérios. O que determina a demanda é o mercado, não quem faz a oferta.

Se não houver demanda suficiente que justifique uma unidade em determinada localização, o negócio poderá se inviabilizar. Sempre que for possível ser feita uma avaliação prévia de que a unidade potencialmente venderá o suficiente para dar lucros ou não, isso poderá evitar o insucesso do negócio.

Outro ponto importante na expansão de uma rede é a velocidade em que novas unidades poderão ou deverão ser implantadas. Uma expansão muito lenta pode dar espaço para que concorrentes cheguem à frente e conquistem o espaço de mercado antes de sua marca, ou uma expansão mais acelerada pode tornar a Franqueadora incapaz de prestar o devido suporte à rede se não estiver preparada em termos de pessoas, processos e instrumentos de apoio necessários.

Uma das vantagens que o sistema de Franchising pode proporcionar é a replicação de modelos de negócios com maior capacidade de manutenção da qualidade da operação, por se basear em padrões de operação e de gestão e na escolha de parceiros (Franqueados) com perfil adequado para o negócio. Porém, se não houver estrutura, processos e controles suficientes para a gestão desta rede de Franquias, a expansão poderá resultar em problemas intermináveis para a marca.

Assim, o planejamento da expansão pode ajudar a reduzir os riscos de um crescimento desordenado.

O primeiro, e talvez mais importante, ponto ao planejar a expansão de uma rede são os objetivos da marca com a rede. O que se pretende obter com o franqueamento do negócio e a implantação de novas unidades? A expansão do negócio por meio da abertura de novas unidades pode ser o caminho do aumento crescente de resultados, mas também pode ser um equívoco a concessão de Franquias do negócio simplesmente porque aparecem interessados na marca e no negócio. Expandir uma rede sem a correta definição de posicionamento que se pretende ter no mercado e sem saber claramente onde se quer chegar, pode prejudicar seriamente a marca e levar a prejuízos bastante grandes.

Algumas perguntas podem ajudar a definir estes objetivos:
- Em quais mercados geográficos (unidades da federação, cidades, bairros etc.) a marca pretende estar?
- Qual é o posicionamento de mercado que a marca pretende ter? Que público pretende atingir em termos de perfil socioeconômico, faixa etária? Quer ser percebida como a mais cara, a mais econômica, a de melhor qualidade com preços médios em relação a concorrentes diretos?
- Quer conquistar ou manter a liderança em seu segmento, estar entre as marcas mais conhecidas em apenas uma região, conquistar novos públicos ou apenas ser reconhecida como a melhor marca para o público de maior renda dentro do segmento?
- Quais são as metas financeiras ou de volume de vendas que a marca espera alcançar?

A resposta a essas questões é o primeiro passo para iniciar o planejamento de expansão da rede. Se, por exemplo, o objetivo for apenas expandir as operações dentro do próprio Estado de origem da marca, não será necessário dedicar tempo e outros recursos atendendo aos interessados de outros Estados. Também não se deve cair na tentação de conceder uma Franquia para um Estado distante, a qual ficará isolada da rede e com pouco ou nenhum suporte da Franqueadora por causa da distância. Se, por outro lado, o objetivo for entrar com a marca em todo o país, a velocidade e a sequência geográfica de implantação das Franquias poderá contribuir para o sucesso do negócio ou poderá dificultá-lo, caso forem equivocadas.

Tendo claros os objetivos da expansão da rede por meio de Franquias, passa-se então para o estudo de potencial de mercado para o negócio, que ajudará a definir quantas unidades poderão ser abertas e em que locais.

Um método para a estimativa de potencial de mercado do negócio

Partindo-se da premissa de que existam pessoas com necessidade ou desejo de consumir o produto ou serviço que a Franquia irá ofertar, e com renda disponível para ser gasta nestes produtos, haverá potencial de mercado. A questão é como avaliar o tamanho deste potencial e se será suficiente para garantir o volume de vendas que sustente a unidade funcionando e gerando lucros.

Também é preciso considerar que o potencial total de um determinado mercado será dividido com negócios concorrentes, ou seja, aqueles que ofereçam as mesmas linhas de produtos ou serviços ou mesmo produtos substitutos. A quantidade que cada um dos participantes deste mercado conseguir vender dentro deste potencial será chamado de sua captura de mercado. Em mercados concorrenciais, em que ninguém detém o monopólio da venda de uma linha de produtos ou serviços, que é o caso dos mercados de varejo, uma unidade ou uma marca captam apenas uma pequena fração do total do potencial de vendas de um mercado.

Para iniciar o estudo de captura de mercado para uma unidade, deve-se delimitar um determinado território geográfico e um período de tempo. A orientação é que este território corresponda à área de influência da unidade, que é distância máxima que as pessoas estariam dispostas a percorrer, ou o tempo máximo para percorrer esta distância, para se chegar até a unidade e comprar aquele produto ou serviço. Como nem sempre será possível determinar com exatidão a área de influência de uma unidade, para simplificar o estudo de estimativa de captura de mercado pode-se considerar como território toda a cidade em que a unidade estará localizada. De forma geral, é possível encontrar com mais facilidade dados de consumo para uma cidade como um todo, em vez de bairros ou regiões menores dentro do município.

A seguir, apresentamos um roteiro básico para a estimativa de captura de potencial de mercado para um determinado negócio que já possua unidades em operação:

- ▶ Tome como base o potencial de consumo do produto ou categoria de produto ou serviços.
  - ◆ Conforme a categoria de produtos ou serviços, é possível encontrar dados de consumo para cada cidade brasileira (nesta seção, na sequência, consulte uma referência de bases e fontes de dados de mercado que poderão ser consultadas).
  - ◆ Lembre-se sempre de considerar a delimitação de um território e um período de tempo para análise. Por exemplo, o total gasto pelos consumidores com a compra de calçados na cidade de Curitiba no período de um ano.
- ▶ Calcule a captura de mercado das unidades da marca já existentes naquela cidade.
  - ◆ Basta uma conta simples:
    - Primeiro, considere o mesmo período de tempo dos dados e verifique se os dados de mercado estão expresso em Reais. Há casos em que, por questões de minimização dos efeitos da inflação na moeda local, os dados de consumo de mercado são informados em Dólar. Se este for o caso, primeiro faça a conversão à taxa de câmbio atual.
    - Se os dados de consumo total daquela categoria de produtos for anual, tome o total de vendas anual das unidades da marca na cidade e divida pelo consumo total daquele produto na mesma cidade.
      - Por exemplo: se o total de vendas anual de uma marca de lojas de calçados em Curitiba for de R$ 5.000.000,00 (cinco milhões de Reais) e o total de vendas anual de calçados em Curitiba for de R$ 500.000.000,00 (quinhentos milhões de Reais), a captura de mercado desta marca em Curitiba será de 1%:

        $5.000.000 \div 500.000.000 = 1\%$
- ▶ Calcule a projeção de captura de vendas em outros mercados com base na captura obtida pelas unidades já existentes.

- Usando o exemplo anterior, bastaria calcular o potencial de vendas de calçados nas outras cidades consideradas para expansão da rede na base 1% de captura do total de vendas de calçados em cada cidade.
  - Por exemplo: vamos calcular o potencial de mercado para a marca para as cidades de Londrina (PR) e Blumenau (SC).
    - Se em Londrina o total de vendas anuais de calçados for R$ 100.000.000,00 (cem milhões de Reais), o potencial de captura para a marca será de R$ 1.000.000,00 (um milhão de Reais) no ano.
    - Se em Blumenau o total de vendas anuais de calçados for de R$ 60.000.000,00 (sessenta milhões de Reais), o potencial de captura para a marca será de R$ 600.000,00 (seiscentos mil Reais) no ano.
- Atenção, esse tipo de metodologia somente é válida para a estimativa do potencial de captura em cidades distintas daquela em que a captura está servindo como referência.
  - Por exemplo: uma marca que já possua cinco unidades na cidade de Curitiba pode usar a captura de mercado atual nesse local como base para projetar o potencial de captura em outras cidades, mas não na cidade de Curitiba.

► Calcule quantas unidades da marca podem caber em cada cidade.
- Com base no potencial de vendas estimado para outras cidades, é possível avaliar se cabem unidades nestas cidades.
- O princípio a ser adotado aqui é o do potencial mínimo necessário para manter uma unidade da marca naquele mercado.
- Para isso, é fundamental conhecer o modelo financeiro da unidade. As vendas que a unidade poderá atingir devem ser suficientes para pagar todos os impostos, os custos com produtos ou insumos e as demais despesas do negócio, sobrando um lucro que seja suficiente para o empresário. No caso de Franquias, ainda devem ser consideradas as taxas de *royalties* e de marketing existentes.
- Voltemos aos nossos exemplos da unidade de calçados. Se pelo modelo financeiro da loja de calçados da marca em questão uma unidade de porte médio precisar de um faturamento anual de R$ 500.000,00 (quinhentos mil Reais) para que se mantenha bem e gerando o lucro esperado, pela análise de potencial de mercado teremos a seguinte situação:

- Londrina: como o potencial estimado para a marca na cidade é de vendas de R$1.000.000,00 ao ano, caberão até duas unidades da marca.
  - 1.000.000 ÷ 500.000 = 2
- Blumenau: com potencial estimado de R$600.000,00 para a marca, caberá somente uma unidade na cidade.
  - 600.000 ÷ 500.000 = 1,2
  - Atenção: sempre arredonde o resultado desta conta para baixo. Se não houver o potencial de vendas mínimo necessário que sustente a quantidade de unidades pretendida, haverá o risco de que uma das unidades não se sustente ou, pela divisão de vendas entre elas, ambas vendam abaixo do necessário e tenham dificuldades de se tornar lucrativas.

Este método é útil para os casos em que a marca já possui unidades em pelo menos uma cidade e que, presumidamente, essas unidades já tenham atingido o seu potencial máximo de vendas, o que em geral acontece após o período de pelo menos um ano. Além disso, esse tipo de análise de projeção somente deve ser adotado quando o modelo de negócios das unidades a serem implantadas em outras cidades for o mesmo das unidades tomadas como base de captura de mercado. Mesmo assim, esse método não é totalmente preciso, devido a dois fatores principais:

- A captura atual da marca numa ou mais cidades pode ainda estar abaixo do total que poderá atingir, e esta parte ainda não captada será desprezada no potencial estimado para as demais cidades em estudo.
- Não há garantia de que em outras cidades a marca conseguirá ter a mesma captura de mercado que já obteve na cidade de referência. Uma série de outros fatores nas demais cidades, como perfil socioeconômico, preferências de consumo, a presença e atuação de concorrentes e a própria competência dos Franqueados das unidades na condução dos negócios pode levar a capturas menores ou maiores do que na cidade base do estudo.

Para os casos de negócios iniciantes, que ainda não possuem unidades em operação, ou que as primeiras unidades da marca ainda não tenham atingido todo o seu potencial de vendas, o caminho é adotar como referência a captura de mercado de marcas concorrentes. Nesses casos, as marcas concorrentes deverão ter linhas de produtos e posicionamento de mercado semelhantes aos da marca em estudo. Mas a maior dificuldade, nesse caso, será obter o total de vendas dos concorrentes, que, em geral, não é divulgado abertamente.

Algumas fontes de dados de consumo para diferentes categorias de produtos e serviços no Brasil

O Brasil ainda carece de maior disponibilidade de dados de consumo. A maior parte dos dados existentes se refere às categorias de produtos e serviços mais comuns, havendo setores e segmentos específicos em que dificilmente se conseguirá dados oficiais sobre o consumo. Outra dificuldade é quanto à atualização dos dados, que muitas vezes é realizada por meio de projeções estatísticas em vez da realização de pesquisas junto às fontes primárias. Fontes primárias são as origens dos dados de uma pesquisa. Por exemplo, ao se entrevistar diretamente os consumidores sobre algum aspecto de consumo, os resultados desta pesquisa serão de fonte primária. Quando são consultados dados de um instituto de pesquisas, por exemplo, esses dados são de fonte secundária.

Porém, é sempre melhor basear os estudos de potencial de mercado com base nos dados disponíveis, procurar avaliar o nível de confiabilidade das informações e fazer as devidas ponderações.

As principais fontes de dados sócioeconômicos e de mercado das cidades brasileiras são:

- Índice de Potencial de Consumo (IPC).
    - Indica por categorias de produtos o consumo em cada município brasileiro, dividido por classes socioeconômicas da população.
- Pesquisa de Orçamentos Familiares / Instituto Brasileiro de Geografia e Estatística (POF/IBGE).
    - Pesquisa realizada por amostragem que indica quanto ganham as famílias brasileiras e no que se dividem as suas despesas em termos de moradia, saúde, educação, alimentação e outros bens de consumo e serviços.
    - Não traz dados divididos por municípios.
- Pesquisa Nacional por Amostra de Domicílios / Instituto Brasileiro de Geografia e Estatística (PNAD/IBGE).

- Traz informações sobre características gerais da população, educação, trabalho, famílias e domicílios e sobre renda das famílias.
- Porém, é pouco atualizada.

▶ Publicações de estudos setoriais por veículos de comunicação especializados em negócios.
- Por exemplo, jornal *Valor Econômico*, revista *Exame*.

▶ Empresas especializadas em pesquisas de mercado.

▶ Entidades de classe.

▶ Associações comerciais nos municípios.

Os principais erros na determinação do potencial de mercado

O método de estimativa de potencial de mercado e determinação do número de unidades é apenas um caminho para este tipo de estudo. Como se baseia apenas em dados de fontes externas e em métodos matemáticos e estatísticos, é o que podemos chamar de uma análise "fria", por desprezar outros fatores importantes como a presença e o tipo da atuação de concorrentes e particularidades locais que não aparecem nos números. Portanto, um estudo deste tipo deve funcionar mais como uma referência para a tomada de decisões sobre o plano de expansão de uma rede.

As empresas erram na estimativa de potencial de mercado justamente ao tomar decisões baseadas somente num tipo de informação. Critérios únicos como, por exemplo, somente a população das cidades, podem ser insuficiente para o estudo de expansão de uma rede, caso não se considere outros aspectos socioeconômicos e de consumo de cada uma.

A experiência adquirida na condução do negócio e um levantamento mais aprofundado de cada cidade ou bairro em que se pretende implantar novas unidades, incluindo visitas pessoais e a busca direta de informações junto aos empresários locais, devem fazer parte dos estudos para a tomada de decisões.

Ressaltamos ainda o cuidado que se deve ter com as distorções existentes em cidades com cenário e comportamento socioeconômico e de consumo atípicos, que nem sempre estão claros em números.

Apenas como exemplos, podemos citar dois casos como ilustração. Muitas outras cidades pelo Brasil, em maior ou menor grau, também podem ter características semelhantes ou devidas a outros fatores não tratados nos exemplos a seguir:

- **Guarulhos (SP)**
    - Considerados somente os municípios sozinhos e incluindo o Distrito Federal como uma cidade, Guarulhos está entre as 15 cidades com maior população pelos dados do último censo do IBGE (Instituto Brasileiro de Geografia e Estatística).
    - Está entre as dez maiores cidades do país em PIB (Produto Interno Bruto – indicador do nível de produção econômica).
    - Está entre as 15 cidades com maior IPC (Índice de Potencial de Consumo) no país.
    - Por esses dados, pode-se concluir que seja uma cidade promissora para os negócios. Não há dúvidas de que sua atividade econômica é forte, até por conta de sua atividade industrial e da presença do aeroporto internacional, que reúne e fomenta uma grande cadeia de negócios de transporte, carga, logística e da prestação de serviços.
    - Porém, por conta de características socioeconômicas locais, alguns negócios de varejo podem ter dificuldades de sucesso devido a questões de perfil de localização e do comportamento de consumo de seu público-alvo, ou mesmo conseguir manter menos unidades do que o potencial de mercado em princípio apontaria.
    - Neste exemplo, parte da população ou de um determinado público-alvo de Guarulhos acaba direcionando parte de seu consumo para outras cidades. Ou seja, embora indicadores de potencial de consumo ou de renda disponível para o consumo em Guarulhos em determinados produtos ou serviços possam apontar um consumo que justifique a abertura de unidades na cidade, o consumo real pode ser menor do que o estimado, reduzindo o potencial de unidades na cidade.
- **Porto Seguro (BA)**
    - É uma cidade tipicamente turística, que recebe turistas ao longo do ano numa quantidade grande em relação à sua população residente. Essa população flutuante, que, provavelmente, possui perfil socioeconômico diferente da média em relação à população local, sustenta toda uma rede de negócios de produtos e serviços voltados para esses turistas. Assim, negócios voltados para o turismo têm boas chances de sucesso.
    - Porém, outros negócios que não estejam diretamente voltados a esse público de turistas, ou cujos produtos e serviços não sejam procura-

dos por esses turistas naquele momento de consumo, enquanto estiverem por lá passando suas férias, poderão ter mais dificuldades de lucrar com esta população flutuante.

- Por exemplo: podemos assumir que boa parte dos turistas que viajam para lá possuam carros, porém, boa parte deles também deve viajar de avião ou ônibus para chegar até lá e que também não vão alugar um carro enquanto estiverem por lá. Portanto, embora tenham carros, não irão consumir serviços de oficinas mecânicas na cidade, embora possam dedicar parte de sua renda para este tipo de serviço em sua cidade de residência.

Uma visão sobre o caso especial de quiosques em *shopping centers* e centros comerciais

Os quiosques se apresentam como uma opção de menor investimento para a montagem de um negócio. Este formato de unidade pode ser adequado para vários segmentos nos mercados de produtos e serviços. Desde sanduíches, salgados e bebidas, sorvetes, pratos mais elaborados e opções de doces e sobremesas, a cosméticos e perfumes, revistas, óculos de sol, sandálias, celulares, serviços de impressão, entre muitos outros.

No caso de quiosques nos *shoppings*, as vantagens são o fluxo de pessoas e a maior segurança contra roubos em relação aos quiosques de rua ou em locais mais abertos. Mas é preciso tomar cuidado com a localização dentro do *shopping* e as condições estabelecidas no contrato.

As vantagens dos quiosques

Os quiosques, de forma geral, por terem uma estrutura mais simplificada em relação a uma unidade convencional, têm um investimento e despesas de manutenção menores por não contar, por exemplo, com sistemas de exaustão, no caso dos quiosques de alimentação, e de ar-condicionado. Também pelo fato de possuírem menos espaço, acabam carregando menos mercadorias no estoque e exigem menor capital de giro.

Quiosques podem ser um modelo adequado para testar novas marcas, produtos e mercados?

Não necessariamente. Embora haja negócios e marcas que tenham surgido com o modelo de quiosques e depois evoluíram para unidades com maior estrutura e outras formas de atendimento, também pode acontecer de unidades convencionais já bem-sucedidas lançarem os seus quiosques como forma de complementar o seu negócio, atingindo públicos diferentes ou mesmo outros momentos de consumo de seus atuais clientes.

De forma geral, os modelos de quiosques também têm um mix de produtos mais restrito em relação a uma unidade convencional. O modelo mais adequado para o teste de marcas e mercados depende do tipo de produto e, principalmente, do posicionamento de mercado que a marca ou fabricante quer dar ao seu produto. Se o produto e/ou modelo de atendimento não estiverem desenhados para o formato de quiosque, empregá-los para testes pode ser inadequado.

No que os quiosques podem ser diferentes em termos de investimentos e despesas em relação às unidades convencionais?

Uma das formas de se fazer este tipo de comparação é pela análise dos custos e despesas em relação ao faturamento ou às vendas de cada negócio. Se considerarmos o lucro da operação (que é o valor das vendas menos os impostos diretos, os custos das mercadorias, as taxas de *royalties* quando existentes, e todas as demais despesas de operação do negócio), a diferença pode chegar a 10% de vantagem para os quiosques em relação às unidades convencionais.

Mas muito cuidado: essa regra não é verdadeira para todo tipo de negócios, e particularidades de cada caso podem inverter essa relação. Quanto ao investimento, pode variar de R$20 mil chegando até R$150 mil, conforme o tamanho, os equipamentos necessários e as taxas cobradas pela Franqueadora quando for o caso. O tempo de retorno do investimento para operações bem-sucedidas pode ser estimado entre 18 e 24 meses.

O que é importante para o sucesso em Franquias de quiosques?

Os principais pontos de atenção ao avaliar oportunidades de negócios no formato de quiosques são a força da marca, se o produto já é conhecido e consumido pelo público que se pretende atingir e se a Franqueadora do negócio já desenvolveu e testou o negócio por tempo suficiente para oferecer maiores chances de sucesso. Uma dica é verificar se a própria Franqueadora possui e opera unidades bem-sucedidas do negócio que está oferecendo para os interessados. Outro aspecto fundamental para o sucesso é sua localização.

Qual é o local ideal para um quiosque?

Como regra geral, o ponto ou localização do quiosque deve ter boa visibilidade e estar em local de alto fluxo de pessoas. Mesmo dentro de um *shopping*, há locais como finais de corredores sem saída ou pontos "escondidos" que têm baixo fluxo, e isso pode trazer dificuldade de vendas.

O ideal para um quiosque num *shopping* é estar próximo das escadas rolantes, por serem áreas de concentração de fluxo de pessoas. Para quiosques de alimentação, estar preferencialmente próximo da praça de alimentação ou num dos corredores principais que levem à praça de alimentação.

O aluguel de um quiosque é menor do que o de uma unidade convencional?

O valor do aluguel de espaços para quiosques em *shoppings* é relativo. Possivelmente será menor do que o aluguel de uma unidade convencional em valores absolutos, mas em relação à metragem quadrada do espaço, ele será maior.

O que é importante no contrato de aluguel de um quiosque no *shopping*?

O principal ponto de atenção no contrato com o *shopping* é quanto à sua duração e em que condições ou situações o *shopping* poderá rescindi-lo antes do prazo. O maior problema de um quiosque no *shopping* poderá ser a falta de garantias quanto à permanência no local.

Portanto, é preciso estar atento para a duração do contrato, às regras de rescisão antes do prazo e também às regras de renovação ao término de sua vigência.

Tendo estabelecido um prazo determinado de vigência, haverá maior segurança para montar um plano de negócios, considerando o crescimento das vendas, aumento do lucro e o retorno do investimento.

Nos casos em que o *shopping* solicitar o ponto antes do término do contrato, é importante que haja cláusulas prevendo indenizações que assegurem o investimento realizado ou que, ao menos, minimizem os eventuais prejuízos. Negociar o contrato com o *shopping* nem sempre será tarefa simples, por isso é altamente recomendável buscar a assessoria de um advogado especializado nesse tipo de relação contratual.

No modelo de quiosques, quais Franquias são as mais procuradas?

Podem-se citar os quiosques de chope, os de sorvetes, os de perfumes e de cosméticos. Vale lembrar que os quiosques de marcas das redes de Franquias mais conhecidas sempre pertencem ao Franqueado ou operador da unidade convencional mais próxima da mesma marca. Ou seja, não dá para ter um quiosque de sorvetes do McDonald's ou do Bob's se você não for Franqueado de uma unidade convencional da marca.

Quiosques podem funcionar bem somente nos *shopping*?
Certamente que não. Observando a regra de bom fluxo de pessoas e adequação dos produtos e preços ao público circulante, quiosques podem ser instalados em galerias e prédios comerciais de grande porte, rodoviárias, aeroportos, e até mesmo dentro de outras unidades, desde que os produtos de ambos sejam complementares e não concorrentes diretos entre si.

E quanto aos quiosques itinerantes, também podem ser boa opção?
Este tipo de quiosque tem o objetivo de captar demanda em ocasiões específicas, e nas quais não se justificaria a manutenção de um quiosque fixo. Funcionam bem em grandes eventos e em locais onde há fluxo de pessoas somente num determinado período ou em datas específicas.

Esse modelo é um pouco mais arriscado, pois envolve despesas adicionais com deslocamento e transporte, armazenamento, segurança, além de poder haver a exigência de licenças especiais de funcionamento.

No Brasil, que expectativas pode-se ter para Franquias no modelo de quiosques?
Pode-se esperar o aumento do número de unidades e também o surgimento de novas oportunidades no formato de quiosques, tanto com novas marcas como em marcas já existentes e tradicionais.

Perfil do Franqueado Ideal

Buscamos algumas definições para a palavra **ideal** em dicionários:

1.) (adj.) Que só existe na ideia.
2.) (adj.) Que reúne toda a perfeição imaginável.
3.) (adj.) Quimérico, fantástico, imaginário
4.) (s.m.) Conjunto imaginário de perfeições que não podem ter realização completa.
5.) (s.m.) A mais querida das aspirações.

Conclusão: trata-se de uma tarefa muito difícil encontrar o tal Franqueado ideal. Pois se **ideal** é um perfil perfeito, imaginário, dependeria muito de quem estivesse escolhendo para se chegar ao que se quer. Ou seja, se a pessoa, ou empresa, responsável pela expansão da rede fosse substituída, o entendimento pelo **ideal** mudaria e teríamos assim Franqueados diferentes a cada momento.

O melhor é definir, de forma muito direta e consciente, e com a participação dos principais executivos da Franqueadora, quais são as características essenciais e as características desejáveis numa pessoa para que ela se torne Franqueado da rede.

Características Essenciais – aquelas que não podem faltar para se tornar um bom Franqueado.

- Ética, por exemplo. Por mais que seja óbvio e talvez nem precisasse estar escrito, é importante reforçar que, sem esta característica, a pessoa não será aceita como Franqueado.
- Ter capital necessário. Para algumas empresas, esse ponto não é essencial, pois permitem que o Franqueado entre no negócio alavancando créditos junto a bancos ou financeiras. No entanto, para aquelas em que é imprescindível ter o capital total disponível para entrar no negócio, vale pontuar.

Duas questões importantes:

1.) **Como medir ou diagnosticar estas características (ou a falta delas)?**

    No caso de capital para abrir a unidade, pode ser consultado o extrato bancário do candidato a Franqueado, mas isso não garante que aquele valor no extrato pertence a ele ou realmente está disponível. Para minimizar os riscos, muitas Franqueadoras definem em seus contratos o valor previsto a ser gasto na implantação da Franquia e pontuam que sendo ou não gasto, esse valor deverá ser dedicado ao negócio. A adição de cláusulas citando que se houver levantamento de crédito para uso nas unidades caracterizará que não havia capital necessário também é outra modalidade, o que pode levar ao rompimento do contrato.

2.) **Quando for identificado em um candidato à Franquia que este não possui determinada característica essencial, ele será realmente excluído do processo de seleção?**

    É um ponto importante, pois em muitos casos é tão difícil encontrar um candidato à Franquia em determinadas regiões do país ou as metas de expansão são tão agressivas que, quando isso acontece, mesmo que ele não possua todas as características, pode ser circunstancialmente aprovado e depois gerar problemas para o Franqueador.

É importante priorizar as características do Franqueado desejado usando a perspectiva do grau de importância de cada uma delas, classificando-as em desejáveis e imprescindíveis, uma vez que algumas competências e habilidades podem ser desenvolvidas pelo consultor de campo da Franqueadora, programas de capacitação, universidade corporativa, entre outros, fornecidos pela Franqueadora.

Um último ponto importante é entender o quanto este candidato identifica-se com os valores, missão e visão da Franqueadora.

Características Desejáveis – características que se gostaria que as pessoas que se candidatassem a franqueadas tivessem. Aqui sim vale listar as várias características importantes ao negócio, mas que não são restritivas caso não se possua uma ou outra. Costumamos dizer que as características desejáveis são aquelas usadas para desempate quando há um ou mais candidatos à Franquia para um mesmo local. Referem-se, normalmente, às experiências profissionais, ao perfil empreendedor, às habilidades e práticas em negócios afins, ao grau de instrução, à idade etc.

Cada rede deve pontuar as características que sejam Essenciais e Desejáveis para seu negócio, mas vale passarmos pelas principais características para traçar o perfil pretendido:

1) **Capacidade de Investimento** – Capital necessário para montagem da unidade, investimentos em estoques e capital de giro. Com base em uma estimativa realista por parte da Franqueadora do que se vai gastar e do que será necessário para os primeiros meses de operação da unidade, deve-se procurar nos candidatos disponibilidade destes valores. Estas informações podem ser verificadas através de extratos bancários, declarações de IRPF, declarações financeiras de outros negócios que este candidato possua etc.
2) **Conhecimento de Mercado** – Conhecimento sobre o segmento de atuação da Franquia. Essas informações serão constatadas, ou não, através de entrevista e bate-papo.
3) **Atuais Áreas de Negócios** – Experiência em varejo, preferencialmente ligado à atuação da Franquia, com empreendimentos bem-sucedidos.
4) **Capacidade de Vendas** – Perfil vendedor, com histórico em vendas, além de formação e experiência em gestão de equipes de vendas.
5) **Relacionamento** – Relacionamento comercial na região de atuação (participação em associações, clubes, órgãos comerciais locais etc.). Quais entidades o candidato é sócio e qual sua participação nestes locais.

6) **Reputação** – Somente poderá ser feito através do levantamento dos dados cadastrais. Mais do que isso, será necessária a sondagem das informações apresentadas, buscando informações extras sobre o candidato com pessoas que sejam da cidade.
7) **Habilidade Gerencial** – Experiência anterior em gestão de negócios, preferencialmente como empreendedor ou cargos de direção, com conhecimentos em finanças.
8) **Atitude** – Organizado, ágil, motivador, ligado a pessoas, conciliador. São características um pouco mais difíceis de notar em entrevistas ou conversas por telefone, portanto, podem ser usadas avaliações de Perfil Comportamental, bem como utilizar-se de dinâmicas ou testes práticos.

A busca da Franqueadora na definição do perfil do candidato terá total relação com o suporte e com os treinamentos oferecidos à rede, ou seja, se a Franqueadora tem uma estrutura de capacitação bastante ativa e efetiva em termos de gestão de negócios, por exemplo, essa característica não será tão necessária no perfil a ser procurado.

Na sequência, seguem alguns perfis que são encontrados no sistema de Franchising atualmente e que servem para ilustrar o conhecimento e importância de se buscar constantemente o perfil desejável e necessário.

- **Empreendedor** – Normalmente inovador, necessita de liberdade e anseia por mudanças, desafiando alguns padrões estabelecidos. Em redes novas, tende a ser um pioneiro em alguns processos ou tecnologias. Provoca e questiona a Franqueadora, gerando tanto evolução quanto conflitos. É um ponto desafiante, pois acreditamos que o Franqueado deva adotar um comportamento e atitude que sejam empreendedoras. Alguns negócios permitem a figura do Operador (pessoa contratada pelo Franqueado para conduzir a unidade franqueada, desde que aprovada pela Franqueadora). Nesses negócios, buscam-se Operadores que tenham atitude empreendedora, pois será o diferencial para a boa condução do negócio. No Franchising, é sempre esperado um comportamento empreendedor por parte da Franqueadora também. Assim, é comum que haja a sobreposição de dois empreendedores, a Franqueadora e o Franqueado/Operador. Cuidar desta relação e permitir que ambos continuem gerando ideias e almejando mudanças, sem desrespeitar padrões, é uma tarefa que exige atenção e cuidado, mas que pode gerar ótimos resultados.

- **Empresário/Gestor** – Organizado, sabe administrar os recursos físicos e humanos de maneira consciente. Por serem bons formadores de equipes ou bons gestores financeiros, gerenciam seus negócios de maneira bem organizada e controlada. É um perfil muito desejado em redes Franqueadoras já bem estruturadas, pois permite a condução da operação e da gestão do negócio de forma efetiva. Além disso, se a Franqueadora não oferece uma capacitação efetiva nesse sentido, é interessante que o foco da expansão deva estar em pessoas com alta capacidade de gestão dos negócios.
- **Investidor** – Perfil cada vez mais comum, pois a quantidade de pessoas com recursos suficientes para investirem está aumentando e não necessariamente devam ser desprezados pelas Franqueadoras, pelo contrário, são pessoas com alto grau de informação sobre negócios e mercados, assessorados muitas vezes por profissionais do mercado financeiro e que têm forte noção de investimento *versus* retorno do mesmo. Apesar de serem bastante focados nessa relação de retorno, se forem bem conduzidos pela Franqueadora, podem ser fundamentais para ajudá-la a criar uma cultura de performance mais aprofundada, e isso trará benefícios para todos os envolvidos no sistema de negócios. De fato, são objetivos e conscientes quanto ao retorno que seus negócios podem ou não gerar e trabalham com Indicadores de Desempenho, ávidos por informações rápidas para suas tomadas de decisões. De maneira geral, trabalham com Operadores que normalmente têm perfil mais voltado a Gestor/Empresário. Esta combinação (Franqueador investidor e operador gestor) tem se mostrado muito efetiva no Franchising atual, porém deve estar alinhada à política e cultura da empresa Franqueadora.
- **Vendedor** – Aquele que tem forte capacidade comercial, tem experiência na condução de equipes de vendas, no caso do varejo, já pode ter vivido o ambiente de lojas e é conhecedor do ritmo e agilidade que esse segmento exige e possui. De certa forma, essas são características ideais na condução de negócios e equipes, pois o foco em resultados é dado com apelo comercial e promocional de maneira geral. Tem características de relacionamento com clientes que podem ser importantes para o negócio e se combinada com a adequação aos padrões da Franqueadora, pode ser uma combinação bastante adequada e bem-sucedida. Acreditamos que saber vender é uma arte e quando o próprio Franqueado é um excelente vendedor, o potencial de vendas de toda a sua equipe tende a aumentar, pois este será a inspiração para toda a unidade. No entanto, ser um ótimo

vendedor somente não basta. Haverá sempre a necessidade de alguém fazer o papel mais gestor (organizado), para que se consiga atingir bons resultados. Em empresas Franqueadoras em que a operação depende muito fortemente de vendas, esse perfil é muito desejado.

Claro que uma pessoa não possui somente um dos perfis listados anteriormente, pode ser que haja certa predominância de uma característica em detrimento de outras. É justamente esta combinação "ideal" que poderá determinar o melhor Franqueado de acordo com a necessidade e com a filosofia de cada rede de Franquias.

Assim, vale listar as características desejadas e, se possível, inserir pesos (importante, muito importante, imprescindível etc.) a cada uma. Isso porque determinadas características são mais importantes que outras. Assim, no processo de seleção de um Franqueado, é possível minimizar os riscos de uma aprovação de Franqueado indevida.

Algumas Franqueadoras têm se utilizado de ferramentas específicas para diagnosticar e analisar os Perfis de Comportamento de seus candidatos à Franquia. Essas ferramentas de perfil são aplicadas por empresas especializadas aos candidatos à Franquia. A análise desses perfis passará a ser usada pelos profissionais de expansão da empresa Franqueadora, os quais determinarão se há ou não sinergia para aprová-lo como Franqueado. No entanto, este é somente mais um dos recursos utilizados no processo de seleção dos Franqueados.

Processo de Seleção dos Franqueados

Após anos de experiência e relacionamento com Franqueados e suas equipes, muitos Franqueadores acreditam que se tivessem sido mais exigentes no processo de seleção no passado, provavelmente teriam menos problemas com a operação e gestão de algumas unidades franqueadas, ou mesmo com o próprio relacionamento com a rede.

Uma série de motivos justificam essa crença, mas principalmente a própria evolução dos negócios e as novas competências que precisam ser desenvolvidas nos Franqueados mais antigos da rede e que pode gerar atrito ou problemas no relacionamento. Não podemos generalizar que todos os Franqueados mais antigos da rede sejam resistentes às mudanças ou à própria evolução, até porque conhecemos diversos casos em que a evolução desses empresários é tão boa ou superior à da própria Franqueadora.

Nesse caso, a atitude empreendedora e a capacidade de gestão são características fundamentais e que ampliam o potencial de resultados nos negócios e, por consequência, o sucesso da rede.

Sendo assim, estruturar um processo de seleção cada vez mais adequado para a perenidade da rede de Franquias é cada vez mais fundamentada nas exigências da evolução do mercado. Além disso, a própria experiência da Franqueadora na seleção e evolução da rede deve ser levada em consideração para que esse processo seja mais efetivo.

Partindo da definição do perfil mais adequado (características essenciais e desejáveis), o processo de seleção deve ser iniciado, seja pela própria empresa Franqueadora ou por empresas especializadas na busca e seleção de candidatos e/ou ponto comercial.

É recomendado que a empresa que realizará essa seleção deva ser capacitada com relação ao DNA da Franqueadora, conheça bem o negócio que será comercializado, visite Franqueados para conhecer a operação do negócio de maneira mais profunda e procure entender, com muita profundidade, quais os objetivos da empresa e a represente de maneira efetiva, não somente como "vendedores de Franquias", mas como uma extensão do Departamento de Expansão da Franqueadora. O trabalho terá de ser feito de maneira muito profissional, até para que o candidato não perceba que ele está sendo envolvido por diversas oportunidades de negócios sem muito vínculo com o seu perfil, o que pode acontecer com empresas especializadas em comercialização de Franquias e com foco puramente na venda, e não necessariamente na satisfação das necessidades desse futuro Franqueado.

Ou seja, é importante que o candidato, ao ser atendido por uma empresa especializada desse tipo, tenha o sentimento de que foi lhe oferecido a melhor solução para a sua capacidade de investimento, perfil e foco de negócio.

Quando a empresa Franqueadora decide assumir a própria Prospecção e Seleção dos candidatos internamente, recomenda-se uma estrutura necessária para a execução dos processos, cujo tamanho vai variar de acordo com o potencial de negócios e capacidade financeira da Franqueadora. Essa área será responsável pela análise dos meios de divulgação do negócio mais efetivos na captação de candidatos para a Franqueadora.

A etapa de seleção é um filtro. Quando um técnico de futebol, por exemplo, é escolhido para ser o técnico da Seleção Brasileira de Futebol, ele assume a responsabilidade de avaliar entre inúmeros jogadores quais serão os escolhidos por ele para ocuparem as posições disponíveis. Na seleção de candidatos às Franquias de uma determinada marca aplica-se o mesmo conceito.

Quanto mais representativa, conceituada, lucrativa e com alta capilaridade, maior interesse será gerado pelos possíveis interessados a Franquia. Contudo, muitos não preenchem os requisitos mínimos esperados. Assim, no processo de seleção, devem ser estruturadas etapas de forma a eliminar os perfis mais distantes do desejado.

É importante realizar o processo de seleção com etapas e ferramentas bem definidas:

A.) **Etapa – Organização dos Dados**

Ferramenta – Banco de Dados

Objetivo – Busca de informações sobre os candidatos, cadastros, manutenção dessas informações e a evolução/atualização das mesmas no decorrer do processo de seleção.

Uso – Capturar informações conforme as etapas serão executadas, incluindo as datas e *status* das atividades.

É importante criar uma ferramenta de organização do banco de dados antes do início do processo de seleção. Treinar os envolvidos no preenchimento, para que as informações relevantes sejam incluídas. Esse banco de dados será a base para todas as análises do processo de seleção. Portanto, se bem organizado e preenchido, melhor será a gestão sobre estes processos.

Há inúmeros sistemas de gestão já disponíveis no mercado que realizam esse trabalho de maneira mais abrangente.

B.) **Etapa – Coleta Inicial de Dados**

Ferramenta – Ficha de Cadastro Inicial

Objetivo – Coletar as primeiras informações sobre o candidato à Franquia para triagem e priorização no processo de prospecção de acordo com o plano de expansão da rede.

Uso – Acesso direto (via *website*, por exemplo) ou envio aos candidatos para preenchimento e retorno. Toda ficha de cadastro enviada deve ser inserida no Banco de Dados.

Muitas empresas Franqueadoras possuem fichas de intenção bastante completas. Este já é um primeiro filtro para o candidato à Franquia. Isso pode mostrar se realmente o futuro Franqueado está interessado, porém, por outro lado, criar muitas barreiras nessa etapa pode ser arriscado, pois potenciais investidores tendem a ter uma visão crítica desse tipo de processo e isso pode isolá-los, tendo em vista a percepção de burocracia e morosidade nessa etapa inicial.

São solicitados dados pessoais, dados profissionais (currículo completo), experiências anteriores em outros negócios, declaração de potencial financeiro para montagem do negócio, como conheceu a marca e o porquê do interesse na Franquia etc.

Espera-se resposta de agradecimento ao candidato sobre todas as fichas recebidas, independente de aprovação ou não. É uma forma de respeito com a pessoa que se interessou em fazer parte daquele negócio. Na prática, muitas Franqueadoras ainda não possuem um processo bem estruturado para responder a essas solicitações, o que acaba frustrando os interessados.

Não só nesta primeira etapa, mas em todas as etapas, é fundamental fornecer uma resposta ao interessado. Temos sempre que lembrar que por mais que este candidato esteja sendo reprovado no processo seletivo a Franqueado, ele continua sendo um cliente, muitas vezes fiel à marca e aos produtos.

Há Franqueadoras muito profissionais neste processo. Enviam *e-mail* quando recebem a ficha, informam previsão para retorno e retornam, algumas por correio eletrônico (*e-mail*), outras por telefonema de um representante da Franqueadora.

Vale citar que quando a Franqueadora deixa claro o que busca logo no processo de seleção (perfil desejado do Franqueado, áreas de interesse para expansão da rede, investimento previsto etc.), o volume de interessados pode diminuir, entretanto, a qualidade desses interessados tende a aumentar.

C.) **Etapa – Entrevista Inicial**
   Ferramenta – Roteiro de Entrevista
   Objetivo – Ter um roteiro padronizado para condução de entrevistas, otimizando o tempo do entrevistador e do candidato, e permitindo uma análise mais objetiva.

Uso - escolhidas as melhores fichas/cadastros, recomenda-se a entrevista pessoal. Como ainda é um processo inicial, muitas Franqueadoras fazem estas conversas ao telefone, para não gerar grandes custos, visto que talvez estes candidatos estejam em cidades ou mesmo Estados diferentes. Nessa conversa, são feitas perguntas seguindo o roteiro de entrevista, em forma de bate-papo, e registradas as respostas. Busca-se conhecer as expectativas desses candidatos e confrontar de forma indireta as informações preenchidas previamente na ficha de cadastro inicial. É normal que neste roteiro contenham perguntas do tipo:

- Já liderou equipes?
- Já teve, ou tem, negócio próprio?
- Quais são as principais experiências do candidato?
- Conhece bem a região que pretende atuar?
- Já pesquisou algum ponto comercial onde entenda ser interessante para o negócio?

Por mais que sejam perguntas diretas, a intenção é conduzir em forma de bate-papo para reconhecer o grau de conhecimento sobre os assuntos. É uma forma de medir o interesse e preparo do candidato quanto ao negócio em si, ao mercado onde será instalada a unidade franqueada etc.

Nos processos de seleção de algumas empresas, nesse bate-papo são solicitadas ainda mais informações e/ou documentos, tais como extrato bancário, declaração de Imposto de Renda Pessoa Física etc. A ideia é ter informações relevantes do candidato antes de marcar a entrevista presencial.

D.) Etapa – Entrevista Presencial – geralmente as ferramentas utilizadas são:

D.1) Ferramenta – Apresentação Comercial

Objetivo – Apresentar ao candidato o formato do negócio, as regras e condições comerciais da Franquia.

Uso – É a apresentação oficial da empresa, em que se detalha informações (algumas até sigilosas ao mercado), com intuito de explicar ao candidato como funciona o negócio.

Essa apresentação pode ser enviada ao candidato por *e-mail* previamente, para que este "estude o negócio" antes da reunião presencial. Tal apresentação deve ser atualizada constantemente, de acordo com as alterações das informações (número de unidades, localização das unidades, valor estimado do investimento etc.).

D.2) Ferramenta – Relatório de Qualificação do Candidato a Franqueado

Objetivo - Apurar detalhadamente as informações sobre o candidato, com os respectivos comprovantes que atestem a veracidade dos dados e valores declarados.

Uso – Quando o candidato avança no processo de seleção, precisará provar tudo o que foi informado. No relatório de qualificação há uma lista de documentos exigidos para entrega na reunião presencial. Essa lista é informada ao candidato com antecedência, para que tenha tempo para selecionar os documentos.

Como normalmente as entrevistas presenciais são realizadas nas instalações da Franqueadora ou da empresa contratada para a seleção, neste contato a conversa é mais direta. Nessa reunião, a Franqueadora faz suas perguntas, mas também abre mais informações sobre o negócio, para mostrar ao candidato as principais informações para a tomada de decisão do potencial Franqueado.

Deve ser realizada uma verificação mais criteriosa, analisando a fundo o que foi escrito e descrito nas entrevistas. Algumas Franqueadoras, junto a seus advogados ou contadores, solicitam até certidões negativas, fichas de antecedentes criminais, cadastro negativo junto a instituições de crédito etc.

D.3) Ferramenta - Perfil Comportamental

Objetivo – Entender as características do candidato à Franquia.

Uso – Aplicação de relatório de Perfil Comportamental. Um psicólogo ou especialista na ferramenta (funcionário interno ou terceirizado) faz a análise do perfil e faz as recomendações à Franqueadora.

É mais uma forma de entender melhor o candidato, pois, por melhor que sejam os selecionadores, sempre há pontos que não são observados em entrevistas.

E.) Etapa – Segunda Entrevista Presencial – Quando o candidato é aprovado nos processos anteriores, agenda-se uma reunião formal na qual os representantes da Franqueadora analisarão o candidato (Quando o processo é realizado por uma empresa especializada, é nesta etapa em que o candidato tem contato direto com a equipe da Franqueadora). Normalmente, há a participação do Gerente de Expansão ou responsável pela expansão da rede.

Há duas ferramentas para continuidade do processo:

E.1) Ferramenta – Avaliação de Ponto Comercial

Objetivo – Coletar dados do ponto indicado pelo candidato, evitando, em alguns casos, a necessidade da aprovação presencial do ponto.

Uso – Esta ficha de análise de ponto contém informações sobre como fotografar o ponto, dicas sobre localização, fluxo de pessoas, facilidade de estacionamento etc. Normalmente, essa ficha é apresentada ao candidato ao final da primeira entrevista, para que ele volte ao local onde pretende instalar a unidade franqueada e faça uma pesquisa sobre os pontos disponíveis. Na segunda entrevista o candidato deve trazer informações mais detalhadas sobre os pontos comerciais existentes e disponíveis no território de interesse.

A ideia é envolver o candidato na escolha do ponto, deixando claro o momento certo e a estratégia de negociação para o ponto comercial.

Para evitar que o candidato feche uma negociação por impulso, o que futuramente poderia custar a vida da unidade franqueada, a grande maioria das Franqueadoras passa as lições iniciais ao candidato, monitorando o processo de escolha do ponto a distância.

E.2) Planilha de Modelo de Negócio

Objetivo – Apresentar para o candidato o modelo de negócios da unidade franqueada, permitindo que o candidato visualize financeiramente a operação (receitas, despesas, resultado e retorno de investimento).

Uso – Na segunda entrevista pode ser entregue ao candidato, com a observação de que os números apresentados são projeções financeiras do modelo de negócio. Deve ficar muito claro que as informações são uma simulação com bases nas pesquisas feitas tanto pela Franqueadora quanto pelo candidato ali presente. Não devem comprometer a Franqueadora no caso de não atingimento dos resultados, afinal de contas, há uma parcela de responsabilidade muito grande por parte do Franqueado na realização destes.

Muitas redes elaboram um Demonstrativo de Resultados do Exercício (DRE) junto com o candidato (planilha de simulação do negócio), inserindo números com base no histórico de outras unidades da rede e nas expectativas e levantamentos realizados pelo candidato. Como se trata de uma simulação, é recomendado que se monte cenários (realista, otimista e pessimista), de modo a facilitar a análise dos riscos que envolvem a viabilidade financeira da unidade.

Há a necessidade de ficar claro que são meramente expectativas e não podem ser garantia de resultados, para não comprometer a Franqueadora, e nem gerar ilusão no candidato, portanto reforçando a credibilidade, desde o início, da busca por uma Franquia pelo candidato.

Outras ferramentas e documentos para uso no processo de Prospecção e Seleção:
► **Circular de Oferta de Franquia**

> **Objetivo** – Apresentar ao candidato as informações completas do negócio e cumprir os requisitos da Lei de Franquias.
>
> **Uso** – Ao término da, ou após a, segunda reunião presencial, enviar ao candidato a Circular de Oferta de Franquias (COF), solicitando a este que assine o protocolo de recebimento. Para o recebimento, o candidato lê as condições para recebimento deste documento, que incluem cláusulas de sigilo e responsabilidade perante este material. Vale reforçar que a COF faz parte da Lei de Franquias. Portanto, não se trata somente de uma ferramenta, mas de uma obrigação.

Conforme a Lei, somente após dez dias corridos poderá haver qualquer assinatura de Pré-Contrato ou Contrato, ou mesmo qualquer pagamento por parte do Franqueado.

Neste documento, os principais detalhes do negócio são apresentados. É a última etapa do processo de seleção. O recebimento da COF é a confirmação da aprovação do candidato a Franqueado.

Porém, se este candidato optar por não fazer o negócio, recomenda-se a devolução da COF à Franqueadora, sabendo das restrições constantes no termo previamente assinado. Se o candidato decide por seguir adiante com o negócio, agenda-se a data para assinatura do Pré-Contrato – normalmente em nome de pessoa física, visto que ainda não há empresa aberta por parte do Franqueado para este fim – e início do processo de implantação da unidade. Para implantação, a Franqueadora deverá apresentar um cronograma de atividades, bem como de pagamentos. Os dois documentos que acompanham a implantação das lojas são: o Pré-contrato, que é assinado após dez dias do recebimento da COF (muitas redes atrelam o pagamento da taxa de Franquia na assinatura do pré-contrato) e o Contrato, que muitas vezes será assinado próximo à inauguração da unidade franqueada.

Algumas empresas Franqueadoras não utilizam o Pré-Contrato de Franquia; nesse caso, já é realizada a assinatura do contrato de Franquia propriamente citado.

▶ **Ferramenta – Comunicados de Aprovação e Reprovação.**

Objetivo – Padronizar a comunicação com os candidatos que foram, ou não, aprovados nas diversas etapas do processo de seleção.

Uso – A cada etapa, estipular prazo máximo para comunicação ao candidato sobre sua aprovação ou reprovação no processo.

Reprovação – Quando reprovado em alguma das etapas, comunicar (*e-mail*, telegrama ou outro documento formal) o candidato de maneira educada. Algumas redes informam o motivo da reprovação, como, por exemplo, disponibilidade de capital, experiência empresarial, perfil etc. Assim, há necessidade de formatar esses textos previamente, para usá-los caso necessário.

Aprovação – Quando aprovado, enviar somente após o recebimento do recibo assinado da entrega da COF. É a comprovação formal do aceite ao candidato (ou podemos chamar agora de Franqueado) à rede.

Desistência – Quando um candidato desiste do processo de seleção, identificar os motivos de sua desistência, detectando, desta maneira, possíveis falhas e quais melhorias fazer no processo.

Avaliações de Prospecção – Para manter o bom andamento do processo, atualizar sempre o banco de dados, pontuando em que etapa cada candidato se encontra e o motivo por estar naquela etapa. É natural a ansiedade por parte de alguns candidatos, por isso torna-se importante o retorno periódico para atualizar o *status* do processo de cada candidato. Às vezes, retornar simplesmente para informar que não há alteração no *status* já é um ótimo retorno. Muitos candidatos, quando ficam sem retorno por algum tempo (note que este tempo pode ser bem curto para aqueles mais ansiosos), entendem que foram reprovados e podem partir em busca de outras opções de negócio. Assim, é preciso muito jogo de cintura por parte da Franqueadora para atender às expectativas dos candidatos e, ao mesmo tempo, conciliar com suas próprias prioridades de expansão à sua rede.

Todas essas etapas foram estruturadas como forma de organizar o conhecimento em fases e recomenda-se o uso das mesmas, obviamente dependendo do grau de profissionalização da Franqueadora. Esse processo poderá ser simplificado, mas é importante que exista o registro dos indicadores, que as pessoas envolvidas na prospecção e seleção de Franqueados trabalhem de forma alinhada e de maneira processual.

Há redes, por exemplo, que utilizam diversas atividades como dinâmicas, testes, provas e até mesmo *test drives* junto aos candidatos à Franquia. Tudo vai depender dos critérios de seleção adotados, da disponibilidade financeira e de tempo do Franqueador e dos candidatos e da velocidade de expansão que a rede deseja. É evidente que colocar um candidato para operar uma unidade real seja um ótimo exercício e propicie excelentes análises, mas para isso deve haver uma unidade onde este candidato poderá realizar o piloto. Também precisará ser definido o prazo/tempo deste *test drive*, como também quem da Franqueadora dará o suporte e fará a análise, bem como os custos que implicariam neste processo.

Outro ponto importante no processo de seleção diz respeito às pessoas que trabalharão nas etapas desse processo. Algumas redes utilizam o Consultor de Campo & Negócios, que atende à região onde será aberta a unidade franqueada, para que este participe do processo de seleção e possa conhecer o candidato antes da abertura. Por este consultor conhecer a área de atuação, poderá fazer análises perante o candidato que talvez o próprio responsável pela expansão não tenha se atentado. Também há redes que envolvem a equipe do SAF (Serviço de Atendimento ao Franqueado) no processo de seleção. É uma forma de colocar mais gente em contato com o Franqueado que, no futuro, estará em contato com toda esta equipe. É dividir as responsabilidades na escolha dos Franqueados entre toda a equipe da Franqueadora, e não somente os que trabalham com a expansão.

A rede de Franquias deve trazer Franqueados que contribuam para o crescimento de suas próprias unidades e também da rede como um todo. Devem ser pessoas íntegras, responsáveis, agregadoras e que busquem (e conquistem) bons resultados. Ao mesmo tempo, a Franqueadora tem sua velocidade de expansão para conquistar territórios antes de seus concorrentes, ou mesmo para disputar territórios onde estes já estão. Como qualquer processo de seleção, deve ter um tempo médio de passagem por todas as etapas, de forma a atender à velocidade de expansão esperada pela Franqueadora sem perder a qualidade na escolha dos Franqueados.

Um dos aspectos fundamentais no processo de seleção é entender as expectativas do candidato de maneira efetiva. Uma ferramenta que recomendamos o uso e que foi intitulada como "Atributos do Sucesso do Negócio", foi inspirada numa Franqueadora norte-americana de *fast-food* (atribui-se ao Burger King, nos Estados Unidos, o uso da mesma, mas não há comprovação que, de fato, tenha sido utilizada por eles ou ainda seja utilizada). Porém, dada a abrangência da mesma, recomenda-se o uso durante o processo de entrevista, de maneira presencial. Não se recomenda o uso a distância, nem por *e-mail* ou qualquer outra forma que não seja o uso presencial.

Vale citar que essa ferramenta não tem cunho científico ou comprobatório de eficácia garantida em processos de seleção de Franqueados, mas o seu uso deve ser aplicado com o objetivo de medir os níveis de percepção e importância que o candidato atribui como fundamentais para o sucesso da Franquia (que será gerida por ele em curto espaço de tempo, caso ele seja aprovado no processo de seleção da Franqueadora).

ATRIBUTOS	PESO (%)	EXPLICAÇÃO SOBRE O ATRIBUTO
MARCA		Poder da marca e imagem, marketing, produtos e serviços, conceito do negócio - IMAGEM
MODELO DE NEGÓCIOS		Estrutura da operação e modelagem do negócio, sistema de informática, instrumentos de controle - MODELO
SUPORTE		Serviço de apoio fornecido pela FRANQUEADORA, como treinamento, manuais, suporte, visitas - SUPORTE
FRANQUEADO		Participação do Franqueado, envolvimento no negócio no dia a dia, contratação de equipe, construção do resultado - FRANQUEADO
TOTAL	100%	O total deve ser 100% obrigatoriamente

A ideia é que se explique para o candidato a que se refere cada item dos atributos e, após essa explicação, é solicitada a sua resposta. Ou seja, o candidato deverá dar pesos (em %) a cada um dos atributos. A única regra é que a soma dos pesos atribuídos totalize os 100%. O mais relevante, na verdade, não deve ser a resposta do candidato, mas sim a sua explicação de cada atributo.

Através das respostas, é possível analisar o peso que o candidato atribuiu a cada item. Com essa informação em mãos, é possível inferir que ele poderá agir de acordo com essa crença, racional ou não. Em outras palavras, se o candidato atribui um peso de 50 a 80% para a marca, tende a mostrar que ele acredita que a marca por si só faz todo o trabalho do negócio e provavelmente não irá se envolver de acordo com a necessidade do negócio.

Se ele atribui, por outro lado, um peso de mais de 70% para o Franqueado, poderá indicar que ele não seguirá muitas regras do negócio e poderá, de certa forma, criar atritos na relação com a Franqueadora.

De maneira geral, a empresa Franqueadora deverá alinhar as expectativas com esse candidato após as suas respostas, não garantindo que existe resposta certa, e sim maneiras de pensar e atribuir peso aos itens do negócio.

O ponto de atenção é identificar a responsabilidade de cada parte na construção do sucesso do negócio, tanto da Franqueadora como do Franqueado. Sendo assim, marca, modelo de negócios e suporte são responsabilidades única e exclusivamente da Franqueadora, já as do Franqueado (nome do atributo) irão se referir ao trabalho dele propriamente no dia a dia do negócio.

Ou seja, no exercício é possível identificar as duas partes e, assim, ao se somar os três primeiros atributos, chega-se ao percentual que foi dado à Franqueadora e o atributo ao Franqueado é o complemento da soma, cujo total não poderá passar dos 100%.

Não há uma resposta certa definitiva, mas a nossa experiência trabalhando com diversas redes de Franquias no Brasil tem nos mostrado que o equilíbrio entre 50% para cada parte tende a ser a melhor solução, a mais equilibrada e na qual haverá, desde o início da relação, uma maior cumplicidade sobre quem faz o quê no sistema de Franchising da empresa.

Acredita-se que a simples aplicação dessa ferramenta possa trazer reflexões importantes para o candidato sobre quais são os pesos que estão sendo atribuídos ao sucesso do negócio, e que de fato funcionam, antes da abertura do mesmo. No decorrer de sua vida como Franqueado, ele vai entender melhor vários elementos necessários para uma maior harmonia nessa relação bastante complexa de busca de resultados, de maiores margens, de cobranças de taxas, de adequação aos padrões da Franquia, entre outras, naturais do sistema de Franquias.

Divulgação do Negócio - Franquia

Há muitas formas de divulgar que uma empresa está à procura de Franqueados para novas unidades franqueadas:

- **Boca a boca:** Quando um Franqueado está satisfeito com sua Franquia, ele divulga aos seus familiares e amigos. Essa divulgação, por mais que não seja em grande escala, chega normalmente a pessoas de mesmo nível social, cultural e econômico. Ou seja, o perfil dos candidatos que chegam por esse meio costuma ser de ótima qualidade, pois se trata de uma divulgação testemunhal. É considerada uma das mais efetivas e bem-sucedidas.
- **Nas próprias unidades:** Não importa se são unidades próprias (de propriedade da Franqueadora) ou outras unidades franqueadas, sempre vale preparar um material informativo e deixar à disposição das pessoas que venham perguntar sobre o negócio ou mesmo indicação. Algumas marcas são mais ativas, colocando folhetos nos balcões, *banner* informativo nas unidades ou mesmo adesivos ou programações visuais nas vitrines.
- **No *website* da empresa:** Costuma ser a principal forma de divulgação. Não só por apresentar de forma estruturada a proposta da Franqueadora, mas por disponibilizar, nos *sites* de algumas empresas, a ficha de intenção. Com isso, os interessados já podem preencher e enviar as informações, aguardando somente o retorno. É um meio rápido e, se bem formatado, permite ser o centralizador das prospecções.
- **Nas feiras de negócios:** Montar um *stand* numa feira requer investimentos. No entanto, muitas marcas apostam neste modelo de divulgação, pois conseguem selecionar bons candidatos às suas Franquias dentre o público presente nessas feiras, além de ter uma exposição bastante específica para o segmento e ampliar a percepção de marca para os negócios de Franquia. No Brasil, observa-se, cada vez mais, além da principal feira que ocorre na cidade de São Paulo (SP), várias feiras em outras cidades, capitais brasileiras ou mesmo cidades de grande potencial de negócios, mas que não necessariamente sejam capitais.
- **Em diversas mídias (pagas ou não):** Propagandas em rádio ou televisão, *outdoors*, participação em eventos – patrocínios e apoios – etc., também são formas interessantes de prospecção. Porém, algumas exigem alto investimento. Portanto, vale medir o retorno e a capacidade

financeira da Franqueadora, além da necessidade de expansão mais rápida ou não.
- **Nas mídias sociais:** Este é um veículo que vem sendo utilizado cada vez mais pelos interessados em negócios ou investimento, independente de serem jovens ou não, tendo em vista que a forma de se relacionar com as marcas está tomando proporções tecnológicas e rápidas impactantes. Há inclusive empresas especializadas em divulgação através das mídias sociais. Vale, no mínimo, acompanhar o que está sendo divulgado e como está a percepção da marca, seja como negócio ou como potenciais clientes da empresa.

Independentemente da forma que o negócio é divulgado, vale questionar na ficha de inscrição dos candidatos qual foi o meio utilizado. Assim, é possível saber qual o número de interessados e a qualidade dos interessados provenientes de cada meio. É uma forma simples e importante de saber em quais meios de divulgação investir, reforçar ou abandonar.

Ponto Comercial – Importância e Processos

É fato que o ponto comercial é fator crucial para alguns negócios. Em negócio de varejo (venda direta ao consumidor final), especificamente, é imperativo trabalhar a seleção de um candidato a Franquia conjuntamente ao ponto comercial onde se estabelecerá uma nova unidade.

Para muitas redes, a atuação do Franqueado é o ponto principal para o sucesso de um negócio. Outros dizem que o ponto comercial é mais importante. Independente de qual é mais relevante (e isso vai mudar de negócio para negócio, apesar de ambas serem importantes), o certo é que uma Franqueadora que pensa em expandir a sua rede deverá se preocupar com a qualidade dos Franqueados que terá, bem como com a qualidade dos pontos comerciais onde a marca será estabelecida.

Assim, é função da Franqueadora participar das escolhas dos pontos. No entanto, não é somente a Franqueadora a responsável por esta escolha. Como o Franqueado investirá capital numa Franquia, também é de extrema importância para ele, Franqueado, estar no ponto certo.

Ponto certo é aquele que gerará fluxo de pessoas e visibilidade de marca e produtos suficiente ao negócio, de forma a condizer com os gastos ocupacionais gerados por ele. É aquele que o custo-benefício seja interessante e viável para o modelo financeiro do negócio.

Alguns erros comuns na escolha dos pontos:

- Local excepcional, bom fluxo e ótima visualização, mas com custos excessivamente altos a ponto de, mesmo vendendo muito, não viabilizar resultados financeiros ao negócio ou;
- Custo ocupacional total (aluguel, condomínio, IPTU etc.) baixo, mas que não gera fluxo de pessoas ou tem sua visualização prejudicada, afetando assim nas vendas e gerando baixos faturamentos.

Assim, pela Franqueadora já ter um histórico e indicadores de quanto se gasta com suas unidades, esta deve ajudar o Franqueado (ou ainda candidato à Franquia) nesta escolha. Em seu processo de seleção, algumas empresas têm um momento para tratar de ponto comercial. Nas fichas de intenção, costuma-se colocar as informações sobre os pontos comerciais. Dessa forma, passa-se parte da responsabilidade ao candidato, uma vez que ele conhece melhor a cidade ou a área onde pretende instalar a Franquia.

Este é um fator importante, ou seja, usar o *know-how* da marca, produtos e serviços de uma empresa – Franqueadora –, que já faz isso há algum tempo no mercado, e somar com a experiência e influência de uma pessoa – Franqueado – num mercado local. Por isso, algumas marcas são restritivas a Franqueados ou candidatos que queiram abrir unidades em áreas onde estes não estejam situados ou não sejam conhecedores do mercado local.

O mais recomendável é que esse candidato, ou mesmo já Franqueado, faça a busca por imóveis na região e selecione alguns, para que junto da equipe da Franqueadora decidam pela melhor opção. Isso não impede a Franqueadora de fazer uma busca na região (através de seus consultores de campo ou mesmo através de empresas especializadas no ramo imobiliário) e prospectar bons pontos. Assim, pode acelerar ou desacelerar o processo de seleção de um candidato quando já houver, ou não, bons pontos disponíveis.

Os pontos comerciais são agrupados em:

- **Pontos Comerciais em *Shopping Centers*** – Neste contexto é importante entender o perfil do público do *shopping center*. Se há unidades âncoras, cinemas, praça de alimentação, amplo estacionamento, como é o acesso por automóvel ou transporte público etc. Um ponto de atenção para os *shoppings* novos é que o fluxo de pessoas talvez seja inferior ao esperado. *Shopping centers* consolidados têm seu público fiel, no entanto, costumam ter poucas opções de pontos comerciais disponíveis, o que aumenta o valor destes. Outro ponto de atenção: o custo ocupacional total. Embora, em alguns casos, seja obtida uma boa negociação para o Ponto Comercial e Fundo de Comércio (luvas), o valor do custo ocupacional pode chegar a valores inviáveis:

- Aluguel mínimo ou percentual – Muitos *shoppings* cobram um valor mínimo de aluguel quando as vendas da unidade ainda são baixas. E cobram um valor percentual do faturamento quando este vai aumentando.
- Condomínio – Engloba os custos com segurança, limpeza geral (não inclusa a limpeza da unidade), estacionamentos etc.
- Fundo de Propaganda – Responsável pela propaganda do *shopping* (não da unidade ou da marca). Este valor é administrado pelo *shopping* para as campanhas específicas em datas comemorativas, por exemplo.

Realmente se paga mais por estar num bom *shopping center*, mas esse valor pode ser compensado por volumes maiores de venda devido ao fluxo de clientes.

▶ **Pontos Comerciais em Rua** – Estar numa esquina, por exemplo, pode ser o grande diferencial para alguns negócios. Ter estacionamento, ser visível às pessoas que passam dentro de seus automóveis etc., são características a serem observadas na escolha de um ponto comercial de rua. Quanto aos custos, tendem a ser mais baixos do que em *shoppings*. No entanto, é sempre importante lembrar de todos os custos ocupacionais em um ponto de rua:

- Aluguel – Normalmente um valor fixo. Atenção ao tamanho do imóvel, pois o aluguel é cobrado pela área disponibilizada e pela localização, e não somente pela área utilizada para o negócio.
- IPTU – Imposto predial e territorial urbano.
- Estacionamento – Se possui ou não, e se o número de vagas é suficiente para atender ao fluxo de clientes, como também se há opções de estacionamento próximas.
- Segurança – Este é um custo normalmente não planejado e que pode ser alto. Instalar um sistema fechado de câmeras, contratar seguranças profissionais para ficarem na unidade, contratar serviços de monitoramento 24hs etc., são valores a serem previstos.

- Manutenção do imóvel – Lembrar que haverá custos para manter e reparar eventuais problemas de telhado (vazamentos), gastos com tubulações (água e esgoto), reparos elétricos etc. Em *shopping centers*, esses valores estão embutidos no valor de um condomínio. Por isso, Franqueados que possuem unidades em *shopping center* e partem para unidades em rua devem se preparar para esses gastos.

Os custos em pontos comerciais de rua costumam ser mais baixos quando comparados a *shopping centers*, mas, dependendo da rua escolhida, podem ter baixo fluxo de pessoas, o que pode limitar o faturamento da unidade franqueada. Há certas ruas que possuem fluxo de pessoas tão expressivo que podem atingir custos semelhantes ou maiores do que muitos *shopping centers*.

Além dos imóveis de *shopping center* e dos imóveis de rua, há modelos que se comportam de formas diversas, tais como:

- Pontos Comerciais em hipermercados: Avaliar se o perfil das pessoas que utilizam o hipermercado está adequado ao público-alvo da unidade, avaliar segurança, vagas de estacionamento, facilidade de acesso etc. Gastos ocupacionais tendem a ser um pouco mais baixos do que os de um *shopping center*, porém mais altos do que em rua.

- Pontos Comerciais em galerias, aeroportos ou rodoviárias: Uma unidade em um bom aeroporto pode ter um fluxo razoável, mas com clientes em potencial para determinada marca. Por outro lado, essa mesma marca poderia não atingir resultados tão bons numa rodoviária. O inverso também é real. Um marca mais popular talvez tenha excelentes resultados numa rodoviária e seja inviável em um aeroporto. A questão de perfil do público e o fluxo são fatores decisivos na escolha de um ponto comercial.

- Quiosques (em *shopping centers* ou não): Por possuírem uma área menor, restringem a variedade de produtos ou serviços a serem oferecidos. Pode ser uma boa opção para testar o produto num determinado local, sem a necessidade de um investimento correspondente a uma unidade.

Outra questão importante a ser analisada é quando o candidato a Franquia, ou já Franqueado, é dono de um imóvel e acredita que este seja o ponto comercial ideal para uma unidade. Essas situações não devem ser rejeitadas.

No entanto, devem ser avaliadas com o mesmo critério de ponto comercial cujo Franqueado ou candidato não tenha vínculo. Avaliar as mesmas características descritas anteriormente: localização, área, visualização, estacionamento, quem são os "vizinhos" etc. Se o imóvel não for o melhor, apresentar ao candidato ou Franqueado o outro imóvel, explicando por que o outro foi o escolhido. Se a escolha for pelo imóvel do candidato, explicar claramente que este poderá e deverá considerar o valor do aluguel mensalmente, pois só assim teremos a real noção dos resultados que esta Franquia vai gerar.

CAPÍTULO 7

Internacionalização de Redes de Franquias

O Franchising além das Fronteiras Nacionais

O Franchising como estratégia de expansão também pode levar os negócios para além das fronteiras nacionais. Empregando os mesmos princípios de replicação de modelos de negócios em território nacional, como *know-how* e o investimento de a padronização da operação, transferência de terceiros, muitas marcas vão para outros países e implantam unidades exclusivas, expandindo sua atuação para novos mercados.

Muitas são as marcas de outros países que vieram para o Brasil com o modelo de Franquias. Podemos citar, apenas como alguns exemplos, Pizza Hut, Subway, Accor Hospitality (hotéis), Alphagraphics, entre tantas outras dos mais variados segmentos de atividade. O próprio McDonald's, um dos ícones do Franchising no mundo, presente em mais de cem países, chegou ao Brasil em 1979.

No caminho oposto, marcas brasileiras também foram para o exterior, como O Boticário, Lilica & Tigor, Localiza etc. Segundo estudo realizado pela Escola Superior de Propaganda e Marketing (ESPM), em parceria com a Associação Brasileira de Franchising (ABF), de 2000 a 2010, o crescimento de marcas brasileiras operando com unidades no exterior cresceu mais de 350%, de 15 para 68 marcas.

Por que Internacionalizar?

De forma geral, as marcas que decidem partir para a internacionalização já atingiram um nível satisfatório de expansão e de resultados em suas redes no território nacional e, embora ainda possam continuar explorando o potencial de negócios no próprio país, avaliam que montar unidades com sua marca em outros países pode trazer resultados adicionais.

Estar consolidado no mercado doméstico acaba sendo um dos pré-requisitos para a internacionalização. Imagine que, se uma marca ainda pouco conhecida, no início de sua expansão, enfrenta dificuldades para vender suas primeiras Franquias, tanto menos terá boas chances de sucesso no exterior, sem ter ainda um histórico razoável de sucesso em seu país de origem.

O que uma marca e uma rede consolidadas querem, portanto, é conquistar novos territórios, o que significa ter acesso a novos mercados, novos clientes, novas experiências que levem ao aprimoramento de seus produtos e de seu modelo de negócios, aumentando o potencial de resultados.

Esse é um ponto importante, porque a internacionalização, se considerada, deve fazer parte de uma estratégia de crescimento de resultados, fundamentada em modelos de negócios bem-sucedidos e já detentores de bons resultados. Empregar a expansão internacional de uma rede de Franquias que esteja enfrentando muitos problemas e com resultados aquém dos esperados, em princípio, não é um bom caminho. Se uma rede ainda não conseguiu bons resultados em seu próprio país, podem não haver boas razões para acreditar que os conseguirá no exterior. Além do que, a internacionalização exige estudos aprofundados e até adaptações no negócio e em produtos. Mesmo uma rede de Franquias de sucesso pode não conseguir obter bons resultados em outros países, ou nem mesmo conseguir se estabelecer.

Os Principais Fatores que Devem ser Considerados

O processo de internacionalização de um modelo de Franquias deve ser cuida- dosamente planejado. A seguir, listamos os principais fatores que precisam ser avaliados para a tomada de decisão sobre a internacionalização.

- ▶ **Mercado Potencial**
  - ◆ Este é possivelmente o primeiro item a ser avaliado. Se no país em consideração não houver interesse ou demanda suficientes para o seu produto ou serviço, o projeto termina aqui. Esse fator também

está ligado às preferências e aos hábitos de consumo no país avaliado. Se a aceitação do produto for baixa, a demanda pode ser insuficiente, o que nos remete ao fator seguinte: a nacionalização do projeto.

▶ **Nacionalização do Projeto**

- Como cada país tem diferentes culturas, desde o idioma, a tradição, os costumes, as regras e o próprio ambiente de negócios, o produto ou serviço podem precisar de adaptações aos padrões e preferências do país.

▶ **Produção & Logística**

- Se o negócio for o da venda de produtos, a capacidade de produção precisa ser planejada para que consiga atender à nova demanda gerada pelas unidades do exterior. Dependendo da natureza dos produtos, como alimentos, por exemplo, pode ser necessário desenvolver fornecedores locais para itens específicos, caso não haja viabilidade da importação do país original da marca. Mesmo para negócios de serviços, algumas máquinas, equipamentos e insumos empregados podem ter de ser importados ou fornecidos localmente.

▶ **Modelo Financeiro & Investimentos Necessários**

- Juntamente com os dois itens anteriores, o modelo financeiro de internacionalização será um dos pilares do projeto. Mesmo se todos os demais fatores forem viabilizados, se, no final, a conta não fechar, ou se as expectativas de resultados e retorno do investimento estiverem aquém do mínimo considerado, pode não valer a pena nem tentar.

- Nesta análise, estão envolvidos principalmente aspectos como preço do produto ou serviço no país estrangeiro, potencial de vendas e do número de unidades no território considerado para a expansão, os tributos locais e custo dos produtos. Além disso, o custo da mão de obra no país deve ser considerado. Porém, como no Brasil o peso de encargos sociais sobre a folha de pagamentos dos funcionários está entre as maiores do mundo, haverá menos chances de se ter surpresas nesse aspecto. Essa conta tenderá a ser igual ou menor do que no Brasil.

- O modelo de *royalties* e outras taxas precisa ser definido com base no modelo financeiro da operação no país, e não necessariamente poderá ser o mesmo que no país de origem da marca.

- Outro ponto relevante a ser avaliado, como em qualquer operação internacional, é a relação do câmbio entre as moedas dos países, e a questão do envio de *royalties* e dividendos do país estrangeiro para o Brasil. Também podem haver regulamentações quanto à participação de capital estrangeiro ou na sociedade de empresas estrangeiras em empresas no país. No Brasil, por exemplo, empresas que sejam filiais de pessoa jurídica com sede no exterior não podem aderir ao regime tributário do Simples Nacional.

▶ **Modelo de Gestão da Rede e Expansão**
- A internacionalização pode ser conduzida no país estrangeiro por conta própria ou com o envolvimento de parceiros locais de negócios. A primeira opção envolve mais riscos devido à inexperiência de atuação naquele país, ao passo que um parceiro local pode ter maior competência de fazer a marca e a rede serem bem-sucedidas no país. Esse modelo é o de nomear um master-Franqueado no país, ou seja, um Franqueado especial que terá as funções de Franqueadora naquele país.
- Outro ponto relevante são os padrões da operação no país estrangeiro. Para garantir a qualidade da operação e o respeito aos padrões da marca, devem ser implantados modelos de capacitação semelhantes aos do país de origem, assim como desenvolver os manuais de operação e de gestão das unidades no idioma local, considerando também todas as adaptações que foram definidas para a nacionalização do modelo de negócios naquele país. A mera tradução de manuais poderá ser inadequada ou insuficiente.
- Um novo modelo de contrato de Franquia também precisa ser desenvolvido no idioma local e em conformidade com as legislações pertinentes no país. Os mesmos princípios e as principais cláusulas relativas a direitos e obrigações devem ser mantidas, porém com as adaptações que sejam necessárias conforme o Direito e a jurisprudência do país.

▶ **Legislação Tributária**
- Convém estudar e entender todos os impostos e taxas que abrangem a operação do negócio no país. Caso a internacionalização envolva a importação de produtos acabados, matérias-primas, insumos, máquinas, equipamentos, *softwares*, é preciso avaliar as taxas de importação no país e o quanto vão pesar nos investimentos para implantação das unidades e também no custo dos produtos.

- **Legislação Trabalhista**
  - As principais implicações são relacionadas às regras da relação de trabalho da empresa com seus funcionários, que elevem o custo de pessoal. Alguns países da União Europeia, por exemplo, adotam regras bastante rígidas quanto à admissão e demissão de funcionários. Este custo de pessoal precisa estar na conta, uma vez que influencia os resultados da operação.
- **Legislação Civil**
  - É prudente buscar orientações junto a advogados do país estrangeiro (e também junto a advogados brasileiros especializados em Direito Internacional) quanto a direitos e deveres nas relações de negócio, tanto com os Franqueados como outros parceiros de negócio e fornecedores nacionais.
- **Legislação de Defesa do Consumidor**
  - Também se deve investigar e entender legislações que regulamentem as relações de consumo no país, e adaptar o que for necessário na operação das Franquias no que se refere aos processos e regras de atendimento e venda de produtos e serviços ao consumidor final.
- **Legislações Específicas da Atividade ou do Produto ou Serviço**
  - Consultar as eventuais legislações ou regulamentações específicas que envolvam a atividade ou os produtos e serviços do negócio no país.

No Brasil, o Governo Federal criou o *Proex Financiamento de Franquias*, que tem o objetivo de financiar a comercialização de Franquias brasileiras no exterior. Nesse programa, o Franqueador brasileiro recebe os recursos à vista, podendo conceder prazo para o master-Franqueado ou Franqueados no país estrangeiro, e o contrato de Franquia poderá incluir o financiamento do fornecimento de equipamentos, o projeto arquitetônico, a capacitação, o fornecimento de mercadorias e até a divulgação. Para maiores informações, consulte o Banco do Brasil, que é o agente exclusivo de distribuição dos recursos deste programa.

GESTÃO DA REDE DE FRANQUIAS

CAPÍTULO 8

Capacitação

A Importância da Capacitação nas Redes de Franquias

Sabemos que a dinâmica dos negócios muda sistematicamente. No caso do varejo, em que o nível de exigência dos clientes aumenta cada vez mais ao longo do tempo, este fator é ainda mais preocupante.

Nesse cenário, torna-se imprescindível que as redes de Franquias mantenham suas redes (Franqueados e respectivas equipes) devidamente alinhadas a essas mudanças. Não é possível pensar em atender às necessidades dos clientes fazendo a mesma coisa que se fazia há dez anos, em que os clientes tinham poucas opções de compra de produtos e mínima informação acerca das empresas e produtos disponíveis. Isso fazia com que o cliente comprasse nas unidades sem se preocupar tanto em procurar outras opções.

Hoje esse cenário mudou. O cliente tem várias opções de produtos de diversas marcas diferentes, cada uma com sua proposta de valor, e todos tentando conquistar os clientes.

O cliente, por sua vez, se aproveita desse cenário de ampla oferta e informação sobre as empresas para procurar a melhor oferta para ele, ou seja, a oferta com os atributos que ele mais valoriza. Com isso, conquistar novos clientes e conseguir que estes sejam fiéis à marca está cada vez mais difícil.

Por isso, a capacitação constante se faz necessária nas redes de Franquia. Aqui podemos enfatizar duas necessidades básicas que devem ser observadas:

A primeira necessidade é deixar a equipe da Franquia capaz de atender às necessidades dos clientes para alcançar um nível de faturamento adequado para o sucesso da Franquia, o que chamamos de aspectos operacionais que devem ser dominados pela equipe.

A segunda necessidade é apoiar o Franqueado a ser um bom gestor do seu negócio, a fim de torná-lo um empresário que conhece os fatores críticos de sucesso do negócio, tenha ciência das necessidades de investimento que deve fazer e seja capaz de realizar as ações de gestão necessárias para manter a unidade franqueada rumo ao sucesso. Isso requer que ele domine (ou ao menos conheça e reconheça a importância) das melhores práticas em gestão financeira, gestão de marketing e gestão de pessoas, que são os três papéis do gestor de sucesso.

Capacitação, portanto, deve ser vista fundamentalmente para tornar os Franqueados mais preparados para o negócio e, por consequência, terem um melhor desempenho.

Capacitação como Ferramenta para Desenvolver Competências

A capacitação da rede de Franquias deve estar alinhada às competências necessárias para que as unidades sejam bem-sucedidas no mercado. Entendemos que competência é um conjunto de conhecimentos, habilidades e atitudes ou comportamentos (CHA) que permitem desempenhar com eficácia determinadas tarefas em qualquer situação.

Existem três tipos de competências que devem ser observadas:

- **Competências Organizacionais:** são as competências que a empresa deve apresentar. Como exemplo, podemos citar a competência de gestão da marca da rede de artigos esportivos americana Nike. Como esta foi levantada como uma competência importante para o negócio, a empresa faz diversas ações para ser excelente neste tema, como patrocínio de eventos esportivos e contratação dos melhores esportistas do mundo como garotos-propaganda.

- **Competências de Liderança:** são as competências que a alta e média gerência devem apresentar para que sejam eficazes na gestão de pessoas. Um exemplo de competências de liderança é a capacidade de desenvolver pessoas em torno de um objetivo comum.

▶ **Competências Técnico-Funcionais:** são as competências necessárias para executar bem as atividades e tarefas inerentes à função que exerce na empresa. São exemplos de competências técnico-funcionais a capacidade de diagnóstico e a capacidade de recomendar soluções viáveis (competências necessárias à função de Consultor de Campo & Negócios).

Em uma rede de Franquias, a capacitação deve ocorrer em duas frentes:

- Capacitação da Equipe da Franqueadora: Tem por finalidade tornar os colaboradores da Franqueadora capazes de executar suas funções com qualidade, de modo que formatem os processos internos com qualidade e também orientem corretamente as equipes das unidades a executar com qualidade suas atividades.
- Capacitação das Unidades Franqueadas: Tem por finalidade tornar os colaboradores das unidades franqueadas capazes de executar com qualidade as suas atividades. Para isso, é necessário capacitar todos os níveis das Franquias, desde o empresário até a equipe de linha de frente. A capacitação do empresário tem por objetivo prover todas as informações em relação aos fatores-chave de sucesso do negócio, os quais são necessários para manter o negócio rentável e lucrativo. Já a capacitação da equipe da linha de frente tem por objetivo oferecer um excelente atendimento ao cliente, o que será primordial para conquistar a satisfação e, por consequência, a fidelização dos clientes.

Aspectos Críticos do Processo de Capacitação

Um dos aspectos críticos do processo de capacitação nas redes de Franquias refere-se à comunicação e efetiva disseminação da missão, visão e valores do "DNA da marca". Como uma rede de Franquias é um canal de vendas indireto (em que o Franqueado é um empresário autônomo que vende produtos e serviços da marca), é comum que cada Franqueado tenha uma ideia própria do que é importante para a rede em termos de missão. Para que não ocorra um desalinhamento na rede, e cada um faça aquilo que julga importante na sua região, é preciso que esse DNA da marca esteja claro e seja "comprado" pelos Franqueados. Por isso, é recomendado que em todas as interações entre a Franqueadora e a rede, e as capacitações fazem parte destes momentos, esse DNA da marca seja comunicado e reforçado.

Em uma rede de Franquias, a definição dos conceitos de missão, visão e valores é uma atribuição da Franqueadora. Se esses conceitos forem definidos com a participação da rede, o desafio de disseminá-los na rede é facilitado. Porém acreditamos que a participação da rede nessas definições é desejável, mas não é mandatória. Já se a rede está em fase inicial, não existirão Franqueados para auxiliar neste processo, no entanto, se existem unidades próprias, é necessário ter missão, visão e valores antes mesmo de franquear o negócio.

Outro aspecto crítico refere-se à necessidade de atualização constante dos conteúdos que serão disseminados nos cursos. Esses conteúdos devem estar em linha com as diretrizes atuais da Franqueadora e devem estar claros para todas as pessoas da Franqueadora que interagem com as Franquias, como os Consultores de Campo & Negócios, as pessoas responsáveis pelo Serviço de Atendimento aos Franqueados (SAF), entre outros.

Para que todas as Franquias tenham suas equipes devidamente capacitadas, a Franqueadora deve pensar em trabalhar com o conceito de multiplicador de capacitação. Trata-se de uma pessoa da equipe de cada Franquia que deve ser responsável por manter o restante da equipe da unidade capacitada. Por isso, este profissional deve ser priorizado pela Franquia na hora de decidir quem mandar para os cursos oferecidos. É desejável que essa pessoa também seja capacitada em como transferir conhecimento para as pessoas, pois ela precisa fazer isso toda vez que participa de um curso.

A escolha de quem será o multiplicador deve ficar a cargo do Consultor de Campo & Negócios em conjunto com o Franqueado, pois ambos têm a visão mais clara das competências das pessoas que trabalham na Franquia. Esse multiplicador deve participar de todas as capacitações de reciclagem oferecidas pela Franqueadora. E para manter a organização deste processo de multiplicação nas Franquias, toda vez que uma unidade substitui um multiplicador, a Franqueadora deve ser comunicada.

Tipos de Capacitação

Em uma rede de Franquias, existem basicamente três tipos de capacitação: a capacitação inicial, as capacitações de reciclagem de conhecimento e as capacitações comportamentais.

Capacitação inicial

A capacitação inicial tem por objetivo tornar o novo Franqueado e sua respectiva equipe capazes de operar uma unidade franqueada de acordo com os padrões estabelecidos pela Franqueadora. Nesse tipo de capacitação, ressaltamos a necessidade de se trabalhar fortemente os conceitos institucionais da marca (história da marca, missão, visão e valores), além dos procedimentos operacionais. Os manuais de operação da Franquia são um rico material para esse tipo de capacitação. É recomendável que todos os assuntos que constam no manual de Franquias sejam abordados na capacitação inicial.

Para cada negócio existe uma carga horária adequada para a capacitação inicial, que pode ser de alguns dias até alguns meses dependendo da complexidade do negócio. Só para dar um parâmetro de referência genérico (que pode ser seguido por qualquer Franqueadora), sugerimos que essa capacitação não seja menor do que cinco dias. Não conseguimos imaginar que em menos de uma semana um novo Franqueado e equipe tenham internalizado todos os aspectos institucionais da marca e tenham aprendido a executar bem todos os processos operacionais da unidade.

Sempre que possível, é desejável que o novo Franqueado possa fazer uma parte da capacitação inicial em uma unidade em funcionamento (seja ela própria ou franqueada). Assim, ele terá a dimensão real de como é o funcionamento da unidade, bem como os conhecimentos aprendidos na teoria podem ser testados na prática.

Capacitação de reciclagem de conhecimentos

A capacitação de reciclagem de conhecimentos é importante para os Franqueados e suas respectivas equipes, para reforçar a forma correta de se realizar as atividades do dia a dia da unidade. Os principais fatores que levam à necessidade de uma reciclagem são os seguintes:

- Lançamento de novos produtos;
- Desempenho ou resultado abaixo das expectativas;
- Incidência de erros e reclamações;
- Atividades realizadas fora do padrão determinado pela Franqueadora;
- Alterações no processo de realização do marketing local;
- Implantação de um novo *software* de gestão;
- Outras situações pontuais.

Além dos pontos anteriormente citados, é importante ressaltar que essa capacitação mantém a Franqueadora em contato mais frequente com a sua rede, impactando positivamente no relacionamento entre Franqueadora e Franqueados.

Capacitação comportamental

Capacitação comportamental é aquela que tem por objetivo mudar a consciência de um colaborador, seja da Franqueadora ou da Franquia, acerca de como ele deve se comportar e como deve agir na execução do seu trabalho. O fato relevante neste ponto é que comportamento não se ensina, o que se pode fazer é mostrar a importância e quais os benefícios que um determinado comportamento pode trazer para o colaborador. Isso deve ser feito por meio de ações, e não de discurso.

Para tanto, precisamos fazer com que a pessoa reflita sobre o seu comportamento e perceba por ela mesma como melhorar para atingir melhores resultados. Conseguimos isso por meio da aplicação do ciclo de aprendizagem de Pffeifer & Jones, exemplificado na sequência.

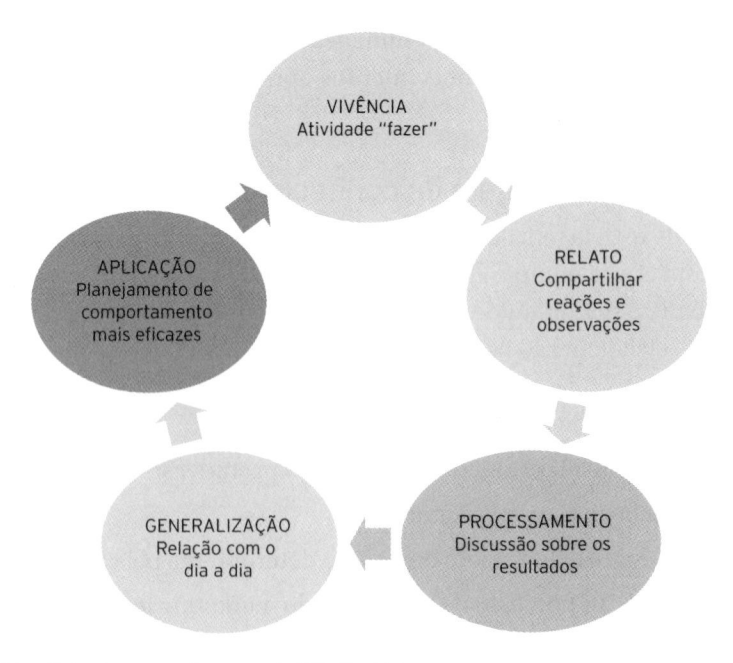

Figura 11 - Ciclo de aprendizagem de Pffeifer & Jones

Reforçamos que para mudar a forma de alguém pensar, é preciso dar a oportunidade para que esta pessoa se questione sobre o que a leva a pensar da forma que pensa hoje e compartilhe isso com outros. Após isso, é feito um trabalho de processamento desta informação, sempre focando o que este tipo de comportamento gera de resultado no dia a dia do trabalho, seja ele positivo ou negativo. Após essa generalização, é possível fazer a pessoa se questionar quais atitudes devem ser abandonadas e quais devem ser incorporadas ou melhoradas na execução do seu trabalho, a fim de que ela obtenha melhores resultados para si e, por consequência, para a empresa. Feita essa atividade, a pessoa faz um planejamento para colocar em prática esses comportamentos e assim definir uma forma de medir se ela está executando isso, e quais os resultados estão sendo obtidos.

As principais ferramentas de capacitação comportamental são:

- Jogos de empresas.
- Atividades vivenciais.
- Simulações de situações reais.
- Estudos de caso.
- Debates.
- Atividades lúdicas.
- Mapas de aprendizado (*learning maps*).

Formatos de Capacitação

Para definir como proceder em cada tipo de capacitação citada no tópico anterior, é preciso conhecer os formatos de capacitação que a rede de Franquias pode utilizar para preparar as suas equipes. Basicamente, existem três formas de capacitação:

- Capacitação presencial.
- Ensino à distância (EAD).
- Capacitação combinada (combinação entre a capacitação presencial e o EAD. O termo é uma proposta de tradução dos autores para o termo *Blended Learning*).

Presencial

A capacitação presencial é aquela em que o facilitador (função contemporânea que substitui o antigo professor) e os alunos estão fisicamente no mesmo local para a realização das atividades de aprendizagem. É a forma mais efetiva de aprendizado, por possibilitar um alto grau de interação entre o facilitador e os alunos, pois o facilitador pode usar diversas ferramentas de aprendizagem, além de poder atuar imediatamente para garantir a efetividade do aprendizado por parte dos alunos.

Essa forma também é a mais recomendada quando é preciso gerar, além de aprendizado de conteúdo, mudança de mentalidade ou consciência sobre um determinado assunto para possibilitar uma mudança de atitude, devido à possibilidade de se trabalhar com atividades comportamentais e motivacionais. Deve ser levado em consideração os custos de deslocamento, como ponto de atenção.

EAD — Ensino à Distância

O EAD é a forma de ensino que permite que os alunos não estejam fisicamente presentes em um ambiente formal de aprendizagem, além de possibilitar que os mesmos estudem de forma autônoma e em horários distintos.

Nessa forma de ensino pode ou não haver comunicação entre professor e aluno. Caso haja essa comunicação, ela ocorre por meio de tecnologias da informação, principalmente Internet, televisão, vídeo e CD-ROM. A comunicação professor-aluno pode acontecer em tempo real (EAD no formato síncrono), ou não (EAD no formato assíncrono).

Combinada

De acordo com Chris Procter, professor da Salford Business School da Inglaterra, a definição deste tipo de capacitação (*Blended Learning*) é a seguinte: "Combinação efetiva de diferentes formatos de entrega e modelos de ensino para disseminar o aprendizado e a informação".

Como pesquisador e profundo conhecedor do tema, o professor ainda cita:

> *"Aprendemos por meio de inúmeras modalidades, sendo muitas delas imperceptíveis como sendo modalidades de treinamento tradicionais. As pessoas aprendem de várias formas e por diversos meios. O EAD é mais um dos canais de aprendizado disponíveis. Nesse novo cenário, tanto a tecnologia quanto a metodologia são importantes para o processo de aprendizado na modalidade combinada."*

A capacitação combinada permite que se consiga obter os benefícios de cada formato de capacitação, pois são previstos encontros presenciais em que a interação permite que se aprenda conteúdos mais complexos, bem como são endereçadas as necessidades comportamentais. Nesse modelo também são previstas ações em EAD, o que possibilita que a empresa consiga ensinar conteúdos mais básicos sem maiores custos de deslocamento e hospedagem de participantes.

Para que seja implantada uma iniciativa de capacitação combinada em uma rede de Franquias, é preciso que seja gerenciado um processo de mudança cultural. Primeiro, para que a Franqueadora perceba os benefícios desta ferramenta e decida investir neste modelo; segundo, para que os Franqueados e equipes percebam os benefícios desse tipo e ferramenta e criem o hábito de utilizar esse tipo de capacitação para se desenvolver em suas atividades

Universidade Corporativa em Redes de Franquia

Atualmente, as empresas têm procurado novas formas para desenvolver e disseminar as competências necessárias para criar diferenciais competitivos sustentáveis. Para esse fim, uma tendência nas grandes empresas de todos os segmentos é a Universidade Corporativa. Assim como nos demais segmentos, tal tendência também já chegou nas redes de Franquia.

A Universidade Corporativa consiste na criação de uma série de cursos com o objetivo de desenvolver as competências que são importantes para a empresa de forma sequencial e organizada, podendo ou não ter força de curso superior, alavancando assim o capital humano da empresa.

Ocorre que nas universidades tradicionais, as competências que serão desenvolvidas serão trabalhadas de forma genérica, uma vez que haverá alunos de diversas empresas de vários segmentos. Ao se trabalhar com um curso no qual todos os alunos são oriundos da mesma empresa (e, portanto, do mesmo segmento de mercado), é possível personalizar o curso para que todos os conhecimentos que serão trabalhados sejam específicos do segmento, mesmo utilizando-se nos cursos alguns ricos exemplos de outros segmentos.

Da mesma forma que os conhecimentos, as competências organizacionais trabalhadas também podem ser personalizadas, focando com mais ou menos ênfase as competências funcionais que são importantes para as diferentes funções organizacionais.

Assim, a empresa ajuda a formar não só o ser humano, mas também ajuda a formar o profissional já "talhado" às necessidades específicas do seu negócio.

Como principais benefícios, podemos apontar a diminuição do tempo até a formação de um profissional capacitado e a retenção dos talentos.

Para implementar uma Universidade Corporativa, é preciso que primeiro sejam mapeadas as principais necessidades das pessoas em termos de competências, para depois preparar uma grade de cursos que respondam à estas necessidades.

Ao fazer um processo sistemático de analisar as competências necessárias para as diversas funções, seja da Franqueadora ou das Franquias, e desenvolver uma grade de cursos que atendam a essas necessidades e colocá-los à disposição da rede, aplicando esses cursos e aferindo os resultados (qualitativos e quantitativos) gerados, podemos dizer que a rede possui efetivamente uma Universidade Corporativa.

Os cursos de uma Universidade Corporativa são programas mais consistentemente ligados à estratégia do negócio. Com isso, a rede de Franquias evita que se cometa o erro de pensar na capacitação de forma espasmódica, somente quando uma necessidade pontual se apresenta, mas sim pensa nesse assunto de forma estratégica e antecipada.

De acordo com Marisa Éboli, em seu livro *Universidade Corporativa no Brasil*, os princípios de sucesso de um sistema de Educação Corporativa são relacionados a seguir:

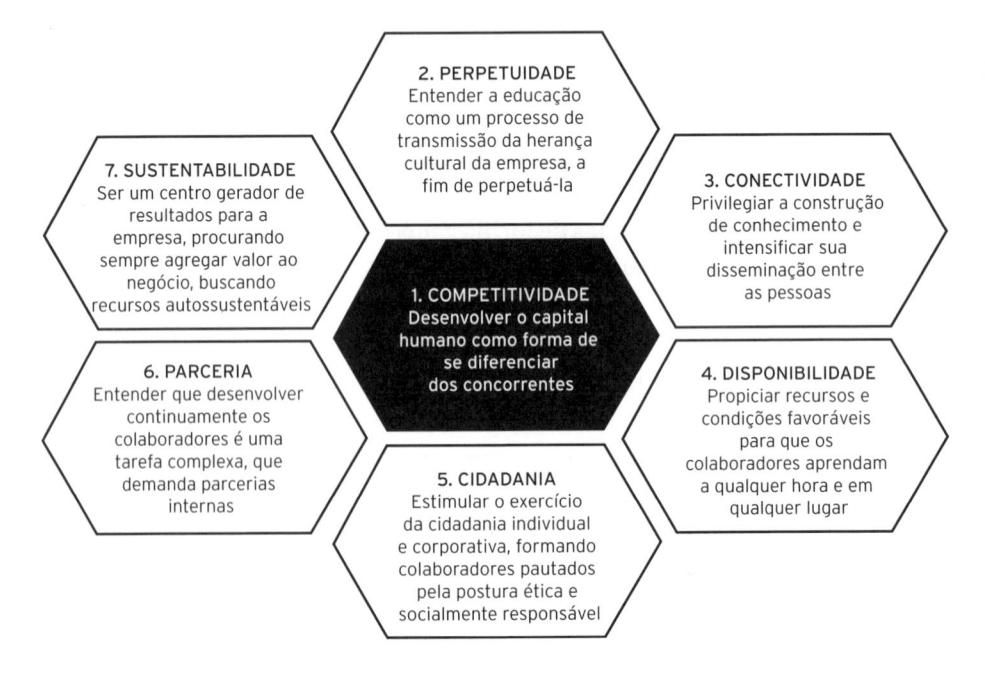

Figura 12 - Os sete princípios de sucesso de uma Universidade Corporativa (Maria Éboli, adaptado pelos autores)

Como Implantar um Projeto de Capacitação nas Redes de Franquias

Para que a rede tenha sucesso e perenidade, é necessário que todos os aspectos importantes para manter os colaboradores capacitados sejam observados. Por isso devem ser observados todos os processos necessários para desenvolver e oferecer um programa estruturado de capacitação, conforme relacionamos na sequência:

- Planejamento das capacitações.
- Desenvolvimento e validação do conteúdo.
- Aplicação das capacitações.
- Gestão dos resultados.

Planejamento das capacitações

O primeiro passo para desenvolver um excelente programa de capacitação que vá atender às necessidades tanto da Franqueadora quanto da rede é a análise das necessidades de capacitação. Essa análise deve levar em conta aspectos importantes, tais como a forma de trabalho da concorrência, as expectativas dos clientes e, finalmente, o nível e o tipo de informação que as diferentes pessoas devem apresentar no trabalho.

A partir dessa informação, é montada uma grade de cursos de forma que seja possível atender a todos os colaboradores, desde aqueles que entram sem experiência nenhuma até aqueles que já estão a um bom tempo na empresa, mas que precisam adquirir novas competências para continuar tendo um bom desempenho profissional, seja devido à dinâmica das mudanças dos negócios ou pela necessidade de avançar na estrutura organizacional da empresa.

Para que seja possível desenvolver as competências necessárias nos colaboradores, é importante que sejam realizadas visitas às unidades e entrevista com os profissionais da rede com a finalidade de capturar a dinâmica real nos pontos de venda da rede. Nessas visitas são realizadas, além das entrevistas, a observação do comportamento tanto do cliente quanto da equipe nos diversos momentos de contato do cliente com a marca.

A partir desta observação e do levantamento de informações, é possível definir com propriedade os pontos-chave de aprendizagem para as diversas funções que existem tanto na rede. Com isso, é possível criar uma estrutura que chamamos de grade de cursos, que consiste na organização dos diversos cursos que devem ser oferecidos à rede e aos colaboradores da Franqueadora, tendo ou não uma sequência correta a ser seguida na forma de pré-requisitos (para fazer o curso B tem que ter finalizado e ter sido aprovado no curso A).

Como já mencionado anteriormente, um ponto que acreditamos que deva estar presente sempre que possível nos cursos das redes de Franquia são os conteúdos referentes à filosofia da empresa e sua visão, missão e valores. Esses conteúdos devem ser comunicados e explicados sempre que possível, para que todos os colaboradores da rede trabalhem observando o compromisso da empresa, ampliando o sentido de pertencimento de todos.

Desenvolvimento do conteúdo

Após a etapa de planejamento, é possível construir os cursos previstos visando que as pessoas que participarão dos mesmos recebam um conteúdo relevante para suas respectivas funções e que consigam reter grande parte do conhecimento apresentado. De acordo com o pesquisador Kelvin Miller, os estudantes adultos retém 10% do que ouvem após 72 horas. Este índice aumenta para 85% quando eles ouvem, veem e fazem atividades relacionadas a esse mesmo conteúdo.

Portanto, para que esse alto índice de retenção de conhecimento seja alcançado, é necessário que a construção dos conteúdos leve em conta os conceitos de andragogia. Andragogia, segundo Malcom Knowles, é a arte e a ciência de ajudar os adultos a aprender. Pedimos especial atenção para o verbo "ajudar" na frase anterior, isso porque, segundo essa teoria, o adulto aprende por meio da interação com o conteúdo apresentado. Por isso chamamos a pessoa que dá essa ajuda ao adulto de "facilitador", e não de professor. Enquanto o professor ensina um conteúdo, o facilitador ajuda o aluno adulto a adquirir determinado conhecimento.

A seguir, estão descritos os princípios da andragogia:
- Autonomia: O adulto sente-se capaz de tomar sua própria decisão (se auto gerir).
- Experiência: Fonte rica de aprendizado, oferece base para o aprendizado de conceitos e novas habilidades.
- Prontidão para aprendizagem: O adulto tem mais interesse em aprender aquilo que está relacionado a situações reais de sua vida.
- Aplicação da aprendizagem: O senso de urgência nos leva ao interesse pela aprendizagem de aplicação imediata.
- Motivação para aprender: Motivações internas – ligadas a valores e objetivos pessoais.

Esses princípios devem nortear o desenvolvimento dos cursos, pois a retenção do conhecimento é maior, além da capacitação se tornar mais prática e divertida, uma vez que se faz necessário utilizar atividades vivenciais e exercícios práticos para que o adulto consiga participar ativamente do processo de aprendizagem.

Howard Gardner, psicólogo cognitivo e educacional americano e professor de Cognição e Educação na Universidade de Harvard, criou o conceito de Inteligências Múltiplas em seu livro *Estruturas da Mente* em 1983. De acordo com esta teoria, as pessoas aprendem melhor usando o tipo de inteligência (ou estilo de aprendizagem) no qual apresentam mais facilidade, e não apenas por meio da inteligência verbal ou lógica/matemática.

De fato, ele mostra que existem pelo menos sete tipos de inteligências, por meio das quais as pessoas podem apresentar maior ou menor facilidade de aprendizado. A seguir, veja a descrição dos sete estilos de aprendizagem originais e a forma com que as pessoas aprendem melhor em cada um deles:

ESTILOS DE APRENDIZAGEM	CARACTERÍSTICAS	APRENDER MELHOR
LINGUÍSTICO OU VERBAL	• Adoram ler e contar histórias. • Excelente memória. • Fluência verbal e expressão.	• Lendo e escrevendo. • Escutando. • Falando e debatendo.
LÓGICO OU MATEMÁTICO	• Habilidade para lidar com raciocínio lógico, números, padrões e sequências. • Reconhecimento e resolução de problemas.	• Organizando e classificando. • Solucionando problemas complexos. • Jogando.
ESPACIAL OU VISUAL	• Atenção a detalhes visuais. • Gostam de obras de arte, pinturas, leitura de mapas, quebra-cabeças etc.	• Vendo o trabalho sendo realizado. • Trabalhando com desenhos, cores, gráficos, mapas etc.
FÍSICO OU CINESTÉSICO	• Adoram esportes, inventar e construir. • Interagem melhor por contato manual e corporal. • Boa coordenação motora.	• Simulando. • Movimentando-se. • Participando e atividades físicas. • Realizando exercícios.
INTERPESSOAL	• Gostam de ajudar, ouvir e dar opinião. • Se relacionam melhor através da interação com os outros.	• Trabalhando em grupos. • Jogando em equipe. • Compartilhando/cooperando.
INTRAPESSOAL	• Autorreflexivas. • Ditam seu próprio rítmo. • Conhecimento de suas habilidades e desejos próprios.	• Trabalhando sozinho. • Projetos independentes. • Trabalhos de pesquisa. • Refletindo.
RÍTIMICA/MUSICAL	• Sensibilidade para rítmos. • Habilidade para interagir e entender sons. • Gostam de cantar, interpretar, escrever música.	• Cantando e escutando música. • Realizando projetos para criação de trabalhos em multimídia.

Figura 13 - Estilos de aprendizagem de acordo com o conceito de inteligências múltiplas e como usá-las para aumentar a efetividade do aprendizado.

Essa abordagem está em linha com outras teorias de aprendizagem, que mostram que quanto mais participativa e dinâmica a forma de transmitir o conteúdo, maior é o grau de retenção do conhecimento. A seguir, a pirâmide de aprendizagem que traz resultados interessantes neste sentido.

A PIRÂMIDE DA APRENDIZAGEM

TAXA MÉDIA DE RETENÇÃO DA INFORMAÇÃO

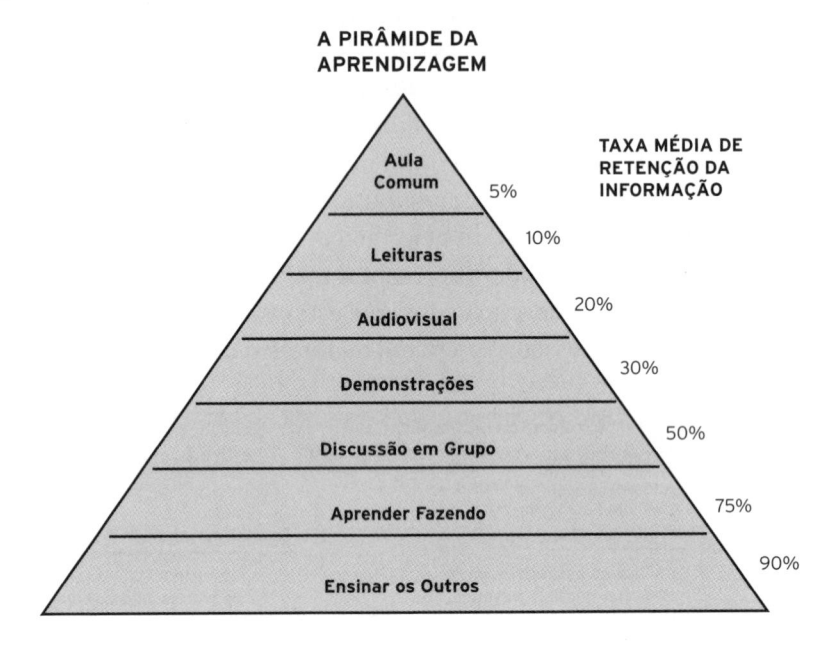

- Aula Comum — 5%
- Leituras — 10%
- Audiovisual — 20%
- Demonstrações — 30%
- Discussão em Grupo — 50%
- Aprender Fazendo — 75%
- Ensinar os Outros — 90%

Figura 14 - A "Pirâmide da Aprendizagem", de Edgar Dale, produzida pelo NTL Institute for Applied Behavioral Sciences (apud Meister31, 1999).

Percebemos pela figura anterior que quanto mais dinâmico e participativo for a forma de gerar o aprendizado, mais os colaboradores aprenderão sobre o conteúdo tratado. Por isso, acreditamos que um curso deva ter, se possível, todas as formas de aprendizado apresentadas na pirâmide, cada uma com um objetivo específico e atendendo a um estilo de aprendizagem diferente. Vejamos a seguir como podemos aplicar esse conceito nas capacitações das redes de Franquias.

TRANSMISSÃO DO CONTEÚDO	COMO FAZER?
AULA COMUM-EXPOSITIVA	• Falar o conteúdo para os participantes ouvirem (palestra).
LEITURAS	• Propor leitura de livros, artigos ou reportagens ligados ao tema proposto. • Propor uma reflexão sobre como o conteúdo da leitura pode ser usado para melhorar o resultado de seu trabalho (fazer o "link" entre a teoria e a prática).
ÁUDIOVISUAL	• Principal ferramenta de apoio são os programas de apresentação (como o PowerPoint). • Apresentar conteúdo em texto ou figura, podendo usar música e filmes para ilustrar. • Usar gráficos, textos, depoimentos e filmes para apoiar o discurso falado.
DEMONSTRAÇÃO	• Mostrar como fazer determinada atividade. • Gerar o aprendizado por meio do exemplo prático.
DISCUSSÃO EM GRUPO	• Promover o aprendizado por meio da interação entre os participantes. • Propor desafios e perguntas e solicitar que (em grupo) apresentem a resposta. • Propor debates em grupo para encontrar a solução de um problema ou situação.
APRENDER FAZENDO-PRÁTICA	• Fazer simulação para exercitar o que foi aprendido na teoria (role play). • Colocar participantes em situações tiradas da realidade (por exemplo: reclamações de clientes) para ver como cada um reagirira nesta situação. • Fazer estudos de caso fictícios, trazendo o perfil de uma loja da rede com seus respectivos indicadores e históricos de atuação e propor que seja feito um plano de ação para melhorar os resultados da loja. • Gerar reflexão sobre a situação e pontuar como é correto proceder (focar comportamento).
ENSINAR OS OUTROS	• Solicitar que os participantes relatem "melhores práticas" que realizam em suas lojas (que estajam relacionadas com o tema da capacitação). • Perceber quais participantes já tem um conhecimento avançado no tema tratado e valorizá-los pedindo a eles que ajudem o facilitador com exemplos e depoimentos de situação bem-sucedidas.

Figura 15 – Como abordar o conteúdo baseado na pirâmide de aprendizagem e no conceito de andragogia.

Aplicação das capacitações

Após o desenvolvimento dos cursos, passamos à etapa da aplicação dos mesmos. Nela, ressaltamos que é importante deixar a aplicação da capacitação a cargo de uma pessoa preparada e que tenha familiaridade com os conceitos de andragogia (citado anteriormente) e da técnica de facilitação de grupos.

A técnica de facilitação de grupos é o processo de geração da aprendizagem por meio do posicionamento ativo dos participantes, em que os conceitos a serem trabalhados são construídos a partir do conhecimento de cada um, possibilitando que os participantes consigam participar ativamente da capacitação, uma vez que o principal papel do facilitador é manter a discussão entre as pessoas e provocar as reflexões que são importantes para a assimilação do conteúdo que está sendo tratado.

A missão do facilitador de grupos é estimular os participantes a um posicionamento ativo no aprendizado, provocar experiências, fomentar a capacidade de autoavaliação e de trabalho em equipe, evitando a passividade e o cansaço dos participantes. Para isso, o facilitador deve ter o seguinte perfil:

- É humilde para se manter em segundo plano, porém firme para manter o foco e lidar com as diferenças.
- É discreto para atuar de acordo com as necessidades do grupo.
- Sabe que não tem todas as respostas, estando disponível para aprender com o grupo.
- Compreende as diferenças individuais e os ritmos de aprendizagem diferentes no grupo.
- É bem-humorado e positivo.
- É inovador, tem disposição para aceitar ideias novas.
- Apresenta ótima habilidade interpessoal.
- É flexível, aberto a discussão.
- É autocrítico e sabe refletir sobre seus êxitos e oportunidades de melhoria.

Além do perfil correto, devemos trabalhar com um facilitador devidamente capacitado a cumprir o seu papel para realizar uma capacitação de qualidade. Veja, a seguir, os principais papéis do facilitador:

- **Reconhecer Pessoas:** Como capazes de contribuir, valorizando sempre as contribuições, sem pré-julgamentos, e com postura positiva.
- **Saber Ouvir:** Manter contato visual, não interromper a fala do outro.

- **Saber Administrar o Tempo:** Manter o foco para garantir que o objetivo seja atingido.
- **Estimular a Participação:** Sem expor ninguém e estimular a criatividade. Desafiar, quando possível. Reconhecer toda contribuição como importante.
- **Promover o Entendimento:** Perceber e manifestar verbal e não verbalmente se todos entenderam. Investigar, fazer boas perguntas, paráfrases.
- **Administrar os Conflitos:** Nunca entrar em jogo de poder, não confrontar.
- **Obter Consenso:** Certificar-se para que haja um perfeito entendimento do que está sendo tratado e, quando necessário, tomar decisões através de consenso.

O facilitador questiona, fala, envolve, mostra o caminho e encoraja perguntas. Ele ajuda o grupo nos seus objetivos e, apesar de saber as respostas, prefere que o grupo pense e, após ouvir as respostas de cada um, integra a informação.

Ele busca as necessidades dos participantes e faz mudanças para atender às necessidades do grupo, buscando obter consenso e comprometimento das pessoas e procurando sempre integrar o grupo. Reconhece e entende outros pontos de vista, lida bem com as emoções e promove o entendimento. Entende que errar é parte do aprendizado, diverte, negocia e divide experiências, além de manter alta a energia do grupo.

Além de ter o perfil correto e conhecer bem o seu papel, é preciso que o facilitador esteja muito familiarizado com o conteúdo que irá disseminar. De preferência, ele deve ser um especialista no tema, com vasta experiência e conhecimento da realidade, pois em uma capacitação não há nada pior do que ouvir alguém falar de um tema do qual conhece pouco ou conhece somente na teoria. E, hoje em dia, as turmas de capacitação nas redes de Franquia estão cada vez mais exigentes, demandando profissionais de capacitação que saibam o que ocorre nas unidades, quais os principais desafios dos Franqueados e equipes, e saibam propor inovações que sejam viáveis de se fazer, além de entregar as ferramentas necessárias para pôr em prática os conhecimentos apresentados. Também é frustrante para os participantes quando um tema é bem abordado, mas eles voltam para suas Franquias sem saber como implementar o que foi proposto no curso!

Por isso, recomendamos que as ferramentas propostas pela Franqueadora, como *check-lists*, planos de ação, GEN (Gestão Estratégica do Negócio), matriz de segmentação de clientes, relatórios de análise de estoque, entre outros, sejam abordados nos cursos com atividades práticas e interativas que aumentam a retenção do conhecimento.

Para que isso seja possível, é preciso preparar a infraestrutura do curso para que seja possível realizar estas atividades. Na sequência, veja um exemplo de recursos de aprendizagem que podem e devem fazer parte da aplicação de uma capacitação:

- *Data show*;
- *Flip-chart*;
- Televisão;
- DVD;
- Manuais Operacionais;
- Apostila do curso;
- Vídeos;
- Materiais para atividades práticas (cartolina, cola, tesoura etc.);
- Produtos utilizados na Franquia.

Além dos materiais para atividades, faz parte da infraestrutura do curso definir qual o melhor espaço físico para a capacitação. Isso irá depender basicamente de qual tema será tratado, qual o público-alvo e qual a quantidade de pessoas que haverá no curso.

Caso o curso em questão utilize várias atividades práticas em uma sala de aula, é recomendado que o número de participantes seja limitado de 25 a 30 participantes (no máximo). Uma quantidade de participantes superior a esse número terá sua efetividade comprometida, pois um facilitador, por melhor que esteja preparado, pode não conseguir dar a devida atenção a todos (pois todos os participantes têm necessidades individuais) se a turma for muito grande.

Além do número de participantes, é preciso atentar para a disposição das mesas e cadeiras na sala de aula. Assim, na sequência, descrevemos as principais disposições utilizadas e os principais pontos fortes e pontos fracos de cada uma delas.

DISPOSIÇÃO DA SALA	PRINCIPAIS PONTOS FORTES	PRINCIPAIS PONTOS FRACOS
EM FORMATO "U"	• Proximidade entre facilitador e participantes. • Bom custo-benefício para turmas numerosas se tiver que ser locada.	• Dificuldade de espaço para fazer atividades em grupos mais elaboradas.
AUDITÓRIO	• Recomendado para palestras e encontros rápidos. • Bom custo-benefício para turmas numerosas se tiver que ser locada.	• Proximidade do facilitador limitada a uma parte dos participantes (frente e corredores).
ESPINHA DE PEIXE	• Recomendado para turmas numerosas. • Bom custo-benefício para turmas numerosas se tiver que ser locada.	• Dificuldade de espaço para fazer atividades em grupos mais elaboradas.
ESCOLAR	• Recomendado para turmas numerosas. • Bom custo-benefício para turmas numerosas se tiver que ser locada.	• Dificuldade de espaço para fazer atividades em grupos mais elaboradas.
MESAS REDONDAS	• Facilidade de interação entre os participantes (5 ou 6 por mesa). • Facilidade para fazer atividades em grupos mais elaboradas (ex: estudo de caso).	• Necessidade de um espaço maior do que as outras disposições (custo maior se tiver que ser locada).

Figura 16 – Disposição da sala de aula

Gestão dos resultados

Após aplicar os cursos utilizando o conceito de andragogia e a técnica de facilitação, é necessário fazer a etapa gerencial da capacitação realizada. Essa etapa tem por objetivo evidenciar os benefícios que os cursos trouxeram para a empresa, usando para isso a medição de indicadores de desempenho das capacitações.

Por meio das avaliações de conhecimento é possível medir o quanto os participantes aprenderam os conceitos e processos que foram trabalhados. Essa avaliação pode ser dissertativa ou de múltipla escolha. O importante é que essa avaliação seja bem formulada, de forma que consiga captar a realidade do aprendizado internalizado pelos participantes.

Uma forma interessante de se obter o indicador de performance das capacitações com um bom nível de acuracidade é fazer uma avaliação antes da capacitação e outra após. Assim, ao confrontar a diferença entre as duas (que, de preferência, devem ser idênticas), é possível medir quanto cada participante melhorou seus conhecimentos acerca dos assuntos tratados. Veja, a seguir, um exemplo real de consolidação de resultados de uma capacitação realizada para gerentes de Franquia.

Nº	NOME	FUNÇÃO	NOTA PRÉ-TESTE	NOTA PÓS-TESTE	EVOLUÇÃO DO APRENDIZADO
1	A	Gerente de Franquia	4,0	9,0	56%
2	B	Gerente de Franquia	3,0	9,0	67%
3	C	Gerente de Franquia	5,5	10,0	45%
4	D	Gerente de Franquia	3,5	10,0	65%
5	E	Gerente de Franquia	5,0	9,0	44%
6	F	Gerente de Franquia	5,0	10,0	50%
7	G	Gerente de Franquia	5,5	9,0	39%
8	H	Gerente de Franquia	4,0	9,0	56%
9	I	Gerente de Franquia	6,5	9,0	28%
10	J	Gerente de Franquia	2,5	9,0	72%
11	K	Gerente de Franquia	7,0	10,0	30%
12	L	Gerente de Franquia	3,0	9,0	67%
13	M	Gerente de Franquia	7,0	9,5	26%
14	N	Gerente de Franquia	4,5	8,0	44%
15	O	Gerente de Franquia	4,0	9,5	58%
16	P	Gerente de Franquia	5,5	10,0	45%
17	Q	Gerente de Franquia	6,0	8,0	25%
18	R	Gerente de Franquia	2,5	8,5	71%
19	S	Gerente de Franquia	3,0	10,0	70%
20	T	Gerente de Franquia	3,5	8,5	59%
21	U	Gerente de Franquia	5,0	8,5	41%
22	V	Gerente de Franquia	3,0	10,0	70%
23	W	Gerente de Franquia	3,5	8,5	59%
24	X	Gerente de Franquia	5,0	8,5	41%
25	Y	Gerente de Franquia	3,0	9,5	68%
26	Z	Gerente de Franquia	5,0	8,5	41%
PERCENTUAL MÉDIO DE APRENDIZADO GERADO NA CAPACITAÇÃO					52%

Figura 17 – Exemplo de consolidação de resultados de uma capacitação

Note que é possível afirmar que o curso em questão aumentou os conhecimentos dos participantes em 52% em relação ao que eles sabiam antes do curso. Além do resultado geral da turma, é possível analisar o resultado de cada participante. Veja os exemplos dos participantes "J" e "Q".

O participante "J" obteve a maior evolução de conhecimento (72%), pois, no pré-teste, obteve uma nota muito baixa (2,5) e no pós-teste alcançou uma nota muito boa (9,0), mostrando que, para ele, a capacitação foi muito efetiva. Já o participante "Q" obteve a menor evolução de conhecimento, pois conseguiu uma nota regular no pré-teste (6,0) e obteve uma nota boa no pós-teste (8,0), mostrando que a capacitação para ele foi positiva, mas a evolução do conhecimento foi pequena. Com esses resultados em mãos, é possível cruzar os números com a realidade das pessoas (tempo na Franquia, tempo na função, resultados obtidos, avaliação do Franqueado etc.) para entender bem se o resultado para ambos foi positivo ou se é preciso melhorar ainda mais.

Além da avaliação de conhecimento, também é importante que cada participante preencha uma avaliação de reação do curso, para medir aspectos estruturais da capacitação, os quais são importantes para que a empresa saiba que os participantes estão com suas expectativas atendidas. Assuntos como a competência do facilitador, a adequação da infraestrutura e equipamentos, a clareza do conteúdo, a correção do material didático, entre outros, são aspectos que devem ser medidos nessa avaliação. A seguir, veja um exemplo de avaliação de reação de um curso.

Avaliação de Reação

Tema: Instrutor:
Data:

Identificação (preenchimento opcional)
Participante: Empresa:

Avaliação: Assinale a alternativa que corresponde à sua satisfação em relação a cada item avaliado.

	Muito Satisfeito	Satisfeito	Pouco Satisfeito	Insatisfeito
Qual o seu grau de satisfação geral em relação ao curso?	☐	☐	☐	☐
Conteúdo do Curso				
Aplicabilidade do conteúdo à prática profissional	☐	☐	☐	☐
Qualidade, organização e clareza do material didático	☐	☐	☐	☐
Instrutor:				
Conhecimento do assunto	☐	☐	☐	☐
Disponibilidade para esclarecimento de dúvidas	☐	☐	☐	☐
Habilidade em estimular o envolvimento do grupo	☐	☐	☐	☐
Clareza e objetividade da exposição	☐	☐	☐	☐
Infraestrutura				
Cumprimento dos horários (início, final, *coffee break* etc.)	☐	☐	☐	☐
Atendimento e informações (antes e durante o curso)	☐	☐	☐	☐
Condições das instalações e dos equipamentos	☐	☐	☐	☐
Alimentação (*Coffee break* e almoço)	☐	☐	☐	☐

Sugestões e Melhorias:
Você tem alguma sugestão para a melhoria deste curso ou sugestões de novos temas?

Figura 18 A – Exemplo de avaliação de reação de um curso

Ao consolidar as avaliações de reação preenchidas pelos participantes, é possível que o responsável pela capacitação da Franqueadora tenha uma visão geral dos resultados obtidos em relação às expectativas dos participantes, sejam eles da Franqueadora ou da rede. Essa consolidação evidencia o quão importante estão sendo os cursos que a Franqueadora oferece, o que é uma forma interessante de motivar a rede e manter um relacionamento positivo com os Franqueados. Veja, a seguir, um exemplo de consolidação (em planilha e em gráficos) das avaliações de reação de um curso realizado.

Tabulação - Avaliação de Reação

Tema:
Data:
Instrutores:
Cidade/UF:
Quantidade de participantes:	33

Qual o seu grau de satisfação geral em relação ao curso?	Ótimo - 4		Bom - 3		Regular - 2		Ruim - 1	
	91%	30	9%	3	0%	0	0%	0
	91%	30	9%	3	0%	0	0%	0

Programa do Curso	Ótimo - 4		Bom - 3		Regular - 2		Ruim - 1	
Aplicabilidade do conteúdo à prática profissional	88%	29	12%	4	0%	0	0%	0
Qualidade, organização e clareza do material didático	94%	31	6%	2	0%	0	0%	0
Média Geral	91%	30	9%	3	0%	0	0%	0

Instrutor:	Ótimo - 4		Bom - 3		Regular - 2		Ruim - 1	
Conhecimento do assunto	100%	33	0%	0	0%	0	0%	0
Disponibilidade para esclarecimento de dúvidas	97%	32	3%	1	0%	0	0%	0
Habilidade em estimular o envolvimento do grupo	91%	30	9%	3	0%	0	0%	0
Clareza e objetividade da exposição	97%	32	3%	1	0%	0	0%	0
Média Geral	95%	31	5%	1,7	0%	0	0%	0

Infraestrutura	Ótimo - 4		Bom - 3		Regular - 2		Ruim - 1	
Cumprimento dos horários (início, final, *coffee break* etc.)	91%	30	9%	3	0%	0	0%	0
Atendimento e informações (antes e durante o curso)	91%	30	9%	3	0%	0	0%	0
Condições das instalações e dos equipamentos	88%	29	12%	4	0%	0	0%	0
Alimentação (*Coffee break* e almoço)	91%	30	9%	3	0%	0	0%	0
Média Geral	90%	30	10%	3,3	0%	0	0%	0

Figura 18 B – Exemplo de consolidação de avaliações de reação de um curso em planilha

Satisfação Geral

Qual o seu grau de satisfação geral em relação ao curso?
- Ótimo - 4: 91%
- Bom - 3: 9%
- Regular - 2: 0%
- Ruim - 1: 0%

Programa do Curso

Aplicabilidade do conteúdo à prática profissional: Ótimo 88%, Bom 12%, Regular 0%, Ruim 0%
Qualidade, organização e clareza do material didático: Ótimo 94%, Bom 6%, Regular 0%, Ruim 0%
Média Geral: Ótimo 91%, Bom 9%, Regular 0%, Ruim 0%

Instrutor 1

Conhecimento do assunto: Ótimo 100%, Bom 0%, Regular 0%, Ruim 0%
Disponibilidade para esclarecimento de dúvidas: Ótimo 97%, Bom 3%, Regular 0%, Ruim 0%
Habilidade em estimular o envolvimento do grupo: Ótimo 91%, Bom 9%, Regular 0%, Ruim 0%
Clareza e objetividade da exposição: Ótimo 97%, Bom 3%, Regular 0%, Ruim 0%
Média Geral: Ótimo 95%, Bom 5%, Regular 0%, Ruim 0%

Infraestrutura

Cumprimentos dos horários (início, final, *coffee break* etc.): Ótimo 91%, Bom 9%, Regular 0%, Ruim 0%
Atendimento e informações (antes e durante o curso): Ótimo 91%, Bom 9%, Regular 0%, Ruim 0%
Condições das instalações e dos equipamentos: Ótimo 88%, Bom 12%, Regular 0%, Ruim 0%
Alimentação (*coffee break* e almoço): Ótimo 91%, Bom 9%, Regular 0%, Ruim 0%
Média Geral: Ótimo 90%, Bom 10%, Regular 0%, Ruim 0%

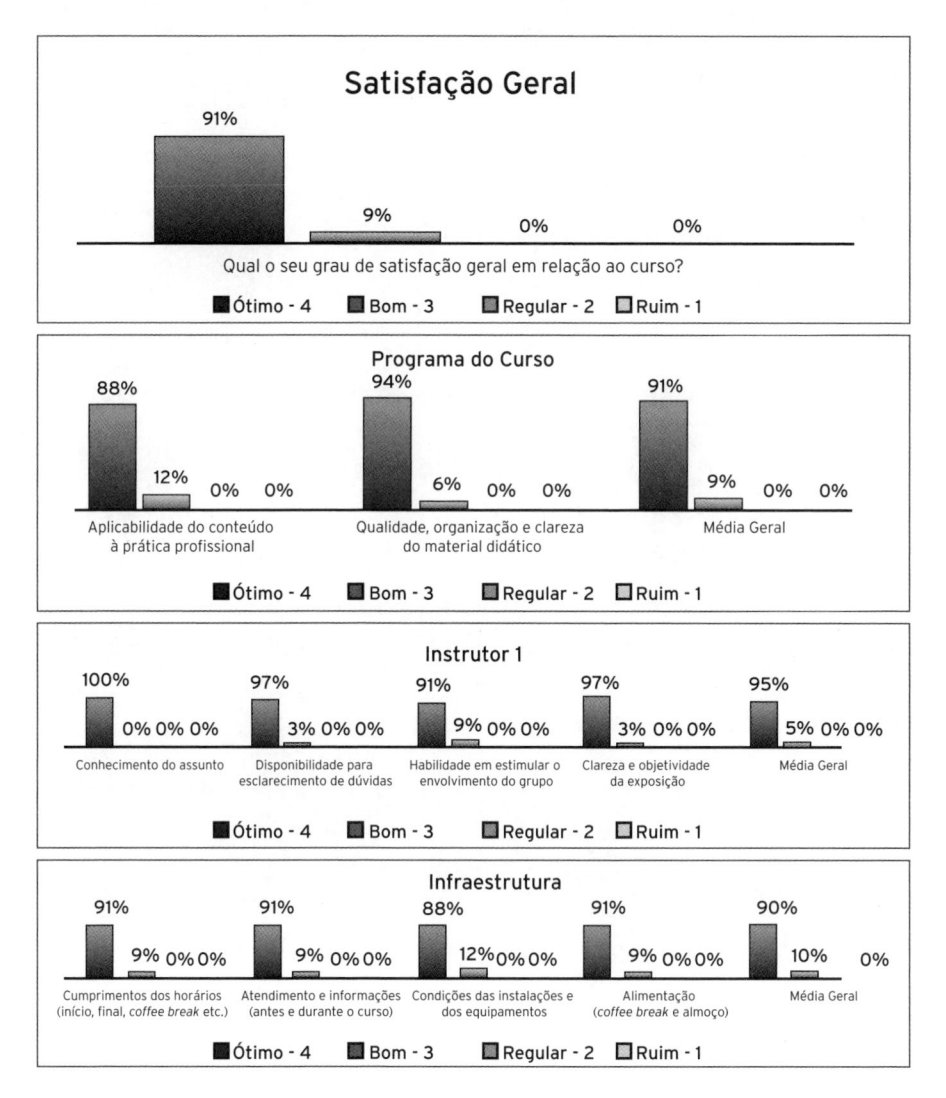

Figura 18 C – Exemplo de consolidação de avaliações de reação de um curso em gráficos

Além das avaliações, quando a empresa tem um projeto mais amplo de capacitação com diversos cursos, também precisamos observar outros aspectos importantes, tais como a sequência correta dos cursos, quais funções devem participar de cada curso, se haverá ou não pré-requisito entre um curso e outro e se haverá nota mínima para aprovação. Ao tratar desses pontos anteriormente citados, a rede de Franquias estará um passo à frente das demais empresas, pois já estará trabalhando com o conceito de universidade corporativa.

CAPÍTULO 9

Consultoria de Campo & Negócios

O que é e para que Serve a Consultoria de Campo & Negócios

No sistema de Franchising, em que temos a Franqueadora como responsável por criar os padrões operacionais, e a unidade franqueada por executar esses padrões, torna-se de suma importância a figura do Consultor de Campo, que é o indivíduo ligado à Franqueadora que tem a função de visitar as unidades franqueadas.

Essa figura é tradicional no segmento de Franchising, quase todas as redes de Franquias têm sua equipe de consultores de campo. Historicamente, a principal finalidade dessa função era visitar as unidades franqueadas para verificar se, além dos padrões de identidade visual, todos os processos operacionais formatados pela Franqueadora estavam sendo respeitados pelas unidades franqueadas. Como efeito dessa abordagem, muitas redes acabaram formando equipes de campo com um caráter mais punitivo do que colaborativo, uma vez que as unidades enxergavam o consultor como um verdadeiro fiscal.

Em muitas redes tal efeito continua ocorrendo. Porém, mais do que um problema de abordagem, esse efeito decorre de um problema de visão referente à finalidade dessa figura tão importante para o sistema de Franchising. Veja na figura a seguir, o cenário da consultoria de campo no Brasil em várias redes, de acordo com nossa experiência:

Problemas	Solução	Resultados
Papéis das partes muitas vezes não estão claros		• Foco na ampliação dos resultados.
Foco excessivamente operacional da consultoria		• Definição clara do papel das partes.
Ausência de processos e indicadores na gestão das visitas		
Consultores Bombeiros (ausência de planejamento)	SOLUÇÃO	• Processos e ferramentas para o Consultor de Campo & Negócios.
Custos elevados de deslocamento		• Indicadores do negócio e das visitas.
Relação de paternismo em muitos casos		
Muito trabalho e pouco resultado (percebido)		• Ampliação da inteligência do negócio.
Falta de estímulo para o franqueado pensar (comodidade)		
Falta de acompanhamento das ações programadas		• Muita persistência e paciência!
Falta de integração entre as áreas internas da Franqueadora		

Figura 19 - Cenário na Consultoria de Campo no Brasil.

Atualmente, as redes de Franquias mais inovadoras já evoluíram para uma visão diferente, em que a principal finalidade da Consultoria de Campo & Negócios é ajudar as unidades franqueadas a obterem melhores resultados sistematicamente, o que é feito por meio de capacitação, diagnóstico de melhorias operacionais, conscientização da importância da padronização, entre outras atividades.

A Evolução da Consultoria de Campo Tradicional para a Consultoria de Campo & Negócios

A mudança de abordagem citada anteriormente pode parecer sutil, mas não é. Enquanto no passado o objetivo final era fazer com que as unidades funcionassem no padrão definido, agora este passa a ser um objetivo intermediário, ou seja, manter os padrões continua sendo importante, mas é apenas um meio para se atingir a um determinado fim mais importante, que é a obtenção de resultados positivos e sistemáticos pelas unidades. Ao procurar na literatura especializada, encontramos uma definição que está bem alinhada a esta evolução da Consultoria de Campo, escrita pelo consultor Gregory Nathan em seu livro *The Franchisor's Guide to Improve Field Visits*. Veja o que ele escreve sobre a finalidade da Consultoria de Campo:

Ajudar o empresário a maximizar a lucratividade de seu negócio e a participação de mercado local, de maneira sustentável, construindo o compromisso com os valores da marca e com o sistema de negócios!

Notem que o foco está em maximizar a lucratividade e participação de mercado, e não na manutenção de padrões. Isso faz sentido quando percebemos que o importante para a Franqueadora não é apenas ter unidades nas diversas localizações geográficas. Mais importante do que isso é ter unidades viáveis economicamente, lucrativas e que tenham a possibilidade de capturar boa parte do potencial local de cada região. E para auxiliar as unidades franqueadas nesse objetivo, temos a Consultoria de Campo.

A abordagem de Consultoria de Campo & Negócios tem uma diferença significativa da abordagem tradicional, tanto que achamos importante deixar bem claro até mesmo no nome desta função, para distinguir as redes que adotam essa abordagem das demais redes. Para as redes que adotam a abordagem voltada a ajudar as unidades a serem cada vez mais lucrativas e rentáveis, damos aos consultores o nome de Consultor de Campo & Negócios. O sufixo "& Negócios" no nome dos consultores não se trata de um neologismo ou uma tentativa de dar apenas um "charme" maior a essa função, mas sim se trata de uma maneira simples e efetiva de distinguir as redes que adotam essa postura das demais redes que ainda não enxergaram esta necessidade.

Para cumprir essa finalidade, o Consultor de Campo & Negócios utiliza os seguintes meios:

- Transferência de *know-how*.
- Capacitação dos Franqueados e equipes.
- Monitoramento da rede.
- Relacionamento com os parceiros e equipes.
- Motivação da rede e busca do engajamento de todos.

Princípios Fundamentais da Função de Consultor de Campo & Negócios

Outro ponto importante trata-se dos papéis que a pessoa que tem esta função deve exercer para que seja bem-sucedida em sua finalidade. Na sequência, temos os quatro principais papéis de um Consultor de Campo & Negócios:

	Ouvir e Interpretar	Analisar e Diagnosticar	Propor e Solucionar	Acompamhar e Sustentar
OBJETIVO	Entender de forma coerente e correta as verdadeiras necessidades do franqueado.	Possuir base crítica para após ouvir e interpretar o franqueado, analisar a operação e traçar o diagnóstico apropriado.	Sugerir ações de acordo com o diagnóstico que impactem positivamente os resultados da operação.	Avaliar constantemente as operações e checar se os resultados estão sendo positivos.
INSTRUMENTOS UTILIZADOS	Experiência, competência e perfil adequado	Troca de ideias e experiências	Banco de boas práticas, GEN, plano de ação	Plano de ação, painel de indicadores, registro de reunião

Figura 20 – Os papéis do Consultor de Campo & Negócios.

No papel de Ouvir e Interpretar, o Consultor de Campo & Negócios faz, durante uma visita, uma observação inicial da operação assim que adentra a unidade, percebe como está o clima e como está ocorrendo o atendimento aos clientes. Após isso ele se reúne com o franqueado (ou operador ou quem estiver responsável pela unidade), comunica a finalidade da visita e explica como será feito seu trabalho. Esta abordagem gera tranquilidade no franqueado, que entende que a ideia principal da visita é melhorar a operação e não procurar motivos para uma eventual punição. Também nesta reunião o Consultor de Campo & Negócios pede a permissão e colaboração do franqueado para conversar com as pessoas, acessar algum documento ou o sistema de gestão da unidade para realizer o trabalho.

Após esta reunião inicial, que deve ser amistosa, o Consultor de Campo & Negócios inicia seu papel de Analisar e Diagnosticar, que consiste na observação mais detalhada da operação e conversa com as pessoas da operação no sentido de entender as causas de eventuais problemas que estejam fazendo com que as unidades sob sua supervisão não venham obtendo os resultados desejados. É importante que algumas perguntas já tenham sido planejadas de acordo com a análise dos indicadores da unidade. Assim, com a observação detalhada e as respostas dos colaboradores da operação, o Consultor de Campo & Negócios consegue, por meio de sua experiência no negócio, interpretar o que está de fato ocorrendo na Franquia e já tem uma boa ideia do que pode ser feito como trabalho de melhoria de resultados.

No papel de Propor e Solucionar, a função do Consultor de Campo & Negócios é a de, como um facilitador, ajudar a equipe da unidade franqueada a fazer um plano de ação para melhorar os resultados, ficando sob sua responsabilidade o acompanhamento da implementação desse plano.

Uma das ferramentas que o Consultor tem à sua disposição para realizar esta etapa são as boas práticas que ocorrem na rede, uma vez que ele tem acesso a várias delas, pois visita diversas unidades em várias regiões diferentes, e muitas vezes as unidades fazem ações interessantes que podem dar bons resultados se implementadas também em outras regiões. Para esse fim, pode ser utilizada a ferramenta conhecida como *benchmark*, que consiste em um processo de comparação entre práticas realizadas em relação a uma prática padrão. Assim, o Consultor de Campo & Negócios pode captar as práticas inovadoras que estão obtendo sucesso e então disseminá-las para as demais unidades da rede.

Não raro, o Consultor de Campo & Negócios percebe a necessidade de capacitar a equipe das unidades franqueadas, uma vez que nem sempre a capacitação inicial é suficiente para tornar todos da equipe plenamente aptos a executar suas funções, seja devido ao *turnover* de colaboradores, ou por falta de habilidade específica da equipe, o fato é que existe a necessidade de capacitação, o que, quando possível, pode e deve ser realizada na hora pelo próprio consultor, ou que seja planejada a participação da equipe da unidade nos cursos oficiais oferecidos pela Franqueadora, sejam eles presencial ou no formato à distância.

É importante ressaltar que o Consultor de Campo & Negócios constrói as soluções "com" e não "para" o Franqueado, e para isso ele deve fazer mais perguntas em vez de dar respostas. Assim, o consultor faz com que o Franqueado reflita sobre o negócio e nas soluções necessárias, gerando aprendizado e desenvolvendo o Franqueado a pensar na gestão do negócio.

No papel de Acompanhar e Sustentar, a função do Consultor de Campo & Negócios é a de fazer um acompanhamento sistemático das ações que cada unidade sob sua responsabilidade deve executar para que as melhorias desejadas aconteçam na prática e se sustentem ao longo do tempo. Para isso, é bom que o Consultor tenha sempre em seu poder um plano de ação atualizado das unidades sob sua responsabilidade, o resgistro do que ficou acordado com o franqueado e equipe na visita de campo e os indicadores de desempenho das unidades. Assim, ele estará apto a fazer este acompanhamento de forma proativa e efetiva.

Para conseguir realizar bem estes quatro papéis, o Consultor de Campo & Negócios deve apresentar algumas competências funcionais que serão fundamentais para que ele consiga auxiliar as unidades com efetividade. Elas estão divididas em quatro grupos:

- Gestão de resultados.
- Gestão da relação com o cliente.
- Gestão da equipe.
- Autogestão.

A seguir, veja quais são estas competências e seus respectivos detalhamentos:

GRUPO	COMPETÊNCIA	DETALHAMENTO
Gestão do resultado	1. Foco em resultados	Trabalhar com alto nível de qualidade e desempenho, a partir da busca permanente por fazer melhor e obter resultados
	2. Trabalhar por prioridades	Busca de desempenho superior, utilizando recursos limitados com eficácia e eficiência, priorizando oportunidades e as ações a serem tomadas
	3. Capacidade de diagnóstico	Identificar padões de comportamento e tendências, e as consequentes oportunidades de trabalho
Gestão da relação com o cliente	4. Foco no cliente	É a busca permanente de satisfazer o cliente, entendendo as suas necessidades e sentimentos
	5. Influência	É conseguir que terceiros façam o que é necessário, utilizando um amplo repertório de técnicas de engajamento, mobilização e persuasão
	6. Facilidade de relacionamento	É habilidade de relacionar-se com diferentes pessoas, entendendo as suas necessidades e sentimentos, com adequada postura e inspirando credibilidade
Gestão da equipe	7. Trabalho em equipe	É trabalhar colaborativamente e efetivamente com os colegas, clientes internos e suas equipes, construindo relacionamentos de confiança e integridade
	8. Desenvolvimento de terceiros	É atuar no desenvolvimento de outros, conseguindo recursos para tanto, incluindo seu próprio tempo, por exemplo, atuando como "*coach*" (treinador)
Autogestão	9. Autoconfiança	É a manutenção de uma forte crença na própria competência e capacidade profissional, mesmo em face a situações novas ou desconhecidas
	10. Flexibilidade	É a capacidade de adaptar-se a diferentes situações, gerando alternativas eficazes de ação

Figura 21 - As dez competências do Consultor de Campo (por Almiro dos Reis Neto no livro *Consultoria de Campo nas Redes de Varejo e Franquias*).

Operação, Vendas e Gestão — Aspectos Distintos

Para orientar o trabalho dos Consultores de Campo & Negócios, é preciso, primeiramente, entender que em um trabalho de relacionamento com a rede de Franquias existem basicamente três aspectos distintos que devem ser trabalhados: a operação, as vendas e a gestão da unidade franqueada. Estes três aspectos estão retratados na figura abaixo.

OPERAÇÃO	VENDAS	GESTÃO
Avaliação operacional da unidade, orientando e capacitando empresário e equipe para melhorias pontuais de desempenho	Mapeamentos das oportunidades locais e apoio na implementação de ações focadas no aumento das vendas	Avaliação operacional da unidade, orientando e capacitando empresário e equipe para melhorias pontuais de desempenho
Fazer o mesmo cada vez melhor	Pensar e agir para as unidades venderem mais	O que fazer diferente para obter melhores resultados

No aspecto da operação, entendemos que o foco dos Consultores de Campo & Negócios é fazer a avaliação da situação operacional da unidade em seu mercado, orientando e capacitando o empresário e sua equipe para melhorias pontuais de desempenho, ou seja, sua tarefa é fazer o Franqueado e a equipe atuarem cada vez melhor. Este aspecto configura o grande desafio nos primeiros anos da Franquia.

O desafio no aspecto de Operação é ganhar experiência operacional, ou seja, deve ganhar experiência para fazer bem os seguintes processos:

- Comprar corretamente para que não haja falta nem sobra de produtos.
- Armazenar corretamente para que os produtos não fiquem perecíveis ou obsoletos (dependendo do segmento de atuação).
- Atender os clientes de forma a satisfazer suas necessidades e desejos.
- Orientar a equipe e promover um bom ambiente de trabalho.
- Realizar corretamente os procedimentos administrativos e financeiros (contas a pagar, contas a receber, cobrança, folha de pagamento etc.).

Por esse motivo, acreditamos que quando um Franqueado é novo na rede, a principal tarefa dos Consultores de Campo & Negócios é fazer com que os Franqueados sob sua orientação se tornem especialistas em operar a unidade. Na medida em que o tempo passa e o Franqueado vai ganhando experiência, esse desafio é superado, e a tarefa dos Consultores de Campo & Negócios vai se alterando, de forma que o foco na operação vai perdendo força (entenda-se tempo dedicado a este aspecto), e o foco nas ações para aumentar vendas vai ganhando força.

No aspecto de vendas, o desafio é suprir o Franqueado com ações e boas práticas que efetivamente aumentem as vendas da unidades. Uma vez que o franqueado já está em um nível de maturidade em que as rotinas operacionais já não compreendem um desafio significativo, é natural que o empresário sinta a necessidade de maximizar os resultados de vendas. Esta etapa é caracterizada pela necessidade do Franqueado de entender melhor os principais indicadores de vendas, como eles são calculados, qual o impacto cada um tem no resultado da unidade e como fazer para melhorar estes indicadores. Os principais indicadores de vendas de uma Franquia (varejo) são ilustrados na figura abaixo.

Indicador	Conceito	Avaliação	Unidade	Cálculo
Faturamento	Valor faturado no período analisado	Quanto maior melhor	R$	F = Ticket Médio * Nº Atendimentos
Nº de Atendimentos	Total de atendimentos realizados, quantos clientes compraram		Unidades	$N^o\ A = \dfrac{Faturamento}{Ticket\ médio}$
Ticket Médio	Valor faturado por atendimento (média)		R$	$TM = \dfrac{Faturamento}{N^o\ Atendimentos}$
Peças por Atendimento	Quantas peças são vendidas por atendimento		Unidades	$PA = \dfrac{QTD\ peças\ vendidas}{N^o\ Atendimentos}$

E por fim, quando o franqueado consegue um bom repertório de ações que aumentam vendas, o foco na gestão do resultado do negócio aparece de forma mais significativa para maximizar a lucratividade e o retorno sobre o investimento.

Neste aspecto da gestão, dizemos que o foco dos Consultores de Campo & Negócios é fazer a avaliação gerencial de resultado do negócio, possibilitando a discussão de alternativas para melhorias estruturais do desempenho, ou seja, sua tarefa é mostrar ao Franqueado e à equipe o que e como fazer diferente para obter melhores resultados.

Esta é uma evolução natural do Franqueado na rede de Franquia, que vai ganhando maturidade e vai demandando novas soluções para novos desafios. As perguntas aos Consultores de Campo & Negócios vão se tornando mais complexas, e o foco no resultado começa a ganhar cada vez mais força (não que antes o resultado não fosse importante). Porém, um ponto relevante nesta discussão é que quando os desafios operacionais já foram dominados pelo Franqueado, sua necessidade de interação com os Consultores de Campo & Negócios diminui em termos de quantidades de visitas realizadas, uma vez que, ao focar aspectos de gestão, as ações têm um tempo maior para mostrar resultado.

Quando fazemos uma mudança operacional, como mudar a exposição de produtos ou capacitar a equipe em um novo produto, os resultados são percebidos quase que imediatamente. Já as mudanças de gestão demoram mais para que os resultados sejam evidenciados. Ao começar a realizar a gestão da unidade por meio da análise do ponto de equilíbrio da mesma unidade, ou sugerir as compras baseando-se na curva ABC de demanda, é necessário pelo menos dois ou três meses para verificar se os resultados estão ocorrendo de forma consistente. Se fossemos colocar essa visão (de que quanto mais preparado operacionalmente é o Franqueado, menor é a necessidade de visita dos Consultores de Campo & Negócios) na forma de um gráfico, ele seria conforme a figura a seguir:

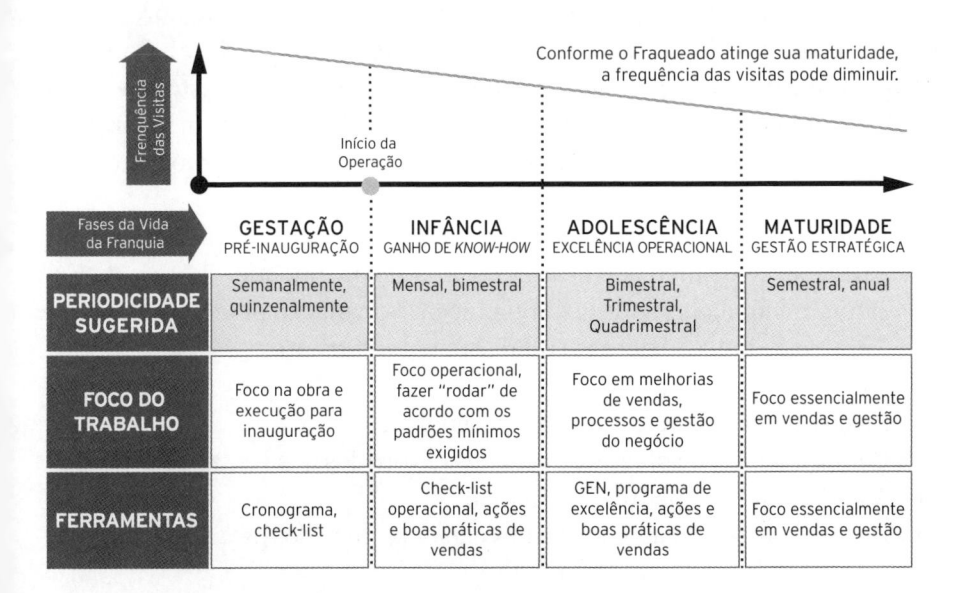

Fases da Vida da Franquia	GESTAÇÃO PRÉ-INAUGURAÇÃO	INFÂNCIA GANHO DE *KNOW-HOW*	ADOLESCÊNCIA EXCELÊNCIA OPERACIONAL	MATURIDADE GESTÃO ESTRATÉGICA
PERIODICIDADE SUGERIDA	Semanalmente, quinzenalmente	Mensal, bimestral	Bimestral, Trimestral, Quadrimestral	Semestral, anual
FOCO DO TRABALHO	Foco na obra e execução para inauguração	Foco operacional, fazer "rodar" de acordo com os padrões mínimos exigidos	Foco em melhorias de vendas, processos e gestão do negócio	Foco essencialmente em vendas e gestão
FERRAMENTAS	Cronograma, check-list	Check-list operacional, ações e boas práticas de vendas	GEN, programa de excelência, ações e boas práticas de vendas	Foco essencialmente em vendas e gestão

Figura 22 – Objetivos e abordagem do Consultor de Campo & Negócios em cada fase da vida da Franquia.

É importante ressaltar que a curva desse gráfico é ilustrativa. Trata-se de uma visão baseada na nossa experiência, mas que invariavelmente percebemos que é correta conforme falamos desse conceito para as Franqueadoras para quem prestamos consultoria. Com essa visão, conseguimos segmentar a rede de Franquias de acordo com a fase da vida de cada uma delas conforme nomeamos no gráfico. Conhecendo previamente a fase da vida em que está a Franquia a ser visitada, o trabalho do Consultor de Campo & Negócios é facilitado na hora de realizar o suporte aos Franqueados, pois ele já sabe de que forma abordar o Franqueado e sua equipe.

Salientamos que é necessária especial atenção com as unidades que ficam vários anos no estágio de ganho de *know-how*. É preciso que a Franqueadora deixe claro que é importante que todas as unidades evoluam ao longo do tempo que durar a parceria, para que a rede, como um todo, seja forte e consiga ter competitividade frente à concorrência.

Indicadores de Desempenho da Consultoria de Campo & Negócios

Como vimos anteriormente, o principal resultado esperado da Consultoria de Campo & Negócios é auxiliar os Franqueados a obterem melhores resultados em termos de lucratividade e participação de mercado local. Com esse pensamento em mente, podemos extrapolar esse raciocínio e estabelecer os principais indicadores de desempenho que os consultores devem focar. A seguir, os principais deles (mas podem haver outros dependendo do negócio):

- Lucratividade (percentual do lucro bruto em relação ao faturamento).
- Participação de mercado na área de atuação da unidade.
- Faturamento da unidade (valor financeiro e evolução percentual).
- Número de itens ou peças vendidas por atendimento.
- Ticket-médio por venda.
- Preço médio de cada item ou peça vendida.
- Cumprimento dos planos de ação desenvolvidos nas visitas de campo.
- Atendimento aos padrões da marca.
- Participação dos colaboradores nos cursos promovidos pela Franqueadora.

Note que os seis últimos indicadores são indicadores de tendência, assim, se tiverem um bom desempenho, aumentam significativamente as chances (tendência) dos três primeiros indicadores terem um bom desempenho também, pois os três primeiros são indicadores de resultado. Em outras palavras, os seis últimos indicadores são um "meio" para se atingir a um determinado fim (finalidade desejada), que é o bom desempenho dos três primeiros indicadores.

Dimensionamento da Consultoria de Campo & Negócios

É preciso que a Franqueadora faça um dimensionamento de quantas visitas serão necessárias às unidades e qual a periodicidade das mesmas para que a Consultoria de Campo & Negócios seja efetiva. Essas definições são importantes para a Franqueadora, pois elas determinarão quantos Consultores de Campo & Negócios serão necessários para a rede e, por consequência, qual o investimento (note que usamos o termo investimento e não custo) necessário que a Franqueadora precisará fazer para realizar um suporte de campo efetivo para a rede.

Mas antes de determinar o número de consultores, é necessário definir como será o critério de segmentação das Franquias por consultor. Esse critério pode variar de negócio para negócio. Veja a seguir quais são os tipos de segmentação mais usados pelas redes:

- Divisão geográfica das Franquias: de acordo com a concentração regional das unidades.
- Divisão por idade/maturidade das Franquias: quando as unidades mais jovens demandam um suporte diferenciado das mais antigas ou vice-versa.
- Divisão por perfil das Franquias: quando as Franquias possuem características muito diferentes: faixa de faturamento, característica de mercado.
- Divisão por especialização: quando existem operações mais complexas (parte técnica), ou quando as unidades já estão em fases de vida diferentes (Operação e Gestão).

Após a definição do critério a ser adotado, é possível fazer o dimensionamento. Esse dimensionamento é feito baseado em três variáveis que devem ser analisadas pela Franqueadora, conforme a figura a seguir.

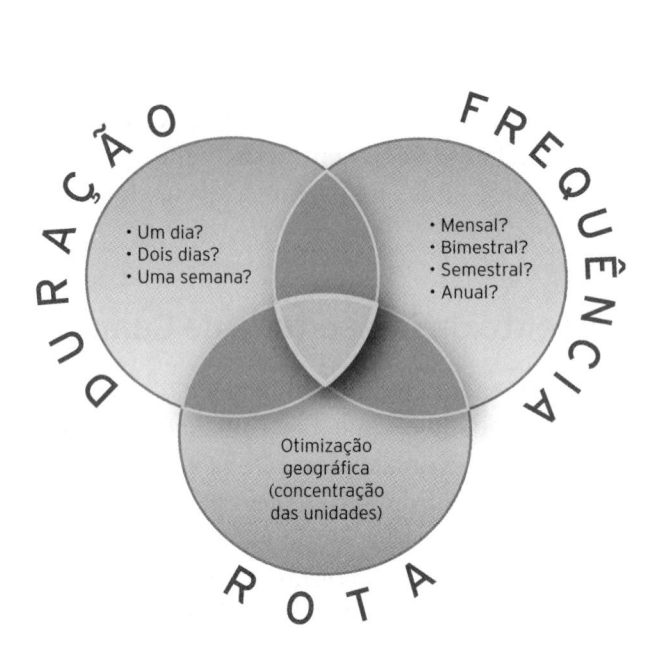

Figura 23 – Critérios analisados para dimensionar o número de Consultores de Campo & Negócios da rede – avaliação.

Processo de Consultoria de Campo & Negócios

Para que seja efetiva, a Consultoria de Campo & Negócios deve ser um processo estruturado na Franqueadora. E uma das principais atividades desse processo é, sem dúvida, a visita de campo. De forma geral, o processo que os Consultores de Campo & Negócios devem seguir na sua rotina consiste em três atividades básicas, que são cíclicas e periódicas. São elas:

- Planejamento da visita.
- Realização da visita.
- Acompanhamento pós-visita.

Vejamos de forma mais visual como é a sequência dessas atividades no processo de Consultoria de Campo & Negócios:

PLANEJAMENTO	VISITA		ACOMPANHAMENTO
	MOMENTO DE OPERAÇÃO	MOMENTO DE GESTÃO	
Levantamento dos resultado atuais	"Quebra-gelo"	Análise do mercado local	Contata unidade para verificar *status* da execução das ações (SAF)
Análise o último Plano de Ação (GEN - Gestão Estratégica do Negócio)	Verificação geral da unidade (*walk-around*)	Análise dos resultados alcançados	Registra a evolução do cumprimento do Plano de Ação (SAF)
Verificação do histórico das demandas das Franquias para a Franqueadora	Comunicação da Franqueadora	Análise das causas que levaram à situação atual	Consulta periodicamente o plano (CCN)
Preencher cronograma de visita, priorizando quais unidades visitar	Aplicar *check-list*	Definição de ações prioritárias	Monitoramento dos indicadores e resultados (CCN)
Agendar a visita com as unidades a visitar	Capacitação *in loco*	Elaboração ou atualização do Plano de Ação	*Feedback* à distância para a Franquia (CCN)

Figura 24 – Principais atividades do processo de Consultoria de Campo & Negócios.

Planejamento da visita

Assim que assume a função de Consultor de Campo & Negócios, o primeiro passo que este deve fazer é levantar as informações relevantes referentes às unidades franqueadas que ficarão sob sua orientação. É preciso saber o perfil do Franqueado, ou seja, qual a sua capacidade de investimento (se é alta ou baixa), qual sua experiência anterior e nível de conhecimento da operação e da gestão da unidade, além das características comportamentais e emocionais do Franqueado ou operador que irá interagir com o Consultor de Campo & Negócios. Também é necessário conhecer o perfil da equipe da Franquia, ou seja, qual a experiência anterior das pessoas-chave na unidade, qual o nível de conhecimento e quais as características comportamentais de cada uma delas.

É preciso que o Consultor de Campo & Negócios conheça também o perfil da região em que começará a atuar. Para isso, deve levantar informações socioeconômicas da região, além de informações da concorrência local e de peculiaridades da região. Assim será possível prestar um suporte de melhor qualidade aos Franqueados da região.

Após conhecer todas essas informações, o Consultor de Campo & Negócios estará apto a planejar as visitas que realizará às Franquias da rede sob sua orientação (também conhecida como a sua carteira de unidades).

O primeiro passo para realizar esse planejamento é levantar os principais indicadores do negócio de cada unidade franqueada da sua carteira, para que possa priorizar as visitas àquelas Franquias que mais necessitam de sua orientação. Após definir quais Franquias devem ser visitadas primeiro (isso que é priorização, e não definir quem será e quem não será visitado), o consultor deve consultar o último Plano de Ação desenvolvido pela Franquia e qual o *status* de cada ação, além de consultar as últimas comunicações realizadas entre a Franquia e a Franqueadora com eventuais solicitações e/ou reclamações (isso é importante para que o consultor não seja "pego de surpresa").

Feitas essas ações, é possível que cada consultor faça seu cronograma de visitas do período. Veja um exemplo de cronograma de visitas que explicita um planejamento de visitas de um Consultor de Campo & Negócios:

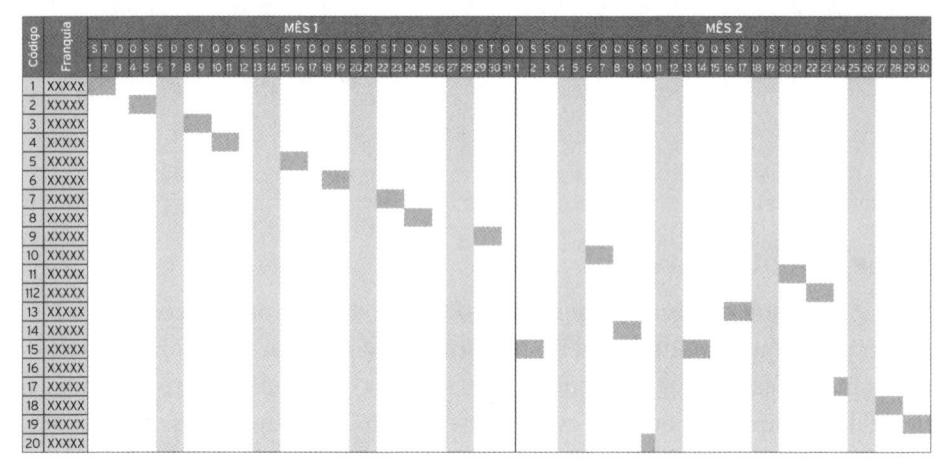

Figura 25 – Exemplo de um cronograma de visita a ser preenchido pelo consultor.

Após todas as visitas estarem planejadas no cronograma de visitas, o consultor contata cada unidade para marcar a visita para que as pessoas-chave estejam presentes (Franqueado, operador, gerente etc.). Se houver necessidade de ajuste no cronograma, estes são feitos imediatamente. É sempre recomendado que, nas visitas, o Franqueado ou operador esteja presente para que ele saiba qual o trabalho que o consultor está fazendo, bem como possa cobrar sua equipe para que os pontos de melhoria levantados sejam devidamente resolvidos.

Realização da visita

Após as visitas estarem devidamente planejadas e agendadas, é preciso que o Consultor de Campo & Negócios vá até as unidades e realize as visitas de campo. Como já foi falado anteriormente, existem dois aspectos distintos no suporte à unidade: a operação e a gestão. Por isso recomendamos que a visita seja dividida em três momentos distintos.

Primeiro momento da visita – aspecto da operação

Em um primeiro momento, o consultor dará foco nos aspectos operacionais da unidade, verificará os padrões da unidade por meio de um *check-list* operacional, irá presenciar algumas abordagens da equipe de atendimento aos clientes para verificar se existe necessidade de reciclagem de capacitação e já a realiza, entrevista formalmente o gerente e algumas pessoas da equipe da unidade, passa as últimas informações que a Franqueadora precisa alinhar com as Franquias, verifica se a unidade está seguindo os padrões visuais e arquitetônicos, e assim por diante. Para essa verificação, o consultor pode utilizar a ferramenta *check-list* de operação.

Como dica, sugerimos que os quesitos a serem avaliados sejam uma afirmativa, em que as únicas possibilidades de resposta sejam "sim" ou "não" (também pode ser criada uma coluna "quesito não se aplica" caso existam vários formatos de unidades e se queira ter um único *check-list*). Essa abordagem evita a subjetividade da avaliação e minimiza os atritos entre os Franqueados e os Consultores de Campo & Negócios. Veja a seguir um exemplo básico de um *check-list* de operação para uma loja de roupas:

CHECK-LIST		
Itens de Controle	SIM	NÃO
APRESENTAÇÃO VISUAL		
1. Havia visibilidade a distância do luminoso		
2. Havia sinalização gráfica das diferentes seções da loja?		
3. Havia estacionamento disponível para clientes da loja?		
4. A loja estava limpa, bem decorada, aconchegante?		
5. As áreas internas da loja estavam sinalizadas?		
6. Havia variedade de produtos na loja		
APRESENTAÇÃO DOS FUNCIONÁRIOS		
7. Funcionário usava crachá com nome visível?		
8. Estava uniformizado?		
9. Tinha boa aparência (barba e cabelos aparados e penteados, unhas limpas, perfume discreto)?		
10. Foi simpático e atencioso (cumprimentou cordialmente)?		
11. Procurou saber suas necessidades antes de lhe oferecer produtos e serviços?		
OFERTA DE PRODUTOS E SERVIÇOS		
12. Existe pelo menos um produto de cada item no estoque?		
13. Vendedor ofereceu produto complementar?		
14. Vendedor ofereceu os serviços promocionais?		
15. Vendedor comentou sobre o programa de fidelidade da rede?		

Até 7 "SIM"	RUIM
De 8 a 10 "SIM"	REGULAR
De 11 a 13 "SIM"	BOM
De 14 a 15 "SIM"	ÓTIMO

Figura 26 – Exemplo de *check-list* de operação.

Posteriormente à aplicação do *check-list* de operação, é de suma importância que os resultados dessa avaliação sejam tabulados, comunicados aos Franqueados da rede (uma das principais reclamações das redes é a falta de *feedback* dessa avaliação por parte da Franqueadora) e gerenciados de forma que seja possível dar uma visão geral da rede ao principal gestor da Franqueadora do que está acontecendo com a rede em termos operacionais. Para exemplificar esse ponto, vejamos como poderia ser a consolidação dos *check-lists* de operação da região do Estado de São Paulo para uma rede de Franquias de roupas que utiliza o *check-list* de operação exemplificado na Figura 26:

CONSOLIDADOR DE CHECK-LIST				
Mês:	Ano:	APRESENTAÇÃO VISUAL	APRESENTAÇÃO DOS FUNCIONÁRIOS	OFERTAS DE PRODUTOS E SERVIÇOS
Franquia 1		89%	98%	95%
Franquia 2		90%	98%	99%
Franquia 3		93%	99%	98%
Franquia 4		99%	100%	100%
Franquia 5		94%	89%	100%
Franquia 6		78%	90%	96%
Franquia 7		83%	87%	92%
Franquia 8		91%	85%	91%
Franquia 9		93%	93%	96%
Franquia 10		88%	92%	93%
Franquia 11		89%	91%	92%
Franquia 12		98%	90%	90%
Franquia 13		99%	90%	97%
Franquia 14		100%	99%	99%
Franquia 15		92%	90%	92%
Franquia 16		85%	91%	90%
Franquia 17		87%	91%	89%
Franquia 18		89%	89%	91%
Franquia 19		90%	88%	92%
Franquia 20		92%	87%	94%
MÉDIA DA REDE		92%	91%	95%

Figura 27 – Exemplo de consolidação dos *check-lists* de operação de uma região.

Recomendamos que seja utilizado algum artifício visual para facilitar o entendimento do que está ocorrendo com a rede na região analisada. É possível utilizar a metáfora do semáforo (ou farol ou sinaleiro, dependendo da sua região), na qual o verde mostra que está tudo bem (Pode seguir adiante, não é preocupante), e o que está vermelho merece uma análise mais aprofundada (Pare! Algo está errado!).

Segundo momento da visita – aspecto de vendas

Em um segundo momento, o Consultor de Campo & Negócios analisa em conjunto com o Franqueado os indicadores de vendas da Unidade, bem como quem são os vendedores que estão abaixo da média dos resultados. Assim, é possível fazer um trabalho individualizado com cada vendedor para garantir que todos cumpram suas metas de vendas individuais e, por consequência, as metas de vendas da unidade sejam cumpridas.

Terceiro momento da visita – aspecto da gestão

Em um terceiro momento, já com mais propriedade de como estão acontecendo os processos operacionais na unidade, adicionado à análise dos indicadores de desempenho realizada previamente na etapa de planejamento da visita, o Consultor de Campo & Negócios parte para a etapa em que o foco serão os aspectos de gestão da unidade.

É nessa etapa que o consultor mostra o diagnóstico que fez em sua visita (sempre de forma facilitada, ou seja, não comunicando diretamente, mas sim fazendo perguntas assertivas cujas respostas que saem da boca do Franqueado e da equipe explicam os principais pontos de melhoria da unidade). Após esse diagnóstico ser compartilhado com o Franqueado, é possível pensar em ações de melhoria de gestão para a unidade.

Nessa etapa, o consultor aborda os principais movimentos da concorrência na região (com a ajuda de uma análise da concorrência feita pelo Franqueado, se ele tiver dificuldade, o consultor deve ensiná-lo a realizar essa atividade), explica como está o desempenho da Franquia em relação às metas que são necessárias cumprir, auxilia o Franqueado e a equipe para que façam um Plano de Ação para melhorar os resultados (sempre é possível melhorar mais, mesmo se as metas estão sendo atingidas). Reforçamos aqui a importância de que o Consultor de Campo & Negócios não construa o plano de ação, mas sim ajude o Franqueado e a equipe a construí-lo, ou seja, a construção do Plano de Ação é feita **com** o Franqueado, e não **para** o Franqueado.

Para realizar esse trabalho, é necessária a utilização de uma ferramenta de avaliação da gestão da unidade. Recomendamos que seja utilizada a ferramenta GEN (sigla para Gestão Estratégica do Negócio).

Tipos de visitas de campo

Existem basicamente três tipos distintos de visitas de campo, de acordo com a estruturação e dimensionamento da Consultoria de Campo & Negócios. São elas:
- Visitas programadas.
- Visitas surpresas.
- Visitas sob demanda.

É possível que uma rede de Franquias tenha todos esses tipos de visitas dentro do escopo da Consultoria de Campo & Negócios. Porém, é preciso saber quais as diferenças entre elas e qual o objetivo de cada uma. Vejamos essas informações na figura a seguir:

PROGRAMADAS	SURPRESAS	SOB DEMANDA
• Previamente planejadas/ agendadas • Periodicamente definidas	• Eventuais • Sem agendamento prévio	• Solicitadas por fatores não programados • Eventuais

Objetivo principal
• Supervisão da Operação
  • Funcionamento da operação (aplicação de *check-list*)
• Discussão da Gestão da Unidade
  • Análise dos resultados
  • Ação de marketing
• Capacitação do Franqueado e da Equipe
• Elaboração de Plano de Ação
	Objetivo principal
	• Verificar falhas operacionais na unidade franqueada
	
	Fundamental: o Fraqueado deve ser avisado que poderá ter visitas surpresas
		Objetivo principal
		• Foco em solucionar problemas críticos e emergências
		• Solicitada pelo Franqueado
		  • Custos arcados, normalmente, pelo Franqueado

Figura 28 – Tipos de visitas de campo.

As visitas programadas são previamente planejadas pelo Consultor de Campo & Negócios no seu cronograma de visitas. Nessa visita programada, o roteiro da mesma segue o processo normal de verificar a operação e a gestão e consolidar um Plano de Ação com o Franqueado e a equipe. Recomenda-se que, no cronograma, pelo menos um dia de cada semana fique livre para que o Consultor de Campo & Negócios tenha alguma disponibilidade para ir à Franqueadora para resolver algum assunto, ou até mesmo para o caso de um Franqueado precisar de uma visita sob demanda por um problema urgente.

As visitas surpresas seguem o mesmo roteiro de uma visita programada, mas com a diferença de que o Consultor de Campo & Negócios não agenda a visita, ele simplesmente aparece na unidade para realizar a visita e verifica como de fato a unidade opera em uma situação real. O objetivo dessa visita é para verificar se o Franqueado e a equipe preparam a unidade para a visita do Consultor de Campo & Negócios, e se após a visita os padrões não são deixados de lado. É importante frisar que esse tipo de visita pode dar a entender para o Franqueado que a Franqueadora está desconfiando da sua forma de atuação, e sabemos que em qualquer relação, seja ela pessoal ou de negócios, a desconfiança gera conflitos. Portanto, se a Franqueadora decide fazer visita surpresa, é de suma importância que avise o Franqueado logo no início da parceria.

As visitas sob demanda podem ocorrer quando o Franqueado solicita a presença do Consultor de Campo & Negócios para ajudar a resolver algum problema de última hora ou, como costuma-se dizer no cotidiano, para "apagar um incêndio". Assim, ao receber esta solicitação, o Consultor usa algum espaço que tenha deixado livre na sua agenda para atender a essas solicitações da rede.

Acompanhamento pós-visita

Após a realização da visita de campo, boa parte do trabalho do consultor de campo foi realizado, mas ainda falta o mais importante de tudo. As ações planejadas saírem do papel e virarem realidade! Não se engane, essa etapa é a mais difícil, muito mais do que analisar corretamente o mercado local, analisar os indicadores de desempenho da Franquia ou desenvolver corretamente um Plano de Ação. Realmente, o grande desafio da Consultoria de Campo & Negócios é tirar os planos e as ações do papel.

É neste ponto que várias equipes em inúmeras redes de Franquia pecam pela omissão, com o pensamento de que implantar as ações é responsabilidade do Franqueado, e o máximo que o consultor pode fazer é ajudar a desenvolver o Plano de Ação. Em nossa opinião, esse tipo de pensamento está equivocado. É responsabilidade do consultor, sim, fazer com que as Franquias da sua carteira executem as ações planejadas. Como evidência de que esta visão está correta, podemos citar que algumas das redes de Franquia que mais têm sucesso já atrelam a parte variável da remuneração dos consultores de acordo com os resultados atingidos pelas Franquias da sua carteira. E esses resultados só aparecem se as ações de melhoria forem realizadas na prática. Portanto, essa etapa não pode ser negligenciada. Em termos gráficos (dados ilustrativos) podemos ver na figura a seguir a relação entre as ações de acompanhamento pós-visita e a efetividade dos Planos de Ação e, por consequência, da Consultoria de Campo & Negócios:

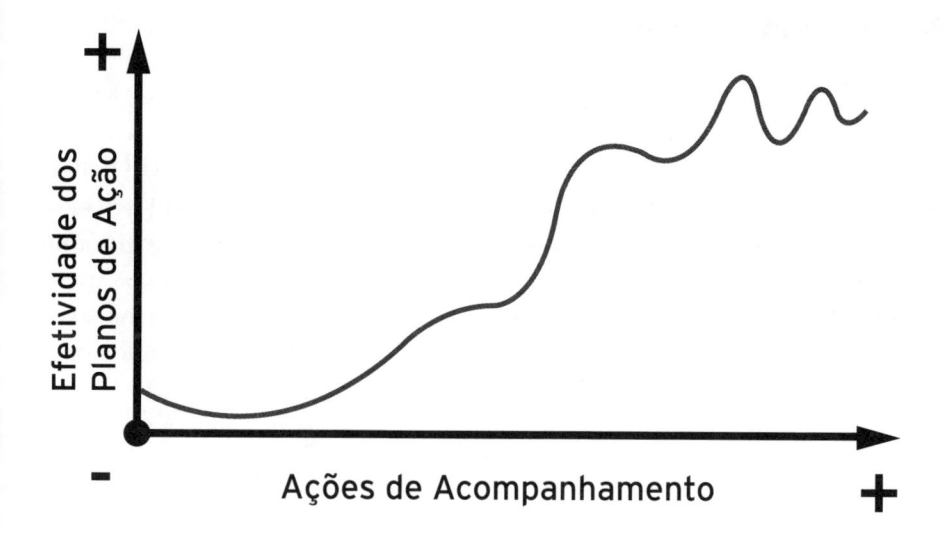

Figura 29 – Importância das ações de acompanhamento pós-visita.

Um dos principais desafios desta etapa do processo de Consultoria de Campo & Negócios é evitar a sensação (e a realidade) de que Franqueados e consultores estão discutindo sempre os "mesmos assuntos" nas diversas visitas! Isso é uma evidência de que os planos desenvolvidos não saem do papel!

O acompanhamento pós-visita é realizado por meio de interações constantes entre o Consultor de Campo & Negócios e a equipe das unidades, para verificar se as ações estão sendo realizadas e, caso haja alguma dificuldade, como o consultor pode auxiliar a unidade. Além da comunicação constante, principalmente nas datas limite para execução de ações (*deadlines*), é necessário acompanhar os indicadores de desempenho para verificar se as ações (caso tenham sido implantadas) já impactaram o resultado.

O SAF (Serviço de Atendimento ao Franqueado) pode auxiliar o Consultor de Campo & Negócios a fazer o acompanhamento das ações, contatando as unidades, fazendo o acompanhamento de perto (*follow-up*) e reportando os eventuais atrasos para os Consultores das respectivas unidades. Assim, o Consultor fica focado no suporte às unidades em gestão de negócios, que é uma atividade que agrega mais valor aos Franqueados, e a atividade operacional de acompanhamento é feita pela equipe do SAF, gerando maior produtividade e um melhor balanceamento de custos com o suporte à rede.

Resultados Esperados

Utilizando esta abordagem da Consultoria de Campo & Negócios, e sabendo que devem haver dois focos distintos em cada visita, operação e gestão, e ajudando o Franqueado a maximizar sua lucratividade e sua participação de mercado por meio de ações de transferência de *know-how*, capacitação dos Franqueados e equipes, monitoramento da rede, relacionamento com os Franqueados e equipes e ações de motivação da rede, acreditamos que a Franqueadora estará ajudando os Franqueados a se desenvolverem cada vez mais em gestão de negócios, fazendo com que os resultados esperados para ambos sejam alcançados.

CAPÍTULO 10

Relacionamento com a Rede

Convenção de Franqueados

Periodicamente, algumas redes Franqueadoras realizam convenções com os Franqueados. Nada mais são do que encontros organizados para se gerar alinhamento entre Franqueadora e Franqueados (e entre os próprios Franqueados também) com relação aos objetivos da rede, aos novos produtos, às novas políticas e tecnologias etc. É uma excelente oportunidade de os Franqueados e a equipe da Franqueadora discutirem planos estratégicos, identificarem oportunidades de crescimento, conversarem sobre problemas mais amplos relacionados ao negócio, apresentarem ideias e sugestões em busca de aprimoramento do negócio como um todo.

Há redes que apostam em atividades estritamente voltadas ao negócio e outras que usam parte do tempo para atividades mais descontraídas, para causar melhor interação entre as pessoas. De qualquer forma, recomenda-se que exista um tempo de integração entre todos, seja por meio de tempo livre ou mesmo dessas atividades mais lúdicas.

Algumas atividades presentes em convenções de algumas redes brasileiras:

- Apresentação da nova linha de produtos – *show-room*.
- Elaboração dos pedidos de compra com base na nova linha de produtos.
- Treinamentos de gestão para Franqueados.
- Atividades vivenciais (treinamentos em lugares abertos) para estimular liderança, espírito de equipe, entre outras competências (*outdoor training*);
- Premiação de Programa de Excelência.
- Reuniões de discussão para assuntos específicos.
- Reuniões de Conselho de Franqueados (note que estas são independentes da convenção, mas muitas vezes são agendadas em datas próximas, para diminuir gastos de viagem).
- Jantares de confraternização.
- *Shows* musicais.
- Entre outras atividades.

Os custos com as convenções podem ficar a encargo da Franqueadora ou dos Franqueados. Tudo dependerá do que for acordado na rede. Porém, na maioria das Franqueadoras, os gastos com hospedagem, passagens aéreas e alimentação no hotel onde será o evento ficam a cargo do Franqueado e a parte estrutural do evento, sob responsabilidade da Franqueadora. Há Franqueadoras que realizam Convenções Regionais com maior frequência e Convenções Nacionais em número menor de vezes.

Um bom exemplo são as Convenções Regionais duas vezes por ano, cada vez na cidade de uma Franquia. Exemplo: uma convenção para a Região Norte ser efetuada uma vez em Manaus, outra em Belém, e assim por diante. Dessa forma, todos os Franqueados terão, em algum momento, uma Convenção Regional acontecendo em sua cidade. Algumas redes elegem o Franqueado que ficará responsável pela organização de cada uma dessas convenções. Estes encontros são agendados previamente, todos os Franqueados são informados e participam se puderem (em algumas redes a participação é obrigatória). Há redes que limitam o número de participantes por Franquia, para outras é ilimitado.

De acordo com o segmento de mercado de cada negócio, o número de convenções pode ser maior ou menor. Empresas de moda, por exemplo, precisam apresentar as novas coleções — Outono, Inverno, Primavera, Verão, Alto-Verão etc., conforme estas vão sendo criadas. Assim, muitas têm encontros quatro, cinco ou mais vezes por ano por este motivo. Ou seja, nesses casos, a reunião de *show-room* se torna uma convenção.

O ponto importante é: saber o momento de sua rede e usar as convenções para o devido alinhamento, seja através de Treinamentos ou reuniões. As convenções propiciam aos Franqueados um maior sentido de "pertencimento" à rede. É o momento em que eles se encontram, discutem problemas comuns e trocam informações sobre o negócio.

Gestão de Conflitos

Para estruturarmos uma rede de Franquias produtiva e de sucesso, é fundamental a atuação de pessoas capacitadas para geri-la e operá-la. E quanto mais pessoas atuam em uma empresa, maior é chance de controvérsias, pontos discordantes e conflitos. As pessoas são diferentes, e é isso que gera a riqueza numa empresa. Pontos de vista diferentes são o combustível para se chegar à evolução dentro de um negócio.

Os conflitos são parte natural de um agrupamento de pessoas, principalmente numa relação de Franquias, em que os interesses, apesar de ser a mesma rede, podem ser antagônicos.

De um lado, a Franqueadora quer vender mais e melhor aos seus Franqueados (caso ela comercialize produtos), e por parte do Franqueado, esse pretende gerar maior lucratividade no negócio (melhores margens, menos custos) e tenderá, sempre, a questionar os *royalties* e/ou taxas de marketing, além do custo de aquisição das mercadorias (se for principalmente feito com a Franqueadora). Só aqui já podemos ter o princípio de um conflito de interesses, de maneira simplista, a Franqueadora quer gerar mais receita para o seu negócio, e os Franqueados querem gastar menos, nesse caso, com a Franqueadora.

Esse é o exemplo de um dos principais conflitos que são latentes à operação de Franquias e que, por outro lado, não há muito que ser feito em termos de redução dos valores e taxas, mas sim a compreensão por parte dos Franqueados da importância das taxas (por exemplo) para o bom funcionamento do suporte e treinamentos em geral, além do uso da marca e *know-how*.

Qualquer conflito que seja, de ideias, pontos de vista, opiniões, condutas, processos etc., farão com que energia seja desperdiçada e usada contra os reais objetivos da rede. Assim, é fundamental fazer uma boa gestão dos conflitos.

Ao nos basearmos na definição de gestão a seguir, podemos entender melhor a abrangência e importância de se controlar, de certa forma, esses conflitos. É importante:

- **Coletar** as informações de forma completa sobre o conflito em si. Por que foi gerado, quais as principais reivindicações, quem está envolvido, qual a opinião de cada parte (lembrar sempre que há três verdades para

tudo: a verdade da primeira pessoa, a verdade da segunda pessoa e a verdade mesmo) etc.
* Tendo todos esses dados, **analisar** de forma fria e imparcial os possíveis caminhos a tomar.
* E por fim (e o mais difícil de todos), tomar as decisões e **agir** na solução do conflito. Em alguns casos, o conflito pode se resolver por si só, mas é um grande erro acreditar que as coisas se organizarão sozinhas. A melhor opção sempre é intervir. Se há problema ou conflito, buscar as informações, analisá-las e conversar com os envolvidos. Buscar alternativas, mostrar que algo está sendo feito e que há preocupação em se resolver a situação. Essa conduta gera confiança em quem está conduzindo o processo e a certeza de que pode haver problemas na rede, ou no negócio, mas há pessoas dedicadas e preocupadas em resolvê-los.

Método para evitar e gerenciar conflitos

Mais do que saber resolver os conflitos gerados numa rede, é papel dos gestores desta rede criar dispositivos que evitem, ou pelo menos diminuam, a criação deles. Assim, entendendo como os conflitos são gerados, suas principais consequências etc., é possível estruturar uma rede de forma a minimizar problemas. A seguir, um fluxo para entender melhor os conflitos:

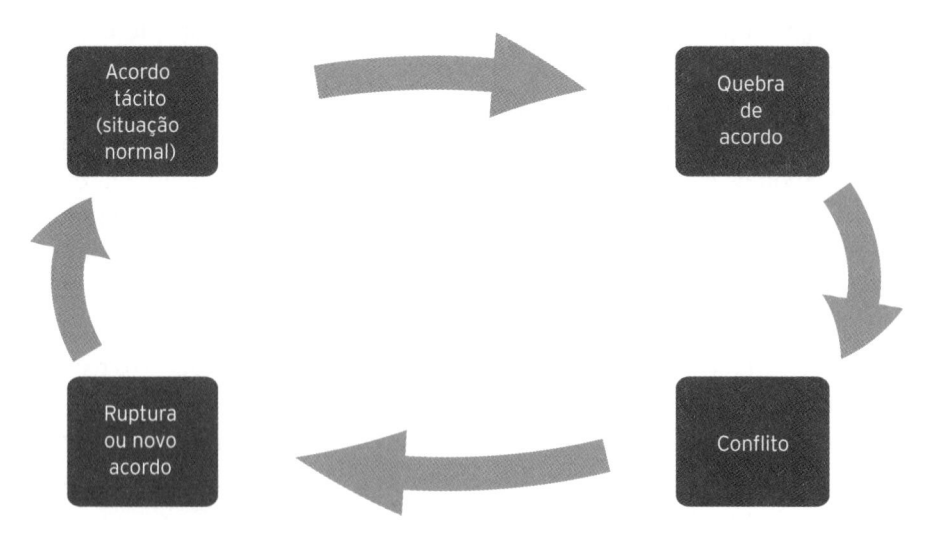

```
Acordo tácito (situação normal) → Quebra de acordo → Conflito → Ruptura ou novo acordo → (volta a Acordo tácito)
```

Acordo bem celebrado

Acordo Tácito: Estabelecido entre colaboradores ou parceiros de negócios, os quais discriminam normas de participação como responsabilidades, metas, prazos, resultados, comportamentos ou ações para o bom andamento do negócio. Podem ser mais ou menos formais, mas precisam estar certos em qualquer negociação ou relacionamento. Um ambiente de trabalho, por qualquer que seja, exige compromissos e interesses de todos na gestão dos conflitos.

Segundo Greg Nathan: "Coisas incríveis podem acontecer quando as pessoas confiam umas nas outras, se comunicam de forma eficaz e trabalham bem em conjunto." No entanto, quando há problemas nesta comunicação, os níveis de confiança podem ser prejudicados, e é exatamente aí que nascem os conflitos.

Quebra de Acordo: Pode acontecer quando os parceiros de negócios não cumprem, de alguma forma, as condições ideais do contrato (o acordado).

Também pode acontecer quando a relação entre os parceiros de negócios não está regulada com clareza sobre obrigações, contribuições de cada um em benefício do sistema, da rede ou da marca. É o que chamamos de falta de acordos claros. Podem simplesmente não citarem certas questões, ou mesmo citarem, mas de forma dúbia ou confusa, gerando entendimentos diferentes entre as partes.

Conflito: Qualquer situação em que as preocupações, interesses ou desejos diferem dos de outras pessoas, seja em uma relação social ou de trabalho, podendo gerar um conflito.

Assim, entendemos que a Gestão de Conflitos é a prática de identificar e gerenciar conflitos de uma maneira justa e eficiente.

Ainda de acordo com Nathan: "Conflitos raramente surgem do nada: sempre há sinais de que há um problema iminente. Ignorar esses sinais de alerta é um risco. Fingir que o conflito não existe ou que ele desaparecerá se você ignorar é uma abordagem ruim."

E há alguns "sinais de conflito" (sinais comportamentais) que podem ser evidenciados quando estamos, ou então na iminência, em um conflito:

- **Maximizando as mínimas coisas** — Pessoas com foco em encontrar problemas em vez de buscar soluções.
- **Quebra na comunicação** — As pessoas já não escutam umas as outras, se acham absolutamente certas.
- **Bode expiatório** — Tendência das pessoas se juntarem para tirar alguém do sistema.
- **Comprometimento reduzido** – Deixam de participar de atividades.

- **Desconfiança** — Surgimento de dúvidas sobre as intenções por trás das atitudes.
- **Conflitos internos** — Desta forma, as pessoas se esquecem que estão lidando com negócios e se concentram em problemas internos

No entanto, não necessariamente um conflito será ruim. Sempre os conflitos:

1.) Exigem "parada obrigatória" para a reflexão.
2.) Obrigam os envolvidos a sair do "piloto automático".
3.) Abrem novas perspectivas, gerando inovações.
4.) Podem trazer melhorias de desempenho e profissionalização.
5.) Podem aumentar a qualidade do relacionamento entre as partes.

Ruptura ou novo acordo: Quando se chega a este ponto, ou há a ruptura do relacionamento, ou negociação, ou chega-se a um novo acordo, para que esta relação prossiga. O problema dos acordos formados em situação de conflito é que muitas vezes deixam mágoas ou sentimento de perda a algum dos lados, o que pode, futuramente, eclodir.

Para que haja um novo acordo, é comum que algum, ou os dois, lados cedam. Como diz Nathan: "Há sempre dois ou mais lados em cada litígio. Uma obsessão em "estar certo" é geralmente um desperdício e uso infantil do tempo, dinheiro e energia de alguém." Assim, vê-se que "as redes de Franquias são tão fortes quanto seu elo mais fraco".

E para isso, em redes de Franchising se torna vital estabelecer uma relação Ganha/Ganha entre as partes envolvidas, em que a transparência de intenções, a empatia, o interesse legítimo no crescimento e fortalecimento da rede, o profissionalismo e a colaboração sejam regras de negócio.

Como citado por Stephen R. Covey, no livro *Os 7 Hábitos das Pessoas Altamente Eficazes*: "O Ganha/Ganha é um estado de espírito que busca constantemente o benefício mútuo em todas as interações humanas. Ganha/Ganha significa entender que os acordos e as soluções são mutuamente benéficos, mutuamente satisfatórios. Com uma solução do tipo Ganha/Ganha, todas as partes se sentem bem com a decisão e comprometidas com o plano de ação."

Uma importante lição aprendida em Gestão de Conflitos é separar as pessoas do real problema ou objeto do conflito. Há um ditado popular e sábio que orienta que sejamos suaves com as pessoas e duros com os problemas.

E para a reconstrução de um acordo, três pontos devem ser considerados:

Pertencer. Todos precisamos de um senso de pertencer – para sentir que estamos conectados e sermos aceitos pelas pessoas que consideramos importantes em nossas vidas. Essa unidade de pertencer está por trás da criação de tribos, vilas, sociedades e civilizações.

Respeito. Todos queremos ser tratados com respeito – para sentir que temos valor. Essa é a forma como desenvolvemos a nossa confiança e autoestima.

Objetivo. Todos precisamos de um senso de propósito em nossas vidas: metas significativas em direção às quais trabalhar e valores nos quais acreditamos.

> *"Franchising é uma relação de forte interdependência entre as pessoas. Se prestarmos atenção somente em contratos, finanças e mercados e ignorarmos a dimensão humana do Franchising – os sentimentos, motivações e comportamentos das pessoas –, ignoramos o núcleo da relação de Franquia. Boa comunicação é importante para o sucesso em todas as áreas da vida... Ironicamente, quando estamos muito ligados a algo é que parecemos nos comunicar pior. Em especial, sentimentos tais como impaciência, frustração, intolerância ou ressentimento tendem a criar barreiras para a boa comunicação"* Greg Nathan.

Algumas dicas fornecidas por Nathan com relação ao ouvidor na relação de Franchising são as seguintes:

- Dar toda atenção ao que a outra pessoa está dizendo.
- Ouvir primeiro, deixar a pessoa falar, mostrar que está ouvindo.
- Encorajar a falar, principalmente quando ela demonstra estar chateada.
- Manter uma abordagem aberta e amistosa.
- Mostrar que você entende o que ela está dizendo e como ela está se sentindo.
- Demonstrar interesse em compreender.
- Manter contato visual, falando calmamente.
- Não tirar suas próprias conclusões, perguntar.

> *"A Ouvidoria dá à outra pessoa liberdade e oportunidade para esclarecer seus problemas. Isso, por sua vez, pode liberar a pressão que ela sente, o que pode ajudar muito a resolver a questão."*

Comitês Temáticos de Trabalho

Os comitês servem para a discussão de um tema específico. Normalmente, são escolhidos pela Franqueadora de acordo com a relevância e importância do tema para a Rede no momento. Alguns exemplos:

- Comitê de Marketing;
- Comitê de Operações;
- Comitê de Finanças;
- Comitê de Logística;
- entre outros mais específicos.

Para concentrar as discussões sobre temas importantes, a Franqueadora cria as regras para a formação do respectivo comitê e, por indicação ou eleição, são escolhidos os representantes que participarão das reuniões.

É comum que sejam escolhidas as maiores autoridades (por conhecimento, não por cargo) no assunto dentro da rede para participarem. Se um Franqueado é formado em Publicidade, por exemplo, e faz um trabalho de divulgação excelente em sua região, este tende a ser convidado. O responsável pelo marketing da rede também poderá participar. E assim por diante.

Essas reuniões devem ser agendadas com antecedência para que todos se programem e participem. Cada rede tem suas políticas quanto à cobertura dos custos envolvidos nessas reuniões. Algumas Franqueadoras arcam com os custos como forma de privilegiar e incentivar os escolhidos, ou eleitos, a participarem.

Deve haver regras bem formatadas para a existência de um comitê. As reuniões de comitês têm como objetivo gerar ideias e criar discussões sobre um determinado tema, sem a obrigação de implementar as ideias preferidas. É um fórum de discussões que permite à Franqueadora ouvir as opiniões dos especialistas do assunto e avaliar possíveis caminhos a tomar sobre aquele tema.

Conselhos Consultivos de Franqueados (CCF)

Os Conselhos Consultivos de Franqueados (CCF), diferentemente dos Comitês Temáticos, não são específicos para discussão de um determinado assunto. Tratam de vários assuntos, de acordo com a necessidade da rede. Devem possuir um regulamento, com as regras de participação e a escolha dos participantes. Normalmente são formados por Franqueados que representarão uma determinada área ou grupo de Franqueados. A Franqueadora costuma ser representada pelos gestores da empresa.

Para que essas reuniões sejam produtivas, há alguns pontos importantes:

1.) Nas regras do Conselho, devem estar especificadas exatamente as condições de participação dos Franqueados. Adimplência junto à Franqueadora, atingimento de metas nas Franquias, por exemplo, são condições que costumam constar nesses regulamentos. A ideia é que todos os Franqueados presentes estejam realmente fazendo a "sua lição de casa", pois eles estarão representando uma área ou grupo de Franqueados. Um Franqueado que está, por exemplo, com o pagamento dos *royalties* em atraso não deveria ser autorizado a participar de uma reunião de conselho. Outro representante deveria ser escolhido. Assim, mostra-se à rede o quanto a reunião é séria e as regras do CCF são seguidas.

2.) É importante que os Franqueados escolhidos, ou eleitos, com base na pauta de assuntos determinados a serem discutidos, façam contatos com os outros Franqueados da região que este representa para alinhar ideias quanto aos tópicos. O Franqueado que faz parte de um conselho deve trazer ideias, críticas, problemas, sugestões e opiniões que sejam do grupo de Franqueados que ele representa, e não ser um defensor de suas causas pessoais ou das causas de suas unidades. Com isso, alguns bons conselheiros até fazem reuniões prévias locais antes de participarem da reunião de Conselho oficial.

3.) As reuniões de Conselhos Consultivos de Franqueados são, como o próprio nome diz, consultivas e não deliberativas. Ou seja, os Franqueados trazem ideias e problemas para serem resolvidos, mas quem delibera (quem decide se vai ou não implantar) é a Franqueadora. Isso tem que ficar bem claro desde o início. O Conselho é um canal direto entre as Franquias e a Franqueadora. As reuniões são momentos de discussão e reflexão, em que a Franqueadora pode não levar uma ideia à frente, ou mesmo não querer discuti-la. Logicamente que as redes que possuem os Conselhos de Franqueados já estão num estágio mais adiantado. Tanto Franqueadora quanto Franqueados entendem seus papéis e realmente estão juntos em busca de melhores resultados. Até porque ter um Conselho de Franqueados, ter as reuniões, criar-se boas discussões e no final nada mudar, não faria sentido. Seria só tempo e dinheiro jogados fora, além de desperdício de inteligência da própria rede.

4.) Novamente, a cobertura dos custos gerados nos CCFs deverá ser acordada entre Franqueadora e Franqueados. O custeio de hospedagem e passagens aéreas, quando necessários, podem ser assumidos pela Franqueadora como forma de incentivar a participação dos representantes nas reuniões e assim gerar boas discussões. No entanto, em muitas redes brasileiras, há o compartilhamento desses custos com os Franqueados. O importante é que as regras estejam claras com relação aos custos, bem como reembolsos de despesas, entre outros.

O Conselho de Franqueados, quando bem implantado e quando esta cultura é difundida, facilita o trabalho da equipe de suporte à rede. Isto porque determinadas ações acabam sendo passadas diretamente para os conselheiros, os quais as repassam para o restante da rede. Normalmente, é uma forma interessante de gerar comprometimento e, ao mesmo tempo, ganhar agilidade, reduzindo gastos.

Associações de Franqueados
Vale ressaltar o papel das Associações de Franqueados. Diferentemente dos Conselhos Consultivos de Franquias, as Associações tendem a ser consideradas movimentos de união dentre os Franqueados sem o envolvimento por parte da Franqueadora. Nasce de maneira antagônica aos direcionamentos da Franqueadora e, normalmente, no sentido de aumentar o poder dos Franqueados dentro de uma rede. Acaba assumindo a mentalidade de um sindicato, com o ingresso de advogados, entre outros especialistas convidados e contratados pela Associação.

Porém, por outro lado, há redes no Brasil que até estimulam a criação de Associações entre os seus Franqueados e também contam com o Conselho, convivendo de maneira harmoniosa e produtiva. Não há como generalizar se uma coisa sem a outra é prejudicial ou não para a Franqueadora, mas é importante entender os mecanismos de comunicação e troca de ideias entre os Franqueados e o foco, único e exclusivo, de melhorar o sistema de Franquias como um todo.

É natural que quando surge uma Associação de Franqueados dentro de uma rede, é porque há assuntos latentes entre Franqueados e Franqueadora a serem resolvidos. Os tópicos mais comuns que geram a criação de Associações são:

- **Viabilidade financeira do negócio (Franqueados)** – Quando muitos Franqueados começam a ter problemas financeiros e entendem que esses problemas são ou foram causados pela Franqueadora;
- **Viabilidade financeira do negócio (Franqueadora)** – Quando os Franqueados entendem que a Franqueadora não está sendo bem gerida e que isso pode causar instabilidade ao negócio como um todo;

- **Fusões e aquisições** – Quando surge na rede a preocupação quanto à venda da empresa ou à compra de alguma outra ou relacionada à mudança de direção da Franqueadora;
- **Fornecedores** – Quando há problemas de abastecimento da rede e gera-se a preocupação sobre bônus (*rebates*, por exemplo) absorvidos pela Franqueadora sem o devido repasse (diretamente ou embutido nos valores dos produtos) aos Franqueados;
- **Suporte para a rede** – Quando há problemas de suporte. Problemas de atendimento às solicitações dos Franqueados pela ausência de canais de comunicação, pela má qualidade destes canais ou pela ausência de retorno;
- **Marketing** – Quando as verbas de marketing são mal utilizadas ou não há uma prestação de contas clara. Quando há um Fundo de Marketing devido e com participação de Franqueados, este tipo de reclamação tende a ser minimizado;
- **Entre outros.**

Quando uma Associação começa a ser formada, a Franqueadora tem a opção de tomar suas decisões quanto a se manter ausente e deixá-la surgir, ou mesmo buscar a participação e a comunicação com os Franqueados que estão à frente deste movimento. Entendemos que a comunicação aberta é sempre o melhor caminho. Por mais que os motivos das reclamações dos Franqueados pareçam sem sentido, é sempre válido sentar e conversar, buscando o alinhamento das expectativas e sentimentos.

O verdadeiro Conselho Consultivo de Franquias (CCF) é aquele em que há a participação, e muitas vezes a organização, por parte da Franqueadora.

Algumas Franqueadoras relutam em criar seus conselhos pela preocupação de aumentar o poder dos Franqueados. E isso pode acontecer, sim, e tem de ser analisado de maneira positiva, mas o ponto não é o poder em si, mas sim o alinhamento entre todos os integrantes da rede. É sempre importante reforçar que os CCFs devem ter caráter consultivo e não deliberativo. Para um CCF gerar bons resultados, há alguns pontos a atentar:

1.) **Propósito** – Quais são os reais motivos da criação do conselho. Deve estar muito claro quais serão os assuntos a serem discutidos, e todos os participantes devem vir preparados para as discussões. Vale citar que é um conselho de "Franqueados", e por isso a equipe da Franqueadora deve tomar os cuidados para não dominar as reuniões. Deve ser incentivada a participação de todos.

2.) **Periodicidade dos encontros** – Muitas redes se reúnem até quatro vezes por ano. Vale estar atento à periodicidade, pois muitos encontros podem gerar custos desnecessários com poucas resoluções a apresentar em cada reunião, e isso causar a sensação de que os encontros não estão sendo produtivos.
3.) **Regras claras** – O que pode e o que não pode deve estar escrito. E estas condições devem ser acertadas em comum acordo com os Franqueados, para não parecer que o CCF foi criado de acordo com os interesses da Franqueadora. A própria formatação dos Conselhos — estrutura, propósito, objetivos, filiação de novos membros, condução das reuniões, periodicidade dos encontros etc., — já é uma boa forma de alinhar expectativas.
4.) **Compromisso** – Deve estar muito claro que fazer parte de um CCF representa uma posição de responsabilidades, que exigirá tanto da equipe da Franqueadora quanto dos Franqueados Membros esforços extras na execução das tarefas determinadas nas reuniões.

Algumas práticas comuns e bem-sucedidas na formação ou filiação dos CCFs:

- Sempre deverá contar com membros da Franqueadora.
- Restringir participação somente para Franqueados e/ou operadores das unidades. Pode, em encontros específicos para a discussão de determinado tema, ter a participação de gerentes ou especialistas – advogados e consultores externos, ou mesmo dos Consultores de Campo & Negócios, por exemplo.
- Ter a participação de representantes da Franqueadora em todos os encontros. É uma forma de mostrar que a reunião de CCF é importante também para a Franqueadora e que esta tem alguém lá para ouvir os Franqueados.
- Estipular a rotatividade dos membros participantes, periodicamente, para que o CCF não fique parado no tempo. É uma forma também de dar oportunidade a outros Franqueados e funcionários da Franqueadora nas reuniões, trazendo assim ideias e estilos diferentes. Vale pontuar que a substituição de membros é salutar, porém não pode ser feita em grande número de uma só vez. Vale manter sempre, no mínimo, 50% dos participantes das reuniões anteriores, para que a alteração no quadro de participantes não afete o andamento das atividades.
- Restringir aqueles que não se encaixam nas regras estipuladas pelo Conselho. Isso dará mais credibilidade ao conselho.

Para as reuniões de CCF é sempre importante alguém fazer o papel de "redator" das ideias e sugestões (pode haver a rotatividade desta função entre os membros participantes a cada reunião), e tudo deve culminar na montagem de um Registro de Reunião com um Plano de Ações. Vale, sim, pontuar as ideias comentadas, discutidas e não aprovadas, indicando o porquê da não aprovação. No entanto, o ponto decisivo será o que fazer com as boas ideias. Quem ficará responsável por cada ação, quais os responsáveis pela execução etc.

Lembrar que um Registro de Reuniões deverá estar atrelado a um Plano de Ações e, para funcionar, alguns pontos são vitais:

- Definição das atividades que serão executadas (o porquê da definição da atividade).
- A prioridade de cada atividade.
- A lista de ações detalhadas para a realização de cada atividade.
- O responsável pela execução ou acompanhamento de cada ação.
- A data de realização de cada ação.

Uma premissa importante para que as reuniões de CCF gerem bons resultados é fazer com que as reuniões comecem com a análise das realizações do Plano de Ação definido no Registro de Reuniões firmado na reunião anterior e termine com outro Registro de Reunião e mais ações a executar. Assim, ao passar de alguns encontros, teremos a visão clara de tudo que foi feito com o passar do tempo, não gerando então a impressão de improdutividade.

Este Plano de Ação, ao final de cada reunião, deve ser passado a todos os membros participantes, os quais ficarão responsáveis pelas tarefas que lhe cabem, envolvendo suas equipes para a execução das ações nos prazos estabelecidos.

Dicas para que um Conselho Consultivo dê certo:

- Proatividade por parte da Franqueadora, incentivando a criação dos CCFs e assim desencorajando a criação de Associações;
- Resistir à tentação de controlar as reuniões;
- Focar para que os CCFs sejam bem formatados;
- Ter paciência para a resolução dos problemas;
- Ter controle sobre os Planos de Ação desenvolvidos nas reuniões, pois estes serão a garantia de que as reuniões estão gerando bons resultados.

Como motivar os integrantes de uma rede

Para facilitar a compreensão desse assunto que é bastante importante para o sucesso de qualquer operação de Franquias, listamos a seguir algumas ações que devem nortear os fundamentos do negócio, lembrando que, em qualquer relacionamento, para se ter sucesso, é preciso que haja no mínimo compromisso e entendimento entre as partes envolvidas.

Uma rede de Franquias alinhada e mais comprometida gera resultados mais sustentáveis no longo prazo.

- **Estruture um modelo de negócio lucrativo e viável** – fazer parte de um negócio em que as duas partes ganham é o principal fator de motivação. O modelo deve sempre atender aos dois lados (a rede e seus franqueados) e todos precisam ter informações claras sobre como é possível agir para melhorar os resultados. É também necessário que todos conheçam as alavancas do negócio, os pontos que, se alterados, produzirão melhores indicativos.

- **Defina claramente as responsabilidades de cada parte** – somente agindo assim as redes e seus integrantes amadurecem e tornam o negócio mais interdependente e devidamente estruturado. Essa definição pode ser feita no início da parceria, por meio do treinamento inicial, quando se deve deixar claro o que se espera de cada parte. Ou então durante a relação, por meio de programas de treinamento intensivos ou das visitas de suporte da equipe responsável pela gestão da rede, tornando o processo mais fácil de ser absorvido por todos.

- **Realize pesquisas de satisfação** – frequentemente, é importante entender de maneira estruturada os motivos de satisfação ou insatisfação da rede, quais são seus principais anseios e inquietudes. E, obviamente, deve-se agir a partir das informações levantadas e diagnosticadas, promovendo uma cultura de respostas rápidas aos eventuais questionamentos, demonstrando claramente que a empresa se preocupa com seus franqueados.

- **Estruture sistemas de avaliação dos integrantes da rede** – esses sistemas devem envolver aspectos quantitativos, como os resultados, margem, metas, pontuação de *check-list*, e qualitativos, como participação dos integrantes da rede no dia a dia do negócio, qualidade na gestão de pessoas, realização de ações de marketing e vendas, capacidade de investimento e reinvestimento no negócio, obediência às regras da empresa.

- **Crie programas de benefícios** – essa é uma maneira de motivar efetivamente os integrantes da rede, atrelando políticas de descontos, aumento de prazos de pagamentos, direito a uma quantidade maior de material promocional, participação em programas de treinamentos especiais, enfim, algo que produza na rede a devida motivação, reconhecimento e engajamento de seus integrantes por alcançar resultados diferenciados. Esse item está mais detalhado na construção de um Programa de Excelência.

- **Compartilhe as práticas bem-sucedidas** – todos em uma rede têm o que aprender e o que ensinar. E essa troca deve ser uma rotina, pois devem ser sempre valorizadas as ações que geram resultados efetivos, promovendo um círculo virtuoso de crescimento e de atitudes em benefício de todos. A produção de conhecimento não pode estar somente localizada no centro de uma rede de negócios, ela tem que permear todos os integrantes dessa rede, numa visão de organização de aprendizagem.

- **Estabeleça uma cultura de prestação de serviços** – numa rede de Franquias, a equipe da Franqueadora deve entender claramente seu papel de servir os franqueados de uma rede e saber que eles são os responsáveis (direta ou indiretamente) pelas suas remunerações. Para tanto, é importante estabelecer um princípio de parceria focado na empatia. Ou seja, é necessário criar uma mentalidade em toda equipe da empresa baseada no entendimento das coisas sob a perspectiva do gestor de cada unidade.

Assim a rede estará mais motivada e preparada para enfrentar os obstáculos naturais do mercado e os eventuais problemas de comunicação e de falta de alinhamento de princípios, valores e regras.

CAPÍTULO 11

Marketing da Rede

A Essência de um Fundo de Marketing

Uma das vantagens de se pertencer a uma rede é que a soma de suas unidades pode gerar recursos suficientes para se investir em ações e campanhas de divulgação que uma unidade sozinha jamais teria condições de fazer.

Aqui vamos tratar de todos os aspectos relacionados ao conceito e à imagem da marca no mercado e todas as possibilidades de ações e campanhas de divulgação e de promoção de produtos e ofertas como marketing da rede. Uma rede deve tratar o marketing como conceito mais amplo, não apenas limitado a propagandas, mas sim como todo um conjunto de estruturas, ferramentas e ações que devem estar voltadas para uma comunicação adequada junto a seu público-alvo, que contribua para gerar e aumentar as vendas para o negócio.

Como o marketing em negócios de varejo é importante na grande maioria dos casos, tanto para construir e fortalecer a imagem da marca como divulgar produtos e ofertas especiais nas unidades da rede, organizar a arrecadação de recursos para investimentos nessa área deve ser tarefa da Franqueadora dentro de suas funções de gestão da rede.

A maneira mais comum de arrecadar recursos para investimento no marketing da rede é apenas criar uma taxa e direcionar os recursos arrecadados para o caixa da Franqueadora, sob o compromisso de investi-los em marketing. Porém, dessa forma, o controle dos recursos pela rede e a forma como utilizá-los pode gerar muitos conflitos com a rede e a insatisfação dos Franqueados. O melhor caminho será estruturar a arrecadação e o emprego desses recursos na forma de um Fundo de Marketing, com regras claramente estabelecidas e mecanismos de prestação de contas aos Franqueados.

Na definição de um Fundo de Marketing da rede, alguns princípios devem ser observados:

- **Valor da taxa**
  - O valor da taxa de marketing deve prever o equilíbrio entre as necessidades de marketing da rede a capacidade de pagamento das Franquias. Ou seja, a taxa de marketing deve caber sem dificuldades no orçamento da Franquia (Para uma referência completa sobre a taxa de marketing, consulte o Capítulo 5 sobre Modelo Financeiro – Taxa de Marketing).

- **Contribuição de todos**
  - Todas as unidades da rede devem pagar a taxa de marketing. A regra não deve se aplicar somente para as Franquias. Caso haja unidades próprias da Franqueadora na rede, estas também devem pagar a taxa.

- **Foco e destinação dos recursos**
  - O objetivo do fundo deverá ser específico para investimentos em questões de marketing, não devendo haver desvios de seus recursos para eventualmente cobrir outros tipos de despesas da Franqueadora ou com a gestão da rede. Outras despesas devem ser cobertas com os recursos da taxa de *royalties* e outras fontes de receitas que a Franqueadora eventualmente tenha.

- **Escassez de recursos**
  - Mesmo com toda a rede contribuindo com o fundo, possivelmente não haverá recursos suficientes para atender a todas as necessidades ou desejos de ações de marketing para toda a rede e para as unidades individualmente. Portanto, as regras de uso dos recursos deverão prever o seu melhor uso dentro do possível, observando princípios de equidade e do maior potencial de geração de resultados para a rede como um todo.

- **Contribuição adicional da Franqueadora**
  - Além dos recursos arrecadados com a taxa de marketing, a Franqueadora poderá investir recursos adicionais próprios para o marketing da rede. O ideal é que a Franqueadora seja capaz de investir até 50% do total gasto no marketing da rede. Os outros 50% viriam do Fundo de Marketing.

- **A Franqueadora como gestora do fundo**
  - A gestão do fundo, que inclui a decisão pelo melhor uso dos recursos, conforme as regras previamente estabelecidas, deve ficar a cargo exclusivamente da Franqueadora, de forma soberana. As regras devem prever a consulta e a contribuição com ideias das Franquias, mas a decisão final sobre a destinação dos investimentos sempre deverá ser da Franqueadora.
  - Essa regra visa a garantir sempre o melhor interesse da rede como um todo nas questões de marketing da rede, em detrimento do interesse individual ou de eventuais favorecimentos ou privilégios de alguns, naquilo que não estiver previsto nas regras do fundo.

Como Estruturar um Fundo de Marketing e Prestar Contas

A separação de contas

Um dos benefícios da constituição de um Fundo de Marketing é a separação de contas. Como a Franqueadora é a arrecadadora da taxa de marketing na rede, estabelecer que os recursos sejam tratados separadamente de suas próprias contas já permite que haja melhor controle dos valores, sem que se misturem com outras receitas da Franqueadora.

Aqui há um ponto importante: temos que assumir que os recursos provenientes da taxa de marketing paga pelas Franquias pertençam à rede, e não à Franqueadora. Ou seja, a Franqueadora teria a função apenas de gestão de recursos da rede, que neste caso têm finalidade específica.

Há pelo menos duas formas de se fazer isso:
- Criar uma conta bancária à parte somente para os depósitos e as movimentações dos recursos do fundo
  - Essa conta continua sendo de titularidade da Franqueadora, mas

os recursos pertencem à rede e seu uso deve obedecer às regras do Fundo de Marketing.

- Outra opção é constituir oficialmente um fundo, como entidade distinta da Franqueadora
    - Nesse caso haveria a constituição do fundo como uma Pessoa Jurídica, com CNPJ próprio e contabilidade separada.
    - A Franqueadora deve ser então nomeada pela rede de Franquias como gestora dos recursos, podendo inclusive se prever uma remuneração para isso. Esse formato é semelhante aos fundos de aplicação financeira que são administrados pelos bancos, com a diferença de que os recursos não são divididos em cotas, nem é possível o resgate dos valores das contribuições.
    - Essa opção é mais indicada para o caso de redes muito grandes, envolvendo um volume numeroso de recursos, e quando houver a indicação devido a questões contábeis e tributárias.
    - Atenção: ao avaliar a melhor opção para a constituição do fundo, sempre consulte profissionais especializados, como contadores, consultores e advogados, para a tomada de decisões.

Tributação e questões contábeis para a Franqueadora

Por princípio tributário, se os recursos da taxa de marketing entrarem para o caixa da Franqueadora sem qualquer distinção de natureza da receita, sobre esses valores incidirão os impostos federais cabíveis, conforme o regime tributário adotado pela Franqueadora, assim como o ISS, se houver o entendimento de que a gestão dos recursos do Fundo de Marketing é uma prestação de serviços à rede.

Porém, pode haver o entendimento contábil de que os recursos do fundo, mesmo estando depositados em conta de titularidade da Franqueadora, estejam apenas sob sua custódia, desde que efetuados os lançamentos contábeis adequados para esse caso.

Atenção: consulte um contador ou advogado para verificar a possibilidade da contabilização por essa forma, não incidindo impostos diretos sobre as receitas da taxa de marketing paga pelas Franquias.

Já no caso do fundo ser constituído na forma de uma Pessoa Jurídica à parte, os impostos devidos serão pagos diretamente pelo fundo.

A prestação de contas para a rede

Para garantir a transparência da gestão e da destinação dos recursos do fundo, a Franqueadora deverá prestar contas à rede. A forma, o nível de detalhamento das informações e a frequência da prestação de contas deverão ser definidos caso a caso em cada rede. O importante é que estejam previamente definidos nas regras de gestão do Fundo de Marketing.

Como orientação, indicamos que a prestação de contas ocorra minimamente a cada seis meses, sendo o ideal pelo menos a cada três meses.

O modelo de consulta e participação das Franquias na gestão do Fundo de Marketing

Embora a Franqueadora deva ter a gestão soberana dos recursos do fundo, o ideal que se criem mecanismos de consulta às Franquias sobre questões relevantes e de interesse geral da rede.

Essa participação pode ocorrer por meio da participação em reuniões agendadas com os Franqueados que tenham interesse. Para redes com mais de dez Franqueados, já se justifica a constituição de um comitê de Franqueados que deverá representar a rede nas situações e questões relativas ao fundo e ao uso dos recursos, de modo a organizar melhor a participação da rede.

Um ponto importante é que a participação dos Franqueados ou do comitê de Franqueados deverá ser consultiva e não deliberativa. Ou seja, nos casos de conflitos de opiniões, deverá sempre prevalecer a decisão final da Franqueadora sobre todos os demais pontos de vista individuais ou coletivos dos Franqueados.

Um modelo de estatuto para o Fundo de Marketing

A melhor forma de reunir e organizar as regras do Fundo de Marketing é pela criação de um estatuto. A seguir, você encontrará um exemplo de estatuto para um Fundo de Marketing.

Esse exemplo não significa que seja o melhor modelo para uma rede de Franquias, nem que esteja completo ou na melhor forma de regras para um Fundo de Marketing. Apenas tem o objetivo de ser uma referência e um roteiro de regras básicas necessárias para a organização do dia a dia da gestão de um Fundo de Marketing.

Exemplo de estatuto

A definição do Fundo de Marketing e os seus objetivos

O Fundo de Marketing será constituído pelos recursos da taxa de marketing mensal paga pelas Franquias da rede. Seu objetivo é reunir recursos financeiros para a divulgação da marca da rede, assim como de seus produtos ou serviços.

O Fundo de Marketing, portanto, se destina à criação de materiais e à ações de divulgação em benefício direto da rede franqueada, complementando eventuais investimentos que a Franqueadora poderá fazer para o marketing da rede.

A gestão do Fundo de Marketing

Os recursos do Fundo de Marketing pertencem à coletividade da rede de Franquias e sua gestão será de responsabilidade da Franqueadora em caráter soberano, podendo a rede contribuir com sugestões e ideias, conforme as regras estabelecidas neste Estatuto.

À gestão do Fundo de Marketing, as seguintes responsabilidades a serem assumidas pela Franqueadora:

- A arrecadação e controle dos recursos financeiros provenientes da taxa de marketing paga pelas Franquias da rede.
- A decisão sobre o uso destes recursos, conforme as regras deste Estatuto.
- A execução dos controles contábeis e fiscais que eventualmente sejam necessários.
- A prestação de contas para a rede ou ao grupo que a represente na forma e frequência definidas neste Estatuto.

O comitê de Franqueados para o Fundo de Marketing

O comitê de Franqueados, constituído em caráter permanente, terá a função de representar a rede de Franquias junto à Franqueadora nos assuntos de interesse na gestão do Fundo de Marketing.

Sua atuação tem caráter consultivo, significando que nas situações de divergências quanto a quaisquer aspectos na gestão do Fundo de Marketing, como a gestão financeira, a destinação e alocação de seus recursos ou quaisquer outros, a decisão final sempre será da Franqueadora, respeitando as regras do Fundo e os interesses coletivos da Franqueadora e da rede de Franquias.

O comitê de Franqueados deve ser constituído dos seguintes integrantes:

- De no mínimo dois e no máximo cinco Franqueados da rede, conforme o número de Franqueados na rede.
- Um representante da área de marketing da Franqueadora.
- Um representante da área de gestão da rede da Franqueadora.

O comitê de Franqueados deverá se reunir a cada três meses, com a agenda tratando dos seguintes assuntos:
- A prestação de contas do Fundo no período.
- A apresentação de eventuais sugestões recebidas dos Franqueados da rede.
- A discussão das propostas de criação das campanhas de marketing e ações de divulgação com uso de recursos do Fundo de Marketing.

A decisão sobre o uso dos recursos do Fundo de Marketing

As decisões sobre o uso dos recursos do Fundo de Marketing sempre caberão à Franqueadora. E as decisões serão tomadas tendo sempre como base, nesta ordem:

- As regras do Fundo de Marketing definidas neste Estatuto.
- Os objetivos do planejamento de marketing da Franqueadora para a rede.
- O interesse geral e coletivo do conjunto da Franqueadora e da rede de Franquias.
- A disponibilidade de recursos e a avaliação de potencial de resultados das campanhas ou ações marketing, baseada nos critérios técnicos definidos pela Franqueadora e também na experiência adquirida em campanhas e ações anteriores na rede.

Para a tomada das decisões, a Franqueadora poderá consultar o comitê de Franqueados, ouvindo a sua opinião como apoio ao processo de decisão.

As destinações dos recursos do Fundo de Marketing serão apresentadas e justificadas nos momentos pré-estabelecidos da Prestação de Contas do Fundo.

O comitê de Franqueados poderá solicitar à Franqueadora explicações adicionais sobre as decisões de uso dos recursos do Fundo de Marketing, desde que haja fatos relevantes que as justifiquem. A Franqueadora, entretanto, terá reservado o direito de apresentar suas justificativas somente na Prestação de Contas.

As tarefas e responsabilidades das partes envolvidas na gestão do Fundo de Marketing

Há quatro principais elementos que se relacionam direta ou indiretamente com as atividades de gestão do Fundo de Marketing, cujas principais responsabilidades são listadas a seguir:

Área de marketing da Franqueadora
▶ Prestação de contas do Fundo de Marketing.

- Captação de necessidades de marketing da rede.
- Operação das atividades do Fundo de Marketing, tais como:
  - Interface entre as áreas internas de apoio da Franqueadora e a rede de Franquias.
  - Coordenação e acompanhamento das reuniões e da relação entre a Franqueadora e a rede de Franquias nos assuntos do Fundo de Marketing e do marketing da rede.
- Mediação de conflitos em assuntos de marketing junto à rede de Franquias.
- Definição de campanhas de marketing.
- Criação e produção (com ou sem uso de agências externas de propaganda).
- Gestão de campanhas cooperadas com as Franquias.
- Avaliação e aprovação de sugestões, ideias e solicitações das Franquias nos assuntos de marketing.

Comitê de Franqueados
- Participação nas discussões sobre o uso dos recursos do Fundo de Marketing.
- Trazer a opinião, ideias, sugestões e as necessidades de marketing da rede para a Franqueadora.

Franqueados
- Pagamento da taxa de Franquia.
- Participação em ações cooperadas com o Fundo de Marketing.
- Solicitação de materiais extras de divulgação, conforme sua necessidade.
- Sugestões de ideias para ações de marketing específicas.

Provedores externos (agências de propaganda e outros prestadores de serviços)
- Estrutura interna de marketing da Franqueadora ou agências externas contratadas.
  - Criação de campanhas regionais e locais.
- Agências de propagandas locais, contratadas pela Franquia.
  - Definição e apoio na contratação de mídias para veiculação de campanhas em nível local ou regional.
  - Reprodução de material gráfico (a partir da criação pela Franqueadora) para situações cujos custos não sejam cobertos pelo Fundo de Marketing.

As contribuições ao Fundo de Marketing

Os recursos do Fundo de Marketing serão provenientes exclusivamente da rede de Franquias, por meio da contribuição mensal da Taxa de marketing, conforme estabelecida no Contrato de Franquia.

Os investimentos da Franqueadora no Marketing da rede

Dentre os investimentos necessários em marketing para o negócio, alguns são de responsabilidade somente da Franqueadora, não havendo participação dos recursos do Fundo de Marketing nestas despesas, que são listadas na sequência:

- Estrutura da área de marketing da Franqueadora.
- Pagamento das agências de propaganda relacionadas ao marketing institucional da marca.
- Despesas de gestão do Fundo de Marketing, à exceção da equipe do marketing da Franqueadora dedicada exclusivamente às operações do Fundo de Marketing.

Embora o montante desses investimentos não esteja definido em função de um percentual do total de recursos arrecadados pelo Fundo de Marketing, a Franqueadora se compromete a manter permanentemente os investimentos próprios para custear as despesas anteriores, sem requerer participação do Fundo de Marketing.

A destinação dos recursos do fundo

Os recursos do Fundo de Marketing se destinam a pagar custos e despesas relacionados aos seguintes itens:

Material Promocional da Marca ou de produtos da rede

► Criação e produção de materiais gráficos ou digitais destinados a ações de divulgação exclusivamente pelas Franquias, em volume mínimo necessário, definido pela área de marketing da Franqueadora.

Ações-padrão de mídia regional e local para as Franquias

► Criação e produção de ações padronizadas, definidas e revisadas pela área de marketing da Franqueadora, podendo incluir, entre outras:
- *Spots/Jingle's* de rádio.
- Mídia externa.

- Jornais e revistas.
- TV Local.

Uma peça de marketing adicional por ano, por Franquia
- Criação e produção.
- A veiculação local é paga pela Franquia.

Eventos regionais ou locais em cooperação com uma ou mais Franquias
- Criação e execução, respeitando as regras para ações cooperadas entre o Fundo de Marketing e as Franquias.

Patrocínios de qualquer espécie no nível local ou regional
- Definição de condições e criação, quando necessária, de patrocínios que tenham o objetivo de exposição e divulgação da marca da rede, sob aprovação da Franqueadora e respeitando as regras para ações cooperadas entre o Fundo de Marketing e as Franquias.
- Brindes.
- Criação e produção, em volume mínimo necessário, definido pela área de marketing da Franqueadora.

Campanhas de incentivo à rede
Respeitadas as demais regras de uso dos recursos do Fundo de Marketing, o percentual dos recursos destinados a cada um dos itens que podem ser pagos pelo Fundo, conforme listados anteriormente, é de decisão exclusiva da Franqueadora.

As ações cooperadas entre o Fundo de Marketing e as Franquias
Ações cooperadas são ações de marketing em nível local ou regional que exijam materiais, peças de marketing ou campanhas diferentes das ações-padrão disponíveis para as Franquias, e/ou que envolvam um volume de recursos acima do limite mínimo para a sua execução ou veiculação em mídias locais ou regionais.

O limite mínimo é um valor estabelecido pela Franqueadora, o qual pode ser revisado periodicamente a seu critério e poderá ser diferente por região, também a seu critério.

Para o cálculo do valor total da ação serão considerados:
- Os custos da criação da ação.

- Os custos da criação e produção dos materiais ou peças de marketing necessários.
- Os custos de execução da ação ou de veiculação em mídias locais ou regionais.

O valor total da ação, considerado para o enquadramento em ação cooperada ou não, poderá ser avaliado pela Franqueadora e, nesses casos, sua decisão será baseada nessa avaliação.

As ações cooperadas devem ser solicitadas pela Franquia à Franqueadora, submetendo-se à sua aprovação, podendo também a Franqueadora sugerir ou convidar a Franquia para a realização de ações locais cooperadas com o Fundo de Marketing.

Quando o valor total da ação estiver acima do mínimo, a Franquia deve participar com pelo menos 50% do valor da ação. A participação do Fundo de Marketing em ações cooperadas com a Franquia também está limitada a um valor máximo, a ser definido pela Franqueadora, em iguais condições à definição do limite mínimo para a participação do Fundo de Marketing.

Quando houver ação local ou regional com a participação de mais de uma Franquia, o limite mínimo considerado será a soma dos limites de cada Franquia que participem da mesma ação.

Nos casos em que houver questionamento da Franquia quanto ao alcance das ações e/ou extensão dos benefícios gerados pela ação a outras Franquias circunvizinhas, reivindicando a participação destas nos custos da ação, a decisão final será da Franqueadora, podendo esta consultar o Comitê de Franqueados para esta decisão ou mesmo, a seu critério, delegar a este Comitê a decisão final.

O Fundo de Marketing tem o limite máximo de até 25% do total de seus recursos, seja do mês de exercício ou acumulados, a ser destinado para a participação em ações cooperadas com Franquias.

O uso de recursos do Fundo de Marketing para ações cooperadas seguirá o modelo de rotatividade na rede, obedecendo às seguintes regras:

- Não haverá limite de solicitações de ações cooperadas pelas Franquias.
- As solicitações entrarão num sistema de fila, sendo atendida sempre a Franquia que estiver em primeiro lugar na fila.
- As ações enquadradas no limite mínimo e aprovadas pela Franqueadora serão atendidas conforme a disponibilidade de recursos do Fundo de Marketing para ações cooperadas.

Para a decisão de uso do Fundo de Marketing numa ação cooperada, além dos critérios de (a) limite mínimo, (b) aprovação da ação e (c) lugar na fila, a Franqueadora poderá se basear nos seguintes critérios para sua decisão:

- Tempo que a região da Franquia ou Franquia não faz ações cooperadas.
- Impacto da ação para a marca da rede e potencial de resultados para a coletividade da rede.
- Representatividade da região no total de resultados da rede.
- Desempenho da Franquia em relação às metas de desempenho estabelecidas pela Franqueadora.
- Porte ou nível de vendas da Franquia.

A lista de possibilidades de tipos de ações que podem ser cooperadas será definida pela Franqueadora e divulgada periodicamente para a rede, podendo ser reduzida ou complementada a qualquer momento, a seu critério, sempre que esta avaliar haver necessidade.

O que não pode ser custeado pelo Fundo de Marketing

Os recursos do Fundo de Marketing não poderão ser destinados para o pagamento total ou parcial de custos ou despesas relacionados a

- **Reprodução de materiais de identidade visual da Franquia, tais como:**
  - Cartões de visita.
  - Outros materiais de escritório e também aqueles que façam parte do conjunto de itens obrigatórios para a identidade visual da Franquia.
- **Criação e produção de equipamentos com identidade visual da Franquia e de uso da equipe da Franquia, tais como:**
  - Uniformes e outros acessórios de uso pessoal, de uso obrigatório ou não, na operação da Franquia.
- **Criação, produção e aplicação de materiais de identidade visual da marca ou da Franquia.**
  - Outros casos que possam se enquadrar nas hipóteses em que o Fundo de Marketing não pagará as despesas de marketing da Franquia serão avaliados e decididos pela Franqueadora, podendo esta consultar o comitê de Franqueados como apoio no processo de decisão.

A prestação de contas do Fundo de Marketing

A prestação de contas do Fundo de Marketing será de responsabilidade da área de marketing da Franqueadora, sendo composta por dois modelos, o extrato trimestral e a apresentação semestral.

Extrato trimestral

- Será apresentado ao comitê de Franqueado e então será enviado para toda a rede.
- Deverá conter:
  - A listagem das ações realizadas com recursos do Fundo de Marketing no período.
  - O valor total gasto por tipo de ação.
  - A explicação básica das ações e os critérios de alocação dos recursos quando necessário.

Apresentação semestral consolidada

- Será apresentada primeiramente ao comitê de Franqueados, com maior profundidade de informações, tais como:
  - Apresentação das ações realizadas para toda a rede:
    - As ações, os motivos e objetivos.
    - A avaliação dos resultados obtidos.
    - O aprendizado adquirido.
    - O valor total investido nas ações.
  - Apresentação de ações locais cooperadas:
    - Lista das ações realizadas no período.
    - As Franquias beneficiadas.
    - O valor total investido.
  - O demonstrativo financeiro, com os valores gastos:
    - Por tipo de ação.
    - Com materiais de divulgação.
    - Com agências de propaganda.
    - Com despesas de gestão do Fundo de Marketing.
  - Apresentação das campanhas futuras:
    - Previsão de ações e gastos.
    - As justificativas e priorizações das ações previstas.

Alterações nas regras do Fundo de Marketing

As regras do Fundo de Marketing somente poderão ser alteradas por decisão da Franqueadora, após proposta e discussão com o Comitê de Franqueados e em razão da necessidade de aperfeiçoamento da gestão do Fundo de Marketing e da melhoria dos resultados da aplicação de seus recursos.

Os Principais Desafios do Fundo de Marketing

Tendo que lidar com recursos nem sempre suficientes para as necessidades da rede e também com opiniões diversas quanto ao seu melhor uso, as Franqueadoras enfrentam alguns desafios na condução da gestão do Fundo de Marketing. A forma de lidar com as dificuldades e conduzir as relações do marketing com a rede pode ajudar na obtenção de melhores resultados. Além de guardiã das regras do Fundo de Marketing, a Franqueadora deverá zelar pelo interesse coletivo no uso dos recursos, privilegiando as ações coletivas e que tenham o potencial de produzir resultados positivos para o maior número possível de Franquias da rede.

A seguir, tratamos de dois dos principais desafios mais comuns para um Fundo de Marketing.

A arrecadação dos recursos

A fonte dos recursos do Fundo de Marketing é a contribuição de cada Franquia da rede. Se parte da rede deixar de contribuir, faltarão recursos para a execução do marketing da rede. Quando isso acontecer com frequência, será necessário investigar as causas. Haverá pelo menos duas possibilidades que levam os Franqueados a não pagar a taxa de marketing:

- A Franquia está com dificuldades financeiras.
  - Nesse caso, a solução passa pela recuperação da lucratividade da Franquia e envolve o trabalho de Consultoria de Campo & Negócios que deve ser oferecido pela Franqueadora.
- O Franqueado não está enxergando valor no trabalho de marketing da rede ou não está percebendo benefícios diretos para a sua unidade.
  - Um ou outro caso isolado na rede pode até ser considerado normal, mas quando parte considerável da rede estiver nessa situação, caberá um trabalho mais cuidadoso.

- A existência de muitos Franqueados insatisfeitos pode indicar falhas de processos na condução do marketing da rede, mesmo que as regras de uso dos recursos do Fundo de Marketing não estejam adequadas para as necessidades da rede.

- A solução pode passar por uma comunicação mais esclarecedora quanto à forma com que o marketing é conduzido na rede, ou avaliar a necessidade de melhorias nos processos e regras, para que venham a produzir melhores resultados para a rede.

A otimização dos recursos do Fundo de Marketing e a equidade dos benefícios gerados

Empregar os recursos de forma a satisfazer a todos numa rede não é tarefa fácil. Na maioria dos casos será quase impossível, devido à escassez de recursos. Além disso, nem sempre as ideias e sugestões de Franqueados serão viáveis ou eficazes do ponto de vista do marketing. Portanto, a destinação dos recursos do fundo deverá ser equalizada entre o que é esperado pelos Franqueados e o que é viável para a rede.

Para alguns, sempre poderá haver a sensação de que muito é pago e pouco é recebido em retorno. Boas regras de uso dos recursos do Fundo podem minimizar essa sensação. À medida que os recursos sejam empregados em campanhas para toda a rede e que ações locais cooperadas com o Fundo deem chance para todas as Franquias, nem que seja uma por vez, já será um novo cenário.

CAPÍTULO 12

Gestão de Rede

Indicadores Referenciais da Franqueadora

Com base na frase de Robert S. Kaplan:
"O que não é medido, não é gerenciado."

Entendemos que se estamos buscando melhores resultados (qualidade, atendimento, *market share*, financeiro etc.), precisaremos medir os números atingidos para sabermos se estamos ou não no caminho.

Assim, dois pontos importantes para trabalharmos com indicadores são:

1.) **Meta** – Onde queremos chegar. Metas e sonhos são coisas completamente diferentes. Um sonho é abstrato, é pensamento, é não tangível. Uma meta é real, é ação, é mensurável. Assim, nossa forma de ver sonhos e metas é bem simples: Sonhos nos movem para pensarmos o negócio. Vale tudo. É simular situações (possíveis ou impossíveis) de como gostaríamos que nossa empresa estivesse no futuro. Meta é a tradução de um sonho em realidade. E como se transforma um sonho numa meta? Basta definir **números** para o sonho. E alguns números são importantíssimos: prazo para realização (data), quanto seria necessário para atingi-lo (valor/preço/custo), entre outros. Quanto mais números colocarmos num sonho, mais próximo ele ficará de se tornar uma meta.

2.) **Números do negócio** – Atualizados e confiáveis. É o saber onde se está hoje. Saber quais são faturamentos, o número de candidatos interessados em sua Franquia, os custos de sua equipe Franqueadora para gerar um bom suporte à rede etc. Antes de saber onde se quer chegar, precisaremos saber onde estamos. Com metas claras — onde se quer chegar — e com números atualizados e confiáveis de seu negócio (onde estamos), aí sim os **Indicadores de Desempenho** (KPI — *Key Performance Indicator*) terão um papel importante.

Como o próprio nome diz, indicadores são parâmetros, referências. Servem para indicar se o nosso negócio está no caminho certo. Mais do que isso, para indicar se a velocidade que estamos progredindo está satisfatória ou não. Relembrando uma frase do filósofo romano Sêneca:

"Se você não sabe onde quer chegar, qualquer caminho lhe serve."

Os indicadores irão nos mostrar os números atualizados e se estamos no caminho, e a que velocidade, de atingir nossas metas. São dispositivos visuais que nos ajudam a entender e fazer gestão sobre um negócio.

Uma boa analogia é o painel de um automóvel. Há indicadores lá? Muitos ou poucos? Suficientes para conduzir bem o seu veículo?

Uma Franqueadora funciona da mesma forma, precisa de indicadores. E em todos os processos da Franqueadora podemos adotá-los.

Para a **seleção de candidatos** à Franquia, por exemplo, há vários processos que precisam ser controlados e acompanhados. Quantas fichas de intenção de compra de Franquia foram recebidas num determinado período? Qual é a distribuição destas fichas entre os diversos meios (*site*, unidade, indicação etc.)? Destas fichas recebidas, qual é o prazo médio para retorno aos candidatos? Qual é o percentual de candidatos aprovados para continuar no processo? Qual é o percentual por cada meio de recebimento? (Para sabermos qual meio está sendo mais efetivo). Das fichas aprovadas, quantas geraram entrevistas? Qual é o número de entrevistados que foram aprovados? Dos que não foram aprovados, quais são os principais motivos? Dos aprovados, quais são as praças pretendidas? Dos aprovados em entrevistas, quantos já receberam a COF? Quantos receberam a COF e estão no tempo de espera para aprovação? Quantas COFs são devolvidas e quantos candidatos realmente a aceitam e assinam o Pré-Contrato? Dos que estão com pré-contrato assinado e com base nas inaugurações anteriores, qual é o prazo médio que se espera para implantação da unidade? Quantas unidades novas serão inauguradas no próximo mês, ou no próximo trimestre, ou semestre, ou ano?

Percebem quantos indicadores podemos ter para um único processo. Cada Franqueadora deve definir quais são os mais importantes para a rede, definir suas metas, saber quais são os números atuais e quem irá acompanhá-los.

Nunca devemos nos esquecer das vantagens em se trabalhar com os indicadores referenciais numa rede de Franquias:

1) Gestão efetiva – foco no resultado: Os indicadores nos dão norte, orientando-nos para onde realmente queremos chegar, para nossas metas.

2) Identificação do que está OK ou NÃO OK: Quanto maior o acompanhamento, maior a precisão em dizer se estamos ou não no caminho certo. Não gera a surpresa da descoberta de que deveríamos ter tomado alguma decisão no passado.

3) Análise e Tomada de Decisões: Viabiliza os ajustes de rota quando se comete pequenos desvios do caminho traçado, possibilitando voltar ao caminho desejado rapidamente.

4) *Feedback* à rede, com bases concretas, reduzindo a subjetividade: Comunicação com base em fatos e números, não em "achismos" ou impressões.

5) Melhora de relacionamentos com Franqueados: Ficando claros os objetivos e as conquistas (com resultados mensuráveis), fica mais fácil discutir o negócio com a rede, melhorando assim o relacionamento entre Franqueados e Franqueadora.

Dashboard – Painel de Controle

Há vários tipos e formas de montarmos painéis de controle. O ponto principal é que ele contenha informações atualizadas e que as pessoas responsáveis por controlá-las saibam interpretá-las.

Para explicar melhor, imagine-se dirigindo seu automóvel numa autoestrada à noite, sozinho(a), onde você sabe que não há muitos postos de serviços. De repente, no painel do seu veículo (o Painel de Controle do seu automóvel) aparece uma luz vermelha com um determinado símbolo. O que você faria? Pararia o automóvel no acostamento e chamaria por ajuda? Reduziria a velocidade e continuaria até chegar a um posto de serviços para verificar? Continuaria normalmente, mas redobraria a atenção para possíveis ruídos ou cheiros estranhos? Independentemente se você escolheu uma das opções ou mesmo pensou em algo diferente, a questão é: o que o símbolo que apareceu no painel do carro quer dizer? Sem saber o que o símbolo significa, fica difícil tomar qualquer decisão. Ter o manual do veículo e procurar pela explicação sobre tal símbolo talvez fosse a melhor alternativa, pois saberíamos como prosseguir com a situação.

Portanto: Se não sabemos interpretar um indicador, de nada adianta tê-lo.

A seguir, alguns modelos de indicadores usados por Franqueadoras:

Radar

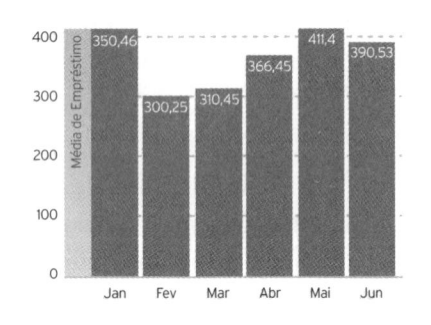

Barra

Mês	Pesquisa	Ordem	Aquisição	Entrega	Instalação
Jan	11,8	3,9	9,9	4,9	3,7
Fev	11,7	4,1	10,3	4,9	3,6
Mar	11,8	4,3	9,9	4,8	3,4
Abr	12,1	4,2	9,8	4,8	3,5
Mai	11,9	3,8	10,9	4,8	3,6

Tabelas

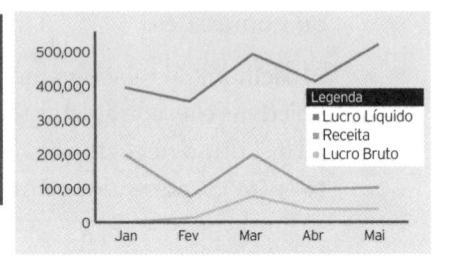

Gráfico

Como se vê, dependendo da necessidade, cria-se indicadores para atender às necessidades. Indicadores com números (tabelas, por exemplo) costumam ser confusos para algumas pessoas. Os indicadores mais visuais, tais como radares (primeira imagem) acabam sendo os preferidos. Isso porque mesmo uma pessoa que não conheça o processo, consegue interpretar o indicador, se está no verde, no amarelo ou no vermelho, por exemplo.

É claro que algumas informações não devem ser apresentadas para todos os funcionários de uma Franqueadora, mas aqueles indicadores que são ligados a produtividade, ou número de unidades, por exemplo, são interessantes de serem apresentados. Há Franqueadoras que possuem Painéis de Controle colocados em locais estratégicos (recepção, refeitório, *hall* de entrada etc.), justamente para que todos que passam pelo local tenham conhecimento da situação e possam agregar, não só com maior empenho, mas também com ideias.

O fato é: ter as informações à mão e saber o quanto se está próximo, ou não, do atingimento de uma meta dá ao gestor maior velocidade de reação, o que permite uma gestão mais próxima e eficaz da rede de Franquias.

Programa de Excelência da Rede

Um Programa de Excelência é uma ferramenta moderna e estruturada que visa orientar e dar direcionamento pelo Franqueador aos seus Franqueados na implantação de um modelo de negócios viável, com a busca consistente de resultados, alinhados à estratégia de negócios do Franqueador, criando uma Cultura de Performance em toda a rede. Visa também premiar e apresentar os melhores resultados obtidos numa rede de Franquias, incentivando Franqueados através dos resultados que outros Franqueados conseguiram atingir.

Aborda todos os principais aspectos críticos e importantes para ser bem-sucedido na gestão e operação de uma Franquia, de forma clara, envolvente, e com critérios justos e transparentes.

Quando falamos em Programas de Excelência, estamos tratando de meritocracia, que, segundo Jack Welch, ex-CEO da General Electric (GE) e atualmente conferencista sobre temas relacionados à gestão dos negócios, em seu livro *Paixão por Vencer – A Bíblia do Sucesso*, é fundamental para o sucesso de qualquer organização.

Apesar de bastante polêmico, esse tema da diferenciação pode ser definido como "um modo de administrar pessoas e unidades de negócios", distinguindo claramente os de alto, médio e baixo desempenho, a fim de investir em cada um deles de acordo com essa classificação.

É conhecido também como a regra dos 20/70/10, na qual podemos identificar três grupos distintos. O grupo Superior é formado por aqueles com desempenho acima da média (alto desempenho), representado por 20% dos integrantes dessa rede. No grupo Intermediário, ficam os integrantes que apresentam resultados dentro da média geral (médio desempenho), representados por 70% dos integrantes. E no grupo Inferior, ficam os integrantes com baixo desempenho, que representam 10% dos integrantes.

Essa avaliação pode ser adaptada a redes de negócios, sejam elas formadas por Franquias, unidades próprias ou canais de vendas (como agentes autorizados, *dealers* e distribuidores) e devem existir critérios claros sobre essa avaliação, mas é comum a estrutura da Curva de Pareto, em que geralmente 20% dos integrantes do canal representam cerca de 70% a 80% dos resultados (vendas, quantidade de produtos, margem etc.).

Assim, acreditamos ser importante uma avaliação dos Franqueados e de suas unidades franqueadas e o seu respectivo agrupamento nessas divisões.

Grupo Superior – Àqueles que atingem resultados de alto desempenho e se mantêm no topo por períodos longos, faz-se necessário o seu reconhecimento tanto motivacional quanto financeiro. No aspecto motivacional, destacamos a premiação pela conquista de resultados excelentes, a entrega de um certificado de excelência, troféus, certificados em geral, para manter em alta a motivação efetiva dos integrantes que estão situados nesse grupo.

Na parte financeira, é importante que essas pessoas tenham benefícios diferenciados, que justifiquem a sua posição de destaque. Nesse aspecto, são práticas comuns e bem-sucedidas políticas especiais de preços, descontos, bônus em produtos, participação em treinamentos especiais, redução de taxas etc.

Salientamos, porém, que os critérios devem ser claros e somente os desempenhos exemplares devam ser recompensados.

Grupo Intermediário – É preciso identificar exatamente a situação de cada integrante e quais os fatores que os levam aos resultados medianos, definindo objetivos bem claros e estruturando planos de ações focados na obtenção de resultados, fornecendo o *feedback* necessário, sempre com bases e dados concretos e fomentando assim o seu engajamento e motivação com o negócio.

O desafio, nesse caso, é saber dosar o tipo de suporte exigido pela grande quantidade de integrantes nessa situação, focados em trabalhos de consultoria, supervisão e constante capacitação e acompanhamento dos resultados.

Para esse grupo, acreditamos que a melhoria é relativamente pequena, quando considerada uma unidade isolada, mas bastante expressiva para a empresa, tendo em vista a larga quantidade de integrantes nessas situações.

Grupo Inferior – É fato que o grupo situado na faixa inferior precisa de apoio, mas os integrantes situados em outras posições também. A questão é a forma como a empresa lida com essa pressão e demanda de suporte a atendimento.

Destaca-se, nesse caso, a atenção à estabilidade da rede, que pode sofrer alguns abalos promovidos por movimentos de barulho ou reclamações excessivas. A comunicação desses integrantes acaba ecoando muito forte em uma rede de negócios, muitas vezes até criando a percepção de que as coisas estejam muito ruins para toda a rede.

A tática correta é identificar o ponto (ou os pontos) crítico(s) e os respectivos integrantes influenciadores e traçar um diagnóstico e um efetivo plano de ações de melhorias.

Como em qualquer sistema de negócios, uma pequena parte estará posicionada nesse grupo e o desafio de qualquer empresa é avaliar essa situação e decidir pela continuidade ou não desses integrantes no negócio.

Para que um Programa de Excelência seja implantado e atinja excelentes resultados, na estruturação deve-se ressaltar algumas questões importantes:

Objetivos – Para que o Programa de Excelência está sendo implantado ou funcionando na rede de Franquias.

É importante mostrar que o Programa de Excelência visa difundir a cultura de performance dentro de uma rede. Que se busca e se premia a excelência nos processos, no atendimento, nos produtos e serviços e também nos resultados. Que não se trata de uma punição àqueles que não vão bem. É premiar os superiores, e não punir os inferiores. É mostrar que todos podem e devem procurar por melhorias em suas unidades.

Pré-requisitos – Características mínimas para poder participar.

Deixando claras as regras, incentivará os Franqueados que possuem restrições a corrigirem o que está errado e entrarem no programa. É mostrar que há regras básicas para se fazer parte.

Prazos – Para inscrição e para a avaliação (ciclos).

Deve estar claro o que é necessário para cada Franqueado participar e quais as datas (ou mesmo horários) limites para envio das informações sobre sua unidade franqueada.

Indicadores – Métricas que serão a base do programa e avaliadas sistematicamente.

- Qualitativos – ações não mensuráveis em números.
- Quantitativos – resultados mensuráveis.

Premiação – Benefícios que geram a motivação adicional para os participantes.

É a certificação ou o prêmio que incentivará os Franqueados a participarem.

Divulgação – Formas de divulgação e promoção do Programa para que seja "comprado" por toda a rede. Como o programa será informado: nas convenções, na comunicação via Intranet etc.

Para as redes que optam por esse tipo de programa, vale ressaltar que o sucesso muitas vezes está na clareza e na facilidade com que se dá a soma dos pontos, quais os prêmios e, principalmente, com que todos entendam que é um programa justo e acessível a todos. Todos devem ver como é possível participar e até vencer. Por mais que algumas unidades sempre se destaquem dentro de uma rede, vale pensar num programa que premie não só o melhor resultado, mas também as melhores evoluções de resultados. Assim, mesmo as unidades pequenas ou iniciantes terão as mesmas chances que as maiores ou mais experientes.

Nossa vivência diz que os melhores programas de excelência devem avaliar tanto aspectos quantitativos como qualitativos. Entre eles, destacamos:

- Aspectos Quantitativos: faturamento, lucratividade, ticket médio, peças por atendimento etc.
- Aspectos Qualitativos: postura do Franqueado, relacionamento com a Franqueadora, gestão de pessoas, conhecimento de mercado, marketing da unidade etc.

Em nossa visão, esses dois grupos devem ter pesos diferentes. Recomendamos 60% para os aspectos quantitativos (porque acreditamos que resultado é o que move o negócio) e 40% para os aspectos qualitativos.

Além disso, dentro de cada grupo deveremos estabelecer pesos para cada quesito, e ainda como cada um deles será formado (e pesos para cada um dos itens atrelados ao quesito).

Exemplo: Relacionamento com a Franqueadora:

a.) Lê e comenta as notícias e comunicados da Franqueadora.
b.) Faz sugestões ou críticas gerais para melhoria do sistema.
c.) Tem bom relacionamento com a equipe da Franqueadora.
d.) Franqueado manteve-se adimplente com a Franqueadora e com fornecedores no semestre.

e.) Esteve pontualmente presente em todos os dias da convenção.
f.) Aplicação de novas práticas / treinamento / ferramentas apresentadas pela Franqueadora na convenção.
g.) Compôs o mix no semestre adquirindo inclusive as compras sugestivas das coleções.

Não são dadas notas, mas sim colocado SIM ou NÃO de acordo com cada questão e quesito. Os pesos serão somados para as respostas positivas, e se houver respostas negativas, o Franqueado simplesmente não pontuará nestas questões.

Assim, periodicamente (semestral ou anual), a Franqueadora deve tabular as notas alcançadas e comparar entre as unidades. As melhores recebem os prêmios, em geral, na convenção imediatamente seguinte.

Entendemos que o Programa de Excelência é uma excelente ferramenta a ser implementada em qualquer rede de Franquias, porque:

- permite, por parte da Franqueadora, expor o que esta considera mais adequado aos seus Franqueados.
- permite uma autoavaliação por parte dos Franqueados quanto aos quesitos presentes no programa, possibilitando a estes que façam melhorias nas questões que estão pendentes ou deficientes.
- permite a comparação entre as unidades (independente do porte de cada uma), deixando claro a todos os Franqueados quais são as referências e quem são os Franqueados que mais precisam se aperfeiçoar dentro da rede.

Um Programa de Excelência bem montado e implantado seguramente irá gerar na empresa uma cultura de performance que irá influenciar toda a rede. Além disso, essa cultura de performance irá nortear todo o suporte aos Franqueados, com bases concretas de avaliação, com a redução da subjetividade, melhorando também o relacionamento e guiando os Franqueados em direção às boas práticas de gestão dos negócios e, claro, aos resultados melhores.

Algumas redes brasileiras que possuem Programas de Excelência bem estruturados e que praticam "cultura de performance": Toyota (*Dealers Evaluation* — Avaliação de Concessionários), Serasa Experian, Datasul, Yázigi (Prêmio de Excelência em Gestão Yázigi — PEGY), Contém 1G (Carteiras de Franqueados) e Portobello Shop (Sistema de Avaliação de Franqueados — SAF).

Como inspiração, segue uma lista de itens criada por Greg Nathan chamada Indicadores de Franquia de Alto Desempenho, do livro *Parcerias Lucrativas*:

INDICADOR DE FRANQUIA DE ALTO DESEMPENHO

Nome da pessoa que está sendo avaliada: _____

Nome do avaliador: _____

| **Utiliza procedimentos de plano de negócios** | ☐ Sim | ☐ Parte | ☐ Não |

01. Nos últimos 12 meses realizou uma análise formal do mercado local verificando tendências, ameaças e oportunidades ☐3 ☐2 ☐1

02. Tem uma lista atualizada de específicas metas comerciais com resultados mensuráveis (ex. vendas, lucro, crescimento de clientes) ☐3 ☐2 ☐1

03. Faz revisões do real desempenho do negócio comparado com os indicadores de desempenho ou de metas, pelo menos a cada três meses ☐3 ☐2 ☐1

Mantém registros financeiros precisos

04. Desenvolveu um orçamento anual detalhado de receitas e despesas ☐3 ☐2 ☐1

05. Monitora a posição do fluxo de caixa e da liquidez de seu negócio pelo menos a cada duas semanas ☐3 ☐2 ☐1

06. Prepara balancetes mensais e os compara com o orçamento ☐3 ☐2 ☐1

A família dá seu apoio ao negócio

07. Os membros da família falam do negócio em termos positivos ☐3 ☐2 ☐1

08. Os membros da família sentem satisfação em ajudar no negócio quando são solicitados ☐3 ☐2 ☐1

09. Ambiente familiar estável e positivo – sem maiores problemas ☐3 ☐2 ☐1

É organizado e mantém altos padrões

10. Planeja as atividades diárias do trabalho de acordo com um sistema regular (ex. diário ou planejador de negócios) ☐3 ☐2 ☐1

11. Escritório, caminhonete e pontos de contato com clientes sempre limpos e apresentados profissionalmente ☐3 ☐2 ☐1

12. Lê e responde a documentos e arquiva as informações importantes para que sejam acessadas prontamente ☐3 ☐2 ☐1

Mantém altos níveis de saúde e bem-estar

13. Realiza pelo menos 20 minutos de exercícios todos os dias e segue um razoável regime de saúde (ex. uma dieta razoável) ☐3 ☐2 ☐1

14. Mantém as pressões do negócio em perspectiva – não perde o controle sob estresse ☐3 ☐2 ☐1

15. Atendeu sensivelmente a qualquer especial problema de saúde (ex. foi ao médico para um *check-up*) ☐3 ☐2 ☐1

Gera um ambiente de equipe motivadora para o pessoal

16. Articula uma interessante visão para o negócio e encoraja o pessoal a abraçá-la ☐3 ☐2 ☐1

17. Proporciona ao pessoal acesso a atividades de desenvolvimento pessoal a cada três meses (ex. cursos, formação de equipes) ☐3 ☐2 ☐1

18. Proporciona incentivos contínuos para o pessoal e assegura que todos recebam *feedback* positivo regularmente ☐3 ☐2 ☐1

Participa ativamente do programa de Franquias

19. Entra em rede e compartilha informação com outros Franqueados pelo menos uma vez por mês ☐3 ☐2 ☐1

20. Participa positivamente de todas as reuniões de Franquia ☐3 ☐2 ☐1

21. Apoia e promove os valores do sistema de Franquias ☐3 ☐2 ☐1

Resolve efetivamente as diferenças com os outros

22. Levanta questões de preocupação com as pessoas que podem fazer alguma coisa a respeito ☐3 ☐2 ☐1

23. Mantém bons relacionamentos com os interessados em seu negócio (ex. pessoal, fornecedores, Franqueado, Franqueadores) ☐3 ☐2 ☐1

24. Resolve conflitos diplomaticamente de maneira que os relacionamentos de longo prazo com os outros sejam preservados ☐3 ☐2 ☐1

Relaciona-se bem com os clientes

25. É atencioso, otimista e alegre; usa linguagem positiva ao interagir com os outros ☐3 ☐2 ☐1

26. Cria afinidade e empatia com as pessoas; tem a reputação de uma boa pessoa com a qual lidar ☐3 ☐2 ☐1

27. Novos clientes aparecem regularmente por transmissão de voz ☐3 ☐2 ☐1

Promove o negócio no mercado local

28. Realiza regularmente programas promocionais em colaboração com outros negócios locais ☐3 ☐2 ☐1

29. Ele tem uma base de dados atualizada de clientes e faz algum tipo de contato personalizado pelo menos duas vezes por ano ☐3 ☐2 ☐1

30. Tem um calendário promocional das próximas atividades de marketing locais ligadas a um orçamento ☐3 ☐2 ☐1

É receptivo ao aprendizado e à mudança

31. Mantém um plano mensal de autoaperfeiçoamento (ex. lê um livro ou participa de algum curso todos os meses) ☐3 ☐2 ☐1

32. Aprecia receber *feedback* dos outros sobre seus pontos fortes e fracos (ex. do pessoal, do Franqueador ou dos clientes) ☐3 ☐2 ☐1

33. Aceita a mudança como um dos custos necessários para se manter atualizado com o mercado ☐3 ☐2 ☐1

Pontuação Total_____

Interpretação do resultado

83 e acima – Excelente. De acordo com a avaliação, a pessoa avaliada está definitivamente na classe de Alto Desempenho. Ela deve ser estimulada a assumir desafios adicionais dentro do sistema de Franquia como, por exemplo, um negócio maior, uma função no Conselho Consultor de Franquias etc.

70 a 82 – Bom. De acordo com a sua avaliação, essa pessoa é um Franqueado competente. Entretanto, existem áreas (avaliadas 2 ou 1) nas quais ela pode se beneficiar de um treinamento e desenvolvimento. Considere qual dos dois criaria um benefício mais imediato e desenvolva um plano de ação.

60 a 69 – Fraco. De acordo com a sua avaliação, há muitas áreas onde essa pessoa poderia melhorar o seu desempenho. Uma detalhada revisão e um *follow-up* contínuo é aconselhado e benéfico.

Menos do que 60 – Insuficiente. De acordo com a sua avaliação, essa pessoa tem muitos pontos fracos que precisarão ser enfrentados se ela quiser ter um futuro em Franquia. Aqui é necessária uma séria revisão.

Greg Nathan, do livro: *Parcerias Lucrativas*

Resumo

O sucesso de longo prazo de um sistema de Franquia depende quase que exclusivamente da adequabilidade e do desempenho contínuo de seus Franqueados. Portanto, os Franqueadores devem selecionar seus Franqueados com muito cuidado. Elevar a competência dos Franqueados existentes também não é tão fácil, pois existem muitos fatores que contribuem para o bom funcionamento de uma Franquia e alguns deles não podem ser aprendidos com facilidade.

Ações sugeridas

- Crie um sistema eficiente de seleção de Franqueados com uma lista de verificação para que nenhuma informação importante seja acidentalmente despercebida durante o processo de seleção.
- Desenvolva um perfil de seu Franqueado ideal e um sistema de pontuação por meio do qual os candidatos possam ser avaliados de acordo com o seu perfil.
- Faça uso das ferramentas profissionais de seleção como a entrevista comportamental e a definição de perfil para assisti-lo na compreensão dos pontos fracos e dos pontos fortes de potenciais Franqueados.
- Aplique o Indicador de Franquia de Alto Desempenho em seus Franqueados existentes (ou em si mesmo) para determinar as necessidades de aprendizado e de desenvolvimento.
- Crie novos desafios para os Franqueados de alto desempenho para que suas energias e talentos sejam apropriadamente utilizados.

O Marketing 3.0 e a Gestão Estratégica do Franchising

No mundo atual de mudanças constantes no Mercado, Philip Kotler continua atualizado e nos traz reflexões importantes sobre esse novo modelo de marketing, chamado de 3.0 em seu livro, onde os clientes não são meros clientes, mas seres complexos e multifacetados. Estes, por sua vez, estão escolhendo produtos e serviços que satisfaçam suas necessidades de participação, criatividade, comunidade e idealismo. Assim, as redes de Franquias, dentro dessa nova dimensão do marketing, deverão repensar seus propósitos de negócios e criar produtos, serviços e empresas que inspirem, incluam e reflitam os valores de seus consumidores-alvo.

Especificação	PRODUTO Marketing 1.0	CLIENTE Marketing 2.0	VALORES Marketing 3.0
Objetivo	Vender Produtos	Satisfazer e reter os consumidores	Fazer do mundo um lugar melhor (agente participativo)
Forças propulsoras	Revolução Industrial	Tecnologia da informação	Nova onda de tecnologia
Como as empresas veem o mercado	Compradores de massa, com necessidades físicas	Consumidor inteligente, dotado de coração e mente	Ser humano pleno, com coração, mente e espírito
Conceito de MKT	Desenvolvimento de produto	Diferenciação	Valores
Diretrizes de MKT da empresa	Especificação do produto	Posicionamento do produto e da empresa	Missão, visão e valores da empresa
Proposição de valor	Funcional	Funcional e emocional	Funcional, emocional e espiritual
Interação com consumidores	Transação do tipo um-para-um	Relacionamento do tipo um-para-um	Colaboração um-para-muitos

Fonte: KOTLER, Philip; KARTAJAYA, Hermawan e SETIAWAN, Iwan. *Marketing 3.0 - As Forças Que Estão Definindo O Novo Marketing Centrado No Ser Humano*. 1ª. Ed. São Paulo: Campus, 2010. 215 páginas

Engajar todos os Franqueados e suas equipes nessa visão torna-se fundamental para enfrentar essa nova realidade de consumidores cada vez mais empoderados e informados, e muitas opções à sua disposição.

Um termo surge no mercado para definir essa nova realidade do varejo, *omni-channel*, que de maneira geral pode ser considerado como manter a mesma proposta de marca em todos os pontos de contato da empresa (e não somente nos canais de vendas). Com o arsenal de informações e o poder das mídias sociais, esse consumidor exigirá empresas autênticas e alinhadas à sua proposta e tenderá a confiar cada vez mais nas opiniões de outros consumidores e não somente no que a própria empresa divulga de si própria.

A Gestão Estratégica do Franchising está bastante alinhada aos principais conceitos praticados na obra de Kotler, Kartajaya e Setiawan, pois tem na sua essência a busca por promover o alinhamento das diretrizes (missão, visão, valores e parâmetros do negócio) da Franqueadora em toda a sua rede de Franqueados (execução no ponto de venda de maneira alinhada), onde as partes tem responsabilidades claras e definidas para a construção do sucesso e onde o horizonte de tempo é bem definido: Franqueadores devem pensar a agir no longo prazo (de 3 a 5 anos) e os Franqueados no prazo de 1 ano.

Outro efeito que se comenta no varejo moderno com o advento das tecnologias à disposição dos consumidores e as diversas opções de compra (*sites*, catálogos, lojas multimarcas e/ou exclusivas etc.) é o efeito *showrooming*, ou seja, as lojas físicas se tornam, para boa parte dos consumidores, um local não de consumo, mas de pesquisa efetiva sobre determinados produtos ou serviços e a compra efetiva acontece em outro momento da vida do consumidor e muitas vezes, em outro canal de vendas. *Showroomer* é o título atribuído a esse consumidor que pratica o *showrooming*.

Obviamente, pode ser considerada uma ameaça para as redes de unidades físicas de vendas (lojas em geral) que não são remuneradas em seus modelos de negócios para somente apresentarem seus produtos e sim pelas vendas efetivamente geradas, gerando conflitos bastante complexos de serem gerenciados. As redes precisarão encontrar mecanismos que envolvam essa nova perspectiva de varejo e envolva os Franqueados nesse negócio, para que os negócios se tornem sustentáveis numa visão de longo prazo.

A boa notícia nesse sentido é que pesquisas apontam que o consumo desses consumidores que compram em mais de um canal e praticam o *showrooming*, são de 6 a 10 vezes maior do que os consumidores de um canal tradicional somente, como uma loja.

Cada vez mais envolver as equipes de atendimento e vendas, das unidades Franqueadas ou próprias, para gerar encantamento e experiências de compra interessantes e executadas com excelência na prestação do serviço.

Fidelizar os clientes no mundo atual dos negócios torna-se cada vez mais complexo e difícil para as redes Franqueadoras e para os Franqueados que participam do negócio.

Segundo Peter Drucker

"... as empresas bem-sucedidas não começam seu planejamento pelos retornos financeiros. Começam pela realização de sua missão. Os retornos financeiros serão resultados de suas ações."

Missão – razão de ser da empresa, reflete o seu propósito profundo de existência da empresa.
Visão – invenção do futuro, como se deseja que a empresa seja no futuro.
Valores – padrões de comportamento institucionais da empresa.

Fonte: Palestra Autenticidade, James H. Gilmore & B. Joseph Pine II – adaptação Praxis Business

- *Empresas autênticas vão conquistar espaços na mente e coração dos consumidores*
- *Quanto mais artificial o mundo aparenta ser, mais exigimos o que é real*
- *Os consumidores reagem ao que é envolvente, pessoal, memorável e, acima de tudo, autêntico.*
- *Não basta disponibilidade, custo e qualidade. Os consumidores buscam o autêntico onde e quando compram.*

Gestão das Melhores Práticas

Em qualquer rede de Franquias haverá sempre inovação e melhores práticas. É tarefa da Franqueadora praticar uma correta gestão destas melhores práticas, possibilitando que a rede toda tome conhecimento e usufrua do que há de melhor.

Um importante recurso para a gestão da rede é saber capturar e compartilhar as melhores práticas. É uma forma de ampliar conhecimento da rede e assim melhorar os resultados.

Em todos os meios de interação e suporte ao Franqueado, podemos apresentar essas inovações e processos, criando assim a cultura de difundir o que está dando certo. A utilização da Extranet, por exemplo, pode ser uma boa forma de documentar o que a rede tem de melhor. Assim, todos os Franqueados que acessarem a Extranet da rede terão acesso a este "Guia de Melhores Práticas". Mais do que estar atualizado na Extranet, por exemplo, vale a Franqueadora, através de *e-mails* informativos, das visitas do consultores de campo e negócios, do SAF (Serviço de Atendimento ao Franqueado), das Convenções Regionais ou Nacionais e de outros meios de interação, informar regularmente aos Franqueados.

Naturalmente, os próprios Franqueados começarão a se comunicar e informar um ao outro o que vem ou não dando certo.

Nas convenções, muitas redes premiam as novas e melhores práticas apresentadas no período. Um ponto relevante a esse tipo de ação é que não precisa ficar restrito somente aos Franqueados. As equipes dos Franqueados podem e devem ser estimuladas a participarem. Dessa forma, torna-se comum vendedores, estoquistas, cozinheiros, gerentes de unidades, entre outros, receberem prêmios que podem variar desde simples utensílios para a casa a viagens com acompanhante para *resorts* ou atrações turísticas. Note que aqui o prêmio é para a pessoa, e não para a unidade/unidade, pois são pessoas que geram ideias e melhoram processos. Assim, nada melhor do que dirigir os prêmios a elas.

Conselho Consultivo de Administração

> *"Aprender novos comportamentos é difícil porque o cérebro é preguiçoso, mas podemos contornar a preguiça e criar usando ferramentas. Ser criativo, para nós, é criar contornando as tendências naturais do cérebro por meio de ferramentas simples. É pensar deliberadamente num rumo, não ficar esperando uma iluminação."*

Clemente Nóbrega e Adriano R. de Lima no livro *Innovatrix*.

Uma prática que começou a tomar corpo no Brasil em vários segmentos devido a profissionalização do Franchising nacional foi a abertura de capital das empresas Franqueadoras (Portobello, Hering, Arezzo etc). Além disso, com a recente onda de fusões e aquisições entre as várias empresas do Franchising, adotar políticas de governança corporativa e ter os seus números auditados frequentemente traz a essas empresas um maior preparo para a expansão dos seus negócios.

Mesmo sem a obrigatoriedade imposta por Lei (no caso das S/A de capital aberto), algumas Franqueadoras começaram a montar os seus próprios

Conselhos Consultivos de Administração.

Vale citar a definição de Governança Corporativa, segundo o Instituto Brasileiro de Governança Corporativa (IBGC – www.ibgc.org.br) para maior compreensão acerca do assunto:

> *"Governança Corporativa é o sistema pelo qual as organizações são dirigidas, monitoradas e incentivadas, envolvendo os relacionamentos entre proprietários, conselho de administração, diretoria e órgãos de controle. As boas práticas de governança corporativa convertem princípios em recomendações objetivas, alinhando interesses com a finalidade de preservar e otimizar o valor da organização, facilitando seu acesso ao capital e contribuindo para a sua longevidade."*

É importante frisar a diferença entre o Conselho de Administração e o Conselho de Franqueados de uma rede. Esse segundo tem por princípio envolver os Franqueados (com regras claras de participação) nas discussões de assuntos pertinentes à rede/marca como um todo, e muitas vezes os assuntos tratados nesse conselho dos Franqueados refletem aspectos operacionais do negócio de maneira geral.

Já o Conselho de Administração tem objetivos mais abrangentes e estratégicos desde a sua concepção até a implantação, embora ambos sejam consultivos (note que a empresa pode definir esse conselho como deliberativo, ou seja, com poder de decisão e veto sobre assuntos relevantes ao negócio, mas dependerá essencialmente dos objetivos de sua estruturação).

É comum que as empresas Franqueadoras, ao imprimirem ritmos de crescimento bastante expressivos e com a seleção de Franqueados cada vez mais preparados (isso mesmo, o nível de candidatos interessados em adquirir uma Franquia tem aumentado sensivelmente, não só em capacidade financeira de investimentos, mas também em criticidade de visão empreendedora, apesar ainda de estar longe de serem necessariamente gestores efetivos de negócios, pois precisam ser preparados), a demanda por respostas mais estruturadas às questões complexas tem trazido enormes desafios aos fundadores e executivos principais das empresas Franqueadoras, que se sentem um pouco (ou até muito) desconfortáveis com essa suposta pressão por respostas ágeis e efetivas.

Clemente Nóbrega defende em seu livro *Innovatrix – Inovação Para Não Gênios* (escrito juntamente com Adriano R. de Lima) que gestão tem a ver com o contexto em que a empresa está inserida, tem a ver com a decisão baseada nas circunstâncias (como é na medicina, no direito e na engenharia).

As circunstâncias desde a criação da Franqueadora e que a levou ao sucesso de alguma forma devem ter mudado muito (apesar de muitos empresários não se darem conta disso e insistirem em aplicar os mesmos métodos e ferramentas que outrora foram efetivos), e isso exige novas competências da empresa, além de gente preparada e com visão externa do negócios (os conselheiros) para poder inferir e provocar reflexões no corpo diretivo da Franqueadora.

Não estamos afirmando que tudo o que foi feito não serve mais, seria pretensão absoluta e fora de circunstâncias, mas é um importante momento de revisar as práticas bem-sucedidas, revisar os valores corporativos e definições estratégicas, além das novas demandas de um consumidor cada vez mais bem informado e a chegada de novos competidores, nacionais e internacionais, numa economia pujante como a brasileira.

Dentro desse contexto surgem os conselhos de administração para influenciar o comportamento e conhecimento dos fundadores, presidentes e principais executivos da empresa Franqueadora.

Vicente Falconi, um dos expoentes consultores brasileiros em gestão de negócios, afirmou na revista *Exame* (Edição Nº 998 de 24/08/2011) que o ponto-chave para a criação de um conselho é saber exatamente para que ele serve e o que se espera dele. Além disso, recomenda que haja uma diversidade de pessoas, para que se possa analisar as questões sobre vários aspectos antes da tomada de decisões.

Em geral, há a necessidade de se ter especialistas em finanças, gestão empresarial, recursos humanos, auditorias, operações, logística, tributária, canais de vendas e Franquias, especialmente para as empresas Franqueadoras.

Recomenda-se a existência de reuniões no mínimo trimestrais para avaliação dos resultados (indicadores financeiros em geral) e anualmente para a estruturação do planejamento estratégico dos próximos cinco anos. Obviamente, o grau de desenvolvimento e cultura organizacional da empresa serão fundamentais para o bom e efetivo uso do conselho.

Além disso, é exigido dos executivos da empresa uma disciplina acima da média nacional em termos empresariais, pois a cada reunião surgirão novas demandas e enfoques para os assuntos pertinentes ao dia a dia da empresa e colocá-los em prática tornar-se-á o maior desafio, para que o conselho seja efetivo de fato.

A confiança entre conselheiros e aconselhados também é fundamental para que gere resultados sustentáveis no longo prazo, pois, para representar o conselho, tem sido exigido cada vez mais profissionalismo, competência, abertura para novos conhecimentos e um certo grau de comprometimento com as decisões/conselhos fornecidos, ampliando o compromisso entre todos.

Não bastam somente as afinidades pessoais dos executivos da empresa com os conselheiros, é necessário muito mais do que isso, tem que contar pessoas de notada competência técnica no assunto, e esses conselheiros precisam ser munidos das mais diversas informações com uma antecedência necessária para realizar as análises fundamentais. Isso poupa tempo da reunião e a torna mais produtiva, com a discussão de números e indicadores/condições previamente analisados por cada conselheiro.

Discute-se também a participação dos principais executivos da empresa, além de seus presidentes e/ou fundadores e famílias. Na nossa visão, é uma importante forma de educação corporativa, ou seja, de preparar as pessoas para a tomada de decisões e entendimento do negócio na sua essência. Em geral, as discussões são de altíssimo nível e as decisões tomadas pela empresa terão repercussão nos seus negócios no curto prazo, e isso reflete no desenvolvimento das pessoas e na assimilação de novas competências gerenciais.

De certa forma, o conselho ajuda a reduzir um dos principais problemas dos empresários que chamamos de "a solidão do poder", quando não se tem com quem contar e dividir questões complexas para o futuro da empresa e que, de certa forma, traz impactos profundos para a vida dos envolvidos.

Um exemplo de rede que adota o Conselho Consultivo de Administração é a **Casa do Construtor (www.casadoconstrutor.com.br)**, especializada em locação de equipamentos para a construção civil e eleita melhor Franquia do Brasil pela revista *Pequenas Empresas & Grandes Negócios* (2010) e detentora do Selo de Excelência em Franchising concedido pela Associação Brasileira de Franchising (ABF).

Com cerca de cem unidades e em plena fase de expansão, a empresa percebeu que montar um conselho consultivo seria útil para abrir espaço para novas ideias e agregar valor ao negócio, além de proporcionar maior conhecimento aos seus principais executivos e diretores.

Nesse caso, as discussões são bastante francas e abertas e o ambiente criado pela empresa nas reuniões propicia isso, e o conhecimento gerado se torna efetivo e prático para conduzir o rumo da empresa.

CAPÍTULO 13

Microfranquias

Conceituação & contexto

Microfranquias são negócios replicados por meio do modelo de franchising e que exigem baixo investimento para a sua implantação.

No Brasil, o Instituto Tomodati, dedicado a projetos que visam a educação para o empreendedorismo e a geração de oportunidades de novos negócios, conta com apoio financeiro do BID – Banco Interamericano de Desenvolvimento e do FUMIN – Fundo Multilateral de Investimentos para promover a expansão sustentável das micro e pequenas empresas por meio da formatação de microfranquias.

Nesta definição, microfranquias são negócios franqueados com investimento inicial de até R$50.000,00 (como valor de referência em março de 2013), sendo, portanto, mais acessível a microempreendedores. O BID vem apoiando iniciativas de fomento a este modelo de negócios, pela crença de que estes pequenos negócios possam gerar empregos e renda, contribuindo para o desenvolvimento econômico e inclusão social.

De fato, ao criar oportunidades para que empreendedores e mesmo pessoas que percam os seus empregos, e tenham dificuldades de voltar ao mercado de trabalho, tenham condições de montar o seu próprio negócio e também poder empregar outras pessoas, será promovido um efeito multiplicador com possíveis resultados muito positivos de aumento da renda e melhoria da qualidade de vida.

Segundo estudo do SEBRAE – Serviço Brasileiro de Apoio às Micro e Pequenas Empresas, tendo como base os números do CAGED – Cadastro Geral de Empregados e Desempregados, do Ministério do Trabalho e Emprego, de janeiro a novembro de 2012, a participação média das micro e pequenas empresas na geração de empregos no Brasil foi de 83,2%.

Na prática, pequenos negócios desta natureza existem há muito tempo, sendo operados por trabalhadores autônomos, profissionais liberais e microempresários, que atuam sozinhos ou empregam outras pessoas para o desenvolvimento de suas atividades. Apenas como alguns exemplos, podemos citar a prestação de serviços de manutenção hidráulica, elétrica, de jardins e piscinas, pequenas reformas residenciais, assistência técnica para eletrodomésticos e equipamentos de informática, aulas particulares de informática, de idiomas e de reforço escolar, corte, costura e reforma de roupas, cuidadores de idosos, entrega de documentos e de pequenas cargas, e assim por diante.

São negócios que não exigem necessariamente uma loja ou um ponto comercial e nem a manutenção de altos estoques de produtos e, portanto, com bem menos necessidade de capital inicial e de giro.

Neste contexto, as microfranquias, como negócios previamente estruturados e já testados, podem aumentar as chances de sucesso de microempreendedores, por meio da transferência de conhecimento sobre a operação e gestão destes pequenos negócios aos microfranqueados, além de permitir que atuem sob uma marca mais forte e conhecida.

Outro aspecto relevante das microfranquias é a formalização destes negócios, uma vez que vivemos no Brasil num ambiente em que ainda parte dos negócios funcionam na informalidade, notadamente entre as empresas de micro e pequeno portes. Ao replicar pequenos negócios por meio de microfranquias, há muito mais chances destes microempreendedores terem acesso a orientações e informações quanto às exigências para se exercer uma atividade remunerada ou abrir e manter uma empresa em conformidade com a lei.

Oportunidade, Vantagens e Cuidados

Como modelo de negócios, as microfranquias representam uma oportunidade bastante interessante, pela maior quantidade de possíveis interessados e a maior facilidade de replicação e expansão, em relação às franquias tradicionais.

Quanto à lucratividade, que é o porcentual do faturamento total que sobra no dia a dia da operação do negócio, as microfranquias podem ter um desempenho um pouco melhor do que uma Franquia convencional, por ter menos despesas na operação. Por exemplo, não há a necessidade de pagar um aluguel alto de um ponto comercial e, no caso de serviços, não tem estoques de produtos para gerenciar.

Porém, cabe uma ressalva importante em relação ao investimento necessário. O valor investido numa microfranquia pode ser menor do que numa Franquia tradicional, mas ainda assim ser significativo em relação ao perfil econômico ou de renda do microempreendedor. Por exemplo, um investimento de R$30.000,00 para quem possui R$10.000,00 em economias guardadas, tem o mesmo peso relativo que um investimento de R$300.000,00 para quem tem R$100.000,00 em economias guardadas. Em ambos os casos, neste exemplo, o investimento é de três vezes o capital próprio disponível para a abertura do negócio, o que significa ter que pegar empréstimos. Na hipótese do negócio não se tornar bem-sucedido e fechar, além de perder o dinheiro que tinham guardado, ambos teriam uma dívida duas vezes maior (na verdade, seria maior do que isso devido aos juros dos empréstimos e demais obrigações a pagar relativas à operação do negócio) que as economias que tinham antes de abrir o negócio. Sob esta perspectiva, o empreendedor do negócio de R$30.000,00 não estaria melhor do que o de R$300.000,00 somente por estar devendo menos, pois ambos estariam com uma dívida bastante alta em relação ao respectivo patrimônio que cada um tinha antes de abrir o negócio.

Logo, a microfranquia tem sim a vantagem de maior facilidade de expansão por permitir acesso a um número maior de interessados, e não por representar menor risco financeiro ao microfranqueado.

Ademais, uma microfranquia possui as mesmas questões de uma Franquia convencional em relação ao negócio. É muito importante que o microfranqueado tenha afinidade com o negócio e que tenha consciência de suas responsabilidades, seja como profissional liberal, autônomo ou como empresário.

Questões para a Franqueadora

Podemos chamar uma Franqueadora que concede microfranquias de microfranquedora. Apesar do nome, uma microfranqueadora não obedece à mesma lógica da microfranquia de ser de menor porte. Uma microfranqueadora é uma Franqueadora tal como se franqueasse negócios convencionais, e deve definir sua estrutura e o suporte a ser ofertado aos microfranqueados conforme cada tipo de negócio e suas necessidades específicas, e o número de microfranqueados em sua rede.

Os microfranqueados também precisam de suporte, englobando capacitação, consultoria de negócios, apoio para divulgação local, boa comunicação e relacionamento entre as partes.

Os princípios de suporte à rede são os mesmos válidos para as Franquias convencionais que abordamos ao longo deste livro. Como o negócio da microfranquia envolve possivelmente menos complexidades que uma Franquia convencional, o suporte poderá ser dimensionado conforme houver menores necessidades dos microfranqueados. Na prática, significa que muito mais questões poderão ser resolvidas no dia a dia por telefone, por exemplo, do que por visitas pessoais do Consultor de Campo & Negócios. Porém, a necessidade de acompanhamento de desempenho do negócio, orientações, reforços de capacitações e a verificação dos padrões sempre vão ter que existir para garantir a qualidade da operação da rede.

Para a questão da taxa de inicial deFranquia, taxa de royalties, taxa de propaganda e eventuais outras taxas envolvidas no negócio da microfranquia, valem as mesmas orientações para franquias convencionais contidas neste livro.

Lei

As microfranquias são exatamente iguais às Franquias convencionais em relação à Lei. A relação entre o microfranqueador e o microfranqueado é regida pela mesma Lei 8955/94 (a qual é abordada neste livro), sendo portanto obrigatórios:

- A cessão ao microfranqueado do direito de uso de marca ou patente, associado ao direito de distribuição exclusiva ou semiexclusiva de produtos ou serviços;
- A entrega da Circular de Oferta de Franquia, nos termos definidos na Lei 8955/94;
- A assinatura de um Contrato de Franquia entre as partes (e de um pré-contrato, se for o caso), após o prazo mínimo de 10 dias a partir da entrega da Circular de Oferta de Franquia.

Não custa reforçar que, sob um contrato de Franquia, não há caracterização de vínculo empregatício entre o microfranqueado e a microfranqueadora. Porém, vale a mesma regra fundamental válida para Franquias convencionais: o negócio do microfranqueado tem que viver de suas próprias receitas, e não ser remunerado pela Franqueadora.

Ou seja, não se pode fazer que um funcionário de uma empresa se torne um microfranqueado, não mais registrado na Carteira de Trabalho e Previdência Social, se este funcionário continuar exercendo as mesmas funções anteriores para esta empresa. Da mesma forma, um contrato de microfranquia não faz mudar a natureza da relação entre um representante comercial e a empresa para a qual faz a representação, pois nesta atividade continuará a ser remunerado diretamente pela empresa representada.

MEI

Outro ponto de interesse para as microfranquias é a opção da microempresa individual, definida como Microempreendedor Individual – MEI, pelo Código Civil – artigo 966 da Lei nº 10.406, de 10 de janeiro de 2002.

Pela Lei Complementar nº 128, de 19 de dezembro de 2008, para negócios que tenham faturamento anual dentro do limite estabelecido, que atualmente é de R$60.000,00, e cuja atividade não esteja vedada, o MEI é enquadrado no Simples Nacional e fica isento dos tributos federais (Imposto de Renda, PIS, Cofins, IPI e CSLL), pagando apenas um valor fixo mensal bastante reduzido que será destinado à Previdência Social e ao ICMS ou ao ISS, conforme cada caso.

Dessa forma, microfranqueados que possam se estabelecer como MEI têm a vantagem adicional de uma carga tributária bastante reduzida, contribuindo para a maior viabilidade do negócio.

CAPÍTULO 14

Valuation, Fusões e Aquisições

A importância do cálculo do valor de uma empresa (valuation) e das fusões e aquisições no Franchising

Valuation ou **Valoração** – Termo em inglês para "Avaliação de Empresas", "Valoração de Empresas" ou "Arbitragem de Valor". Esta área das Finanças estuda o processo de avaliar o valor de determinado ativo, financeiro ou real. É, em poucas palavras, o nome utilizado para o cálculo do valor de uma empresa. Diferentemente do que muitos acreditam, estudar o valor de uma empresa não é uma tarefa somente para aqueles que pensam em comprar ou vender uma empresa. A dinâmica deste cálculo, a busca por números, as análises, as previsões, os estudos internos e externos para compor o valor de uma empresa tem se apresentado como um excelente diagnóstico, fornecendo ao empresário uma real noção de como sua empresa está em termos financeiros. O cálculo, para ser bem elaborado, exigirá informações detalhadas descritas a seguir:

- resultados financeiros alcançados pela empresa Franqueadora – ou mesmo uma unidade Franqueada - nos últimos meses (vendas, recolhimento de royalties, compras, custos, investimentos, etc.);
- organograma da empresa;
- concentração de atividades e responsabilidades entre os sócios e funcionários;
- entendimento da estrutura societária da mesma;
- avaliação de riscos;

- concorrência;
- número atual de unidades e seus resultados;
- satisfação da rede, problemas com a rede (processos judiciais, se houver);
- potencial de expansão e força da marca;
- variedade de produtos e serviços oferecidos;
- volume de clientes atendidos e nível de fidelização dos clientes etc.

Ou seja, será um estudo completo que sinalizará possíveis pontos de melhoria e destaque dos pontos positivos atuais. Este estudo permite a seus gestores a estruturação para correção de problemas, busca por melhores resultados e, consequentemente, o aumento de valor da empresa.

Há várias formas de se fazer estes cálculos, mas em todas elas sempre serão levantados questionamentos sobre as bases de cálculo utilizadas. Por isso, quanto mais completa for a análise e mais precisos forem os dados, mais correta será a avaliação. No entanto, há três formas mais utilizadas:

1.) Com base no Patrimônio: soma dos ativos de uma empresa. Método muito utilizado para indústrias, por haver grande volume de instalações e máquinas. Mais difícil de ser aplicado em empresas prestadoras de serviços. Alguns utilizam a soma dos investimentos feitos no negócio, avaliando-se valorização ou depreciação destes bens.
2.) Com base no Fluxo de Caixa Descontado: através da projeção de resultados financeiros da empresa nos próximos anos, faz-se o desconto para valor presente, determinando-se assim quanto seria o investimento de compra desta empresa hoje, visando os resultados que esta empresa poderá gerar no futuro.
3.) Com base em Múltiplos: estes múltiplos, ou multiplicadores, são índices utilizados para, através da multiplicação sobre as **vendas** ou sobre o **resultado operacional (Ebit, Ebitda, ou outros)** da empresa num período, estimar quanto esta vale. É um método, à primeira vista, pouco preciso, mas muito rápido de se calcular. Para empresas de um determinado segmento (ou mesmo unidades franqueadas de uma mesma rede), este acaba sendo o método mais utilizado, pois a "imprecisão" do índice utilizado será diminuída quanto maior for o histórico de negociações anteriores.

A preparação destas análises, muito fundamentadas em aspectos financeiros da empresa, exigirá da franqueadora a elaboração de vários controles e planilhas, mas uma, entre várias outras, se destaca: o **Demonstrativo de Resultados do Exercício – DRE – da Franqueadora.**

CAPÍTULO 14 Valuation, Fusões e Aquisições

O DRE, ferramenta que consolida as vendas, custos e despesas do negócio, tem a função de apresentar o resultado de uma empresa. A montagem desta ferramenta, além de ajudar no cálculo do valor da empresa, apresentará como as vendas são obtidas, bem como a forma com que o dinheiro é utilizado por ela:

- Os valores gastos por áreas, ou departamentos;
- A verba utilizada em marketing;
- O valor investido no quadro de funcionários – salários, encargos trabalhistas, benefícios, capacitações, prêmios etc.
- CSP – custos do serviço prestado – soma dos gastos gerados no atendimento à rede de franqueados, tais como ferramentas de comunicação com a rede, Consultoria de Campo & Negócios etc.

A seguir as macrocontas de um DRE Básico para uma Franqueadora, a ser ajustado conforme o segmento e outras particularidades de cada negócio:

RECEITAS BRUTAS
Receitas com royalties
Receitas com taxa de Franquia (vendas)
Outras receitas
Impostos
RECEITA LÍQUIDA
Custo dos serviços prestados - CSP
Outros gastos variáveis
MARGEM BRUTA
Despesas
Pessoal
Aluguel & taxas
Tarifas públicas
Marketing
Administrativas
RESULTADO OPERACIONAL - EBITDA
Antecipação de lucros
Despesas financeiras
Amortização de dívidas
RESULTADO LÍQUIDO

É através do DRE da Franqueadora que se poderá prever o Ponto de Equilíbrio em número de unidades vendidas ou em funcionamento, entender a variação de gastos da Franqueadora conforme o número de unidades existentes e assim se realizar um planejamento da estrutura da Franqueadora, baseado no plano de expansão desta.

Reforçamos a importância dos gestores da Franqueadora possuírem estes números sempre atualizados, pois estes nortearão decisões estratégicas do negócio. Além disso, a preparação e controle do DRE e demais ferramentas da Franqueadora reforça a cultura de gestão junto aos Franqueados desta rede. Se é esperado do Franqueado que este possua os controles do seu negócio através de ferramentas/planilhas financeiras (DRE, Fluxo de Caixa e outros), cabe à Franqueadora dar o exemplo e possuir também suas ferramentas de controle.

Esses cálculos são os geradores do conceito de Gestão Baseada em Valor ou **VBM** - VALUE-BASED MANAGEMENT, que pode ser entendido como:

"Processo integrador, cujo objetivo é melhorar o processo de tomada de decisões estratégicas e operacionais na organização como um todo, a partir da ênfase atribuída aos principais *value drivers* da empresa. A prioridade da VBM não deve ser a metodologia, mas sim a **mudança na cultura da empresa**. Um administrador que tenha o valor como princípio está tão interessado nas sutilezas do comportamento organizacional como em usar a avaliação como métrica do desempenho e ferramenta de decisão." Conceito definido por Copeland; Koller; Murrin.

> *O processo de Valuation deve estar inserido na cultura da empresa. Uma cultura de melhoria, seja pelo aumento de resultados financeiros (faturamentos, margens, lucro), do aumento de market share (possuir uma fatia cada vez maior do mercado), mas também pelo aumento de valor da própria empresa em si.*

Neste contexto, empresas que conhecem realmente seus *value drivers* (as alavancas que alteram o valor de uma empresa) têm saído na frente e tomado decisões para seu crescimento. A seguir, uma tabela de fatores que deverão ser gerenciados para aumentar os resultados de uma empresa, entre eles seu valor.

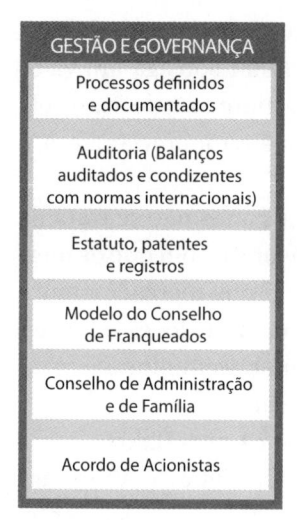

GESTÃO E GOVERNANÇA	LUCRATIVIDADE	CRESCIMENTO
Processos definidos e documentados	REDUÇÃO DE CUSTOS E DESPESAS	ORGÂNICO
Auditoria (Balanços auditados e condizentes com normas internacionais)	Dependência e Relação com Fornecedores	Reestruturação do Modelo de Negócio
	Ganhos de Escala (inclui prestação de serviços)	Otimização da Cobertura de Mercado / Expansão
Estatuto, patentes e registros	Terceirização de Processos	Investimentos em Produtos, MKT & na Marca
Modelo do Conselho de Franqueados	Controle de qualidade / Certificações	Aumento do Valor Agregado da Oferta
Conselho de Administração e de Família	Otimização de Despesas Operacionais e Extras	NÃO ORGÂNICO
		Fusões e Aquisições
Acordo de Acionistas	Modelo de Gestão de Equipe / Estrutura	Joint Ventures e Parceiros

O crescimento de uma empresa pode ser "orgânico" – ano a ano, superando os concorrentes e abocanhando fatias maiores de um mercado de forma gradativa com o sucesso de sua rede – ou através de fusões e aquisições – fundindo-se a outros *players* neste mercado ou realmente comprando concorrentes.

A aquisição de empresas, total ou parcial, é uma prática antiga, pois possibilita à empresa compradora a expansão e conquista de território de forma rápida. São pontos comerciais, sistemas de logística e pontos de vendas (PDVs) já funcionando e, principalmente, uma carteira de clientes já formada. É este **acesso a novos mercados e clientes** que vale o preço da aquisição. Claro que a compra de uma empresa trará grandes desafios relacionados à cultura que se pretende integrar. A empresa comprada possui funcionários, métodos e processos que precisarão ser reavaliados e treinados de acordo com a cultura da empresa compradora. A escolha por uma fusão ou compra deve ser planejada não somente pelo valor da negociação, mas pela capacidade de sinergia entre as marcas. Aquele antigo "pré"-conceito de que uma empresa que se vendeu o fez por estar passando por problemas financeiros, é cada vez menos comum nos dias de hoje. Muitos empresários veem suas empresas como fonte de resultados e sabem entender o momento de sair quando recebem uma boa oferta ou veem na negociação uma oportunidade para outros negócios. Muitos, ainda, negociam sua permanência no negócio por um período para que a transição não provoque maiores impactos tanto na empresa vendida quanto na empresa compradora. Em muitos casos, o valor da negociação de venda fica atrelado aos resultados atingidos nos próximos anos. Assim, o dono anterior fará todo o possível para que as metas sejam atingidas, e assim consiga um valor de venda maior. Porém, para outros compradores e investidores, a decisão pela permanência dos sócios antigos no negócio, mesmo que temporariamente, é descartada.

O aumento no número de negociações nos últimos anos não se trata de uma onda, uma tendência ou um modismo, mas sim da forma com que os mercados estão se consolidando, como pode ser observado nos mercados mundiais e no Brasil também. São inúmeros os exemplos de aquisições e fusões, mas podemos focar em alguns casos famosos para melhor exemplificar:

– Bancos – Itaú e Unibanco; Santander e Banco Real
– Varejo – Casas Bahia e Ponto Frio; Pão de Açúcar e Casas Bahia
– Alimentação – Perdigão e Sadia; Nestlé e Garoto; Ambev e Anheuser-Busch (produtora da cerveja Budweiser), depois Burger King e mais recentemente a Heinz etc.

Este movimento vem se intensificando também no sistema de Franchising Brasileiro nos últimos anos, onde várias redes foram vendidas ou se fundiram com outras criando o que denominamos de "Empresas Multifranqueadoras", que detêm em seu portfólio de marcas diversos negócios a serem ofertados ao mercado de Franquias e aos próprios Franqueados das suas redes originárias, como uma nova alternativa de investimento e conquista de resultados.

Isso reforça a necessidade de buscar um bom valor de mercado para as empresas, mesmo que não haja a intenção de vendê-las.

Fundos de Investimento

Para explicar melhor como atuam os fundos de investimento, vale, primeiramente, entender o que são Venture Capital e Private Equity:

- **VENTURE CAPITAL (CAPITAL DE RISCO)** - investimento em empresas em estágio inicial, com potencial de geração de receitas e lucros ainda incerto, e possivelmente dependente de um produto, tecnologia ou mercado que não tenha sido inteiramente testado como proposição de negócios. O risco de um investimento de venture capital tende a ser maior do que o risco de um investimento de private equity.

- **PRIVATE EQUITY** - tendem a envolver empresas mais maduras, tipicamente com operações comerciais consolidadas, que possam oferecer oportunidades de retorno destacadas em razão de uma potencial reestruturação societária, alteração na estrutura de capital, mudança de gestão ou outras modificação nos seus negócios. Geralmente o produto ou serviço prestado pela empresa receptora já é plenamente aceito pelo mercado, que por sua vez já se mostrou apto a sustentar as atividades da empresa receptora.

Um fator importante para o alto volume de fusões e aquisições de empresas no Brasil nos últimos anos se dá aos Fundos de Investimento. Estes "fundos" são formados por investimentos de empresários (ou mesmo pessoas físicas) que, em busca de maiores retornos para seu capital, aplicam em empresas que possuam perspectiva de bom crescimento. Assim, investir diretamente em empresas (não através de ações, mas comprando realmente uma fatia destas) passa a ser uma forma inteligente dos fundos diversificarem suas aplicações.

No Brasil, o número de empresas de capital aberto é pequeno, comparativamente ao que acontece nos Estados Unidos ou Europa. Isso ocorre, pois existe uma necessidade de estruturação (e também de investimentos) para abertura de capital que inviabiliza empresas de pequeno e médio porte a "entrarem neste negócio". É com este cenário que os fundos de investimento analisam empresas com bom potencial de crescimento – e que gerem bons retornos – para fazerem seus investimentos, ampliando seu portfolio.

A entrada de um Fundo de Investimento numa empresa, com aquisição total ou parcial desta, permite ao fundo diversificar ou reforçar investimentos em determinado setor, com base na estratégia de seus gestores.

É a capacidade de gerir mais profissionalmente este novo negócio, alavancando vendas, enxugando gastos, ganhando *market share*, e, principalmente, gerando maiores lucros, que faz com que os Fundos se atraiam pela compra de determinadas empresas. E se tudo depende de GESTÃO, há posturas bem diferentes com relação aos fundos:

- alguns, quando assumem uma empresa, acertam negociações com seus antigos donos para que estes permaneçam no negócio por mais um período. Com isso, ganham know-how sobre o negócio e fazer uma transição dos conhecimentos adquiridos pela gestão anterior. É uma forma interessante para não gerar um "choque de culturas" e com isso prejudicar de alguma forma a imagem do negócio perante seus clientes.

- alguns, por outro lado, preferem trocar o quadro diretivo assim que assumem. Trazem profissionais especializados em negócios que implantam mudanças assim que assumem o mesmo. É o que chamamos de "choque de Gestão". São medidas enérgicas que alteram os rumos da empresa de forma rápida para os objetivos na nova gestora. Podem gerar a perda de bons profissionais devido a não adaptação com a nova cultura, ou mesmo devido à redução natural do quadro de funcionários pela unificação de departamentos.

- outros, ainda, preferem uma linha intermediária entre as duas opções anteriores. Mantêm as principais cabeças da empresa, mas assumem a gestão, permitindo que os antigos donos opinem e participem dos processos, mas com a decisão final ficando a cargo dos novos gestores.

Devemos observar que, quando um Fundo de Investimentos decide pela entrada num negócio, o objetivo é claro: <u>obter retornos satisfatórios com o investimento realizado</u>. Por parte da empresa comprada, também há motivos para a venda.

Quando há uma **venda total**, normalmente alguns motivos por trás desta venda são:

1.) Dificuldades financeiras - devido ao endividamento, que pode vir a afetar as finanças pessoais dos empresários, toma-se a decisão de sair do negócio, efetuando a venda, sanando as dívidas e, em muitos casos, ainda com algum "dinheiro no bolso" para se começar um outro negócio.
2.) Problemas familiares ou societários – a separação de um casal que esteja à frente na empresa, a morte de um dos sócios, ou mesmo um desentendimento entre os sócios pode ser motivo para a venda da empresa.
3.) Alto valor de compra – bons negócios são vendidos devido ao alto valor proposto. Por mais que haja paixão pelo negócio, em algumas situações, a proposta é tão atraente que a venda é inevitável.

Mudança de ramo ou portfólio – para focar em determinado segmento, negócio ou produto, é vendida a empresa, ou departamento, em que não se pretende seguir.

Com relação à **venda parcial**, os motivos podem ser:

1.) Alavancar entrada de capital para sanar problemas internos;
2.) Buscar capital para investir na expansão da marca e da rede;
3.) Alavancar-se para a compra de uma empresa concorrente e, com isso, ganhar mercado e clientes.
4.) Etc.

É importante notar que, independente da estratégia ou dos motivos para a negociação, deve haver uma relação ganha-ganha.

Cabe, sempre em todos os processos de aquisição ou fusão, uma avaliação dos órgãos de controle (como o CADE – Conselho Administrativo de Defesa Econômica), para que não se formem monopólios ou oligopólios e, com isso, afetem os mercados de forma prejudicial.

Portanto, de forma conclusiva, independente de qual seja o segmento de mercado, todos os empresários deveriam estar atentos à avaliação do seu negócio e pensar estrategicamente a fusão ou venda da empresa.

Dessa forma todo empresário deve estar preparado e informado sobre o valor de seu negócio e, para isso, deverá buscar a ajuda de profissionais especializados para realizar bons negócios.

CAPÍTULO 15

Planejamento pelos Franqueados

A Gestão Estratégica do Negócio (GEN)

Apesar do Franchising no Brasil já possuir várias décadas e ter atingido um nível de evolução considerável, alguns mitos ainda rondam o mundo das Franquias. Um deles é quanto às responsabilidades das Franqueadoras. Muitos ainda acreditam que, ao comprar uma Franquia, a Franqueadora será a responsável pela gestão da unidade e, por que não, de sua própria operação?

Partindo da premissa correta de que, até certo ponto, as Franquias são mais seguras do que outros negócios de fora do Franchising (ao envolver menor grau de risco por, em geral, estarem associadas a uma marca já conhecida e sob um modelo de negócio já testado e bem-sucedido), chegam à conclusão ou mesmo esperam que quem cuidará de tudo numa unidade franqueada, resolvendo todos os problemas, será a Franqueadora. Sob o ponto de vista dos Franqueados, esse até poderia ser o mundo ideal, no qual seria necessário somente investir dinheiro no negócio, e quem se preocuparia com todo o resto seriam os outros, neste caso, a Franqueadora.

Bem, na verdade, este modelo de negócio até existe, mas não no Franchising. Qualquer pessoa que disponha de algum dinheiro disponível, nem precisa ser muita coisa para começar, pode comprar ações (frações do capital, ou seja, de propriedade) de empresas de capital aberto, e não fazer mais nada. Se os gestores e operadores destas empresas forem competentes, e elas produzirem lucros, eles serão em parte repassados para quem tiver estas ações, na proporção do quanto cada um possuir da empresa. Simples assim. Dá pra ganhar dinheiro sem fazer nada. Não é assim no Franchising.

Com uma Franquia, o Franqueado terá que trabalhar duro e, além disso, terá que ser competente, senão os resultados não vêm.

Vamos repetir para acabar de vez com as dúvidas: se alguém quiser investir num negócio, não fazer nada e somente passar no final do mês para pegar os lucros, compre ações de empresas. Até pode não dar lucro nenhum, mas pelo menos não se terá trabalhado mesmo.

Já numa Franquia, é preciso colocar dinheiro e trabalhar bastante, todos os dias e, dependendo do negócio, até de finais de semana e nos feriados, e ninguém, nem mesmo a Franqueadora, irá garantir que vá dar lucros. A Franqueadora até pode tentar ajudar. Na verdade, ela já ajuda bastante, cedendo o uso da sua marca e o modelo de negócios que criou, cobrando por isso, é claro. Ela até pode fazer mais do que isso, preparando o Franqueado, ensinando como tudo deve ser feito, dando orientações para manter os padrões, a qualidade e os clientes. Pode até oferecer consultoria de negócios para o Franqueado. Nem todas fazem isso. Algumas fazem melhor do que outras.

Mas o fato é que, no dia a dia, é o Franqueado, junto com sua própria equipe, que vai "botar a mão na massa", controlar o negócio, fazer compras, pagar contas, cuidar do bom atendimento aos seus clientes, afinal, a empresa é do Franqueado. E para dar certo é preciso ter boa gestão.

É comum ouvir que o brasileiro é um povo empreendedor, que tem menor aversão ao risco em relação a outros povos ao decidir abrir um negócio. Até que ponto isso é mesmo verdade ou se o que o motiva é a necessidade de buscar uma renda maior ou de não ter patrão pode ser discutível. Mas o fato é que em todo esse cenário não tem se criado uma cultura de gestão de negócios.

Dados sobre a alta mortalidade das empresas nos primeiros anos de sua operação indicam que a capacidade de fazer um negócio ser bem-sucedido ainda é baixa. Mesmo sem investigar melhor quais são as principais causas dessa mortalidade, somente pela abrangência que o conceito de gestão do negócio tem, já seria possível inferir que a qualidade da gestão seja pelo menos uma das causas mais frequentes de mortalidade dos negócios.

Aparte também de maior detalhamento da composição dessa estatística, quanto ao porte e tipo destas empresas que morrem cedo, como no Brasil a maioria das empresas é de micro e pequeno porte, podemos assumir que, na média, a cultura de gestão de negócios do empresário brasileiro é fraca. Isso possivelmente produz uma imensidão de negócios que se iniciam sem planejamento e funcionam com pouco ou nenhum controle. Sem bons processos de operação e sem capacitação adequada das pessoas. Enfim, sem uma gestão profissional. Surpresa seria se a maioria deles fosse bem-sucedida.

No Franchising, infelizmente, esta pouca cultura de gestão em Franquias também existe em alguns casos.

O que apresentamos a seguir é um roteiro para organizar a forma de começar a se pensar em gestão ou a se repensar a gestão do negócio. Pode ajudar a começar a mudar a mentalidade, criar a consciência da importância da gestão, e talvez até convencer de que com melhor gestão no negócio, a vida pode ficar mais fácil e também produzir mais resultados, mais lucro, que, afinal, faz o negócio se perpetuar. No quadro a seguir há seis elementos que podem ser trabalhados na formação da cultura de gestão do negócio numa Franquia. Não é ciência aeroespacial. Tudo pode ser resumido em questão de "onde se quer chegar, como será possível chegar lá, como está sendo o caminho e como saber quando se está próximo de chegar".

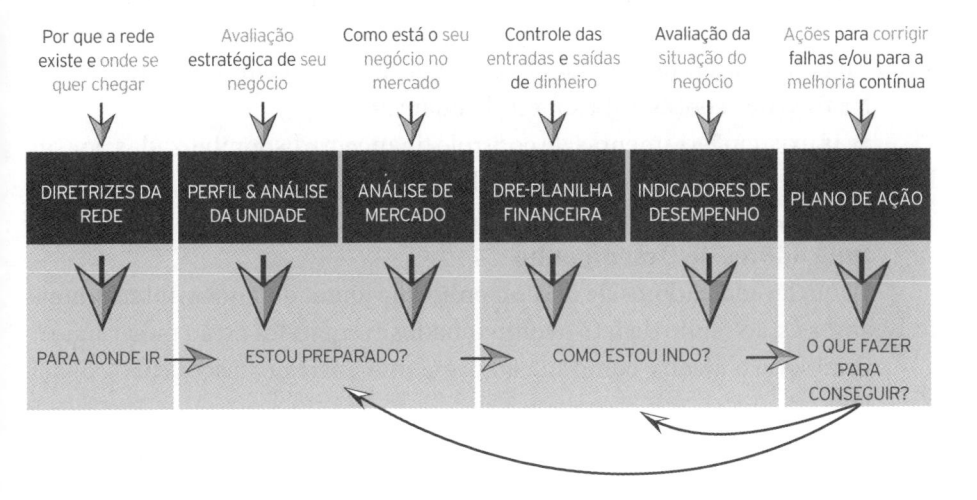

Por que a rede existe e onde se quer chegar	Avaliação estratégica de seu negócio	Como está o seu negócio no mercado	Controle das entradas e saídas de dinheiro	Avaliação da situação do negócio	Ações para corrigir falhas e/ou para a melhoria contínua
DIRETRIZES DA REDE	PERFIL & ANÁLISE DA UNIDADE	ANÁLISE DE MERCADO	DRE-PLANILHA FINANCEIRA	INDICADORES DE DESEMPENHO	PLANO DE AÇÃO
PARA AONDE IR	ESTOU PREPARADO?		COMO ESTOU INDO?		O QUE FAZER PARA CONSEGUIR?

Diretrizes da rede

Identifique o objetivo, a missão e a visão do negócio e da rede.

Defina quais são, ou quais devem ser, os principais indicadores de desempenho para o negócio.

Perfil & Análise da Unidade

Quem são e o que fazem as pessoas de sua empresa? Elas estão na posição certa conforme o que fazem de melhor e estão preparadas para cumprir com as suas tarefas?

Quais são as principais forças e as fraquezas da empresa? Existem oportunidades de mercado ainda não aproveitadas? Alguma coisa externa pode ameaçá-la seriamente?

O que você espera do negócio em termos de satisfação profissional, pessoal e financeira?

Análise de Mercado

O que o seu negócio oferece de melhor para os seus clientes? São os produtos, sua variedade, o atendimento, a localização? Quais outros?

Para cada um desses itens, como estão os seus concorrentes mais próximos? Piores, iguais ou melhores do que a sua empresa?

DRE – Planilha Financeira

Crie uma forma de controlar cuidadosamente todas as entradas e saídas de dinheiro do negócio. Identifique cada entrada e saída. É fácil saber onde o dinheiro entra, mas procure saber e controlar todas as formas que ele sai.

No final das contas, está sobrando quanto?

Se já existem ferramentas de controle financeiro disponibilizadas por sua Franqueadora, procure conhecê-las melhor e passe a usá-las.

Indicadores de Desempenho

Daqueles indicadores de desempenho que foram definidos anteriormente, quantos estão sendo de fato acompanhados? O que eles estão mostrando?

Qual seria o ideal, e como sua empresa está em relação ao ideal?

Plano de Ação

Tudo o que for necessário realizar, entre ajustes na operação, melhorias de procedimentos, correções de rotas, que seja importante ou indispensável para se alcançarem os resultados esperados, deve estar organizado na forma de um plano de ação, para facilitar o acompanhamento da execução e dos resultados.

Basicamente, um plano de ação deve conter:

- As ações ou tarefas que devem ser executadas.
- O responsável pela execução de cada tarefa prevista.
- A priorização das ações (quais são mais urgentes ou mais importantes e devem ser realizadas antes das demais?)
- O prazo máximo para a sua conclusão.

CAPÍTULO 16

Gestão de uma Unidade Franqueada

Os Três Papéis do Gestor de Sucesso

Não é de hoje que a gestão dos negócios se tornou importante para o sucesso das empresas e sua sustentabilidade na ambiente mercadológico. Em negócios que envolvam a distribuição e revenda de produtos e serviços em rede (como é o caso das Franquias), também ganha destaque a gestão no sentido de manter todos os participantes (Franqueados) envolvidos, engajados e alinhados com as estratégias de negócios e devidamente capacitados para administrarem bem as suas empresas.

No contexto do Franchising, de um lado temos o Fabricante, líder do canal, responsável pela pesquisa e inovação, lançamento de produtos e estruturação de uma política comercial (Franqueadora) e do outro, temos o Franqueado, cuja função principal é viabilizar o acesso dos clientes aos produtos e serviços que ele representa, bem como garantir a identidade do negócio e a essência da marca perante o mercado de sua atuação.

Os desafios são cada vez maiores, em que todos os segmentos de negócio estão envolvidos e a competitividade e concorrência imperam, exigindo dos participantes desse mercado uma maior capacidade na gestão de seus negócios.

Segundo o dicionário *Aurélio*, gestão é o ato de gerir, de ter gerência, administração. Numa visão mais ampla, gestão é obter resultados, é fazer acontecer as coisas desejadas. É também intervir para manter as coisas num rumo correto, tendo indicadores de performance do negócio e controlá-los efetivamente.

É saber com clareza, por exemplo, quantos clientes foram visitados em determinado período, quais foram os resultados dessas visitas, qual foi o percentual de conversão (número de propostas comerciais fechadas ou vendas realizadas, dividido pela quantidade de visitas feitas), quantos clientes não foram visitados e quais os motivos, é ter a clara noção do desempenho individual de uma equipe de vendas, entre outras informações relevantes. Ou mesmo, para uma unidade varejista, uma unidade, por exemplo, saber quantos clientes foram atendidos em determinado período, qual o total de vendas realizadas, quantos produtos por venda (itens por boleto), ticket médio, entre outros.

Trabalhar de maneira efetiva essa gestão gerará uma cultura de performance na empresa, na qual todos estarão envolvidos e engajados para a obtenção de resultados, amplificados em painéis denominados de Gestão à Vista, constando os principais indicadores do negócio.

Em redes de Franquias, faz-se necessária a adoção de ferramentas tecnológicas, como sistemas de gestão baseados na *Web* e com atualização diária/horária e que, de fato, se torne acessível pelos Franqueados e pela equipe da Franqueadora.

Agir com base na gestão é adotar uma postura proativa na busca de construir resultados, e não somente apurá-los no final de determinado período. Existe o Franqueado que tratamos como "médico de prevenção", que adota a postura de olhar continuamente os exames (indicadores do negócio) antes que efetivamente a doença derrube ou complique (venha a falir) a vida do paciente (empresa). Sabe que precisa olhar constantemente para os indicadores do negócio e tomar ações de correção ou manutenção para gerar os resultados desejados.

Por outro lado, e infelizmente acreditamos que a grande maioria encontra-se nesse perfil, são os médicos "legistas" que simplesmente apuram as causas das mortes, não realizam diagnósticos, só laudos. Em paralelo comercial, podemos citar esses Franqueados que apuram o resultado mensal no começo do mês seguinte, não conseguem identificar uma relação de causa-efeito, tão importante na gestão dos negócios de uma Franquia.

Temos aplicado diversos programas de capacitação em gestão de negócios em várias redes de Franquias nacionais e nos impressiona o fato de vários Franqueados ainda não agirem como "empresários" de fato.

Vale a reflexão das causas dessa atitude passiva em relação aos seus próprios negócios, uma vez que deveriam ser estimulados pelas Franqueadoras a agirem, de fato, como empresários, porém, de uma rede de Franquias, com regras, processos, métodos e diretrizes a serem seguidas.

Sabemos que planejamento e controle não são as principais características dos empresários brasileiros (em especial de Franqueados), e também que esse contexto está mudando substancialmente nos últimos anos, para melhor, é verdade.

Criar uma cultura de planejamento e indicadores deve partir da Franqueadora e de todos os membros que a compõem, por meio de visitas de suporte mais efetivas e com mais qualidade no serviço prestado, ao invés de somente fiscalizar as unidades franqueadas.

Não conhecemos nenhum Franqueado que se sinta bem ao ser fiscalizado e vigiado no que se refere aos padrões operacionais da Franquia, e isso é fundamental para o sistema de Franchising, mas não é tudo. Várias Franqueadoras assumiram esse papel de maneira muito efetiva, preocupando-se com o que denominamos "aspectos operacionais" de um negócio, da utilização de um *check-list*.

Mas sabemos, por outro lado, que os Franqueados esperam de suas Franqueadoras o apoio necessário para terem uma performance melhor, para serem mais bem-sucedidos no negócio e, claro, produzirem melhores resultados (ganharem mais grana, isso é legítimo!).

Entender o perfil dos Franqueados de sucesso é preponderante para apoiá-los na construção dos resultados. Por meio de uma pesquisa abrangente, realizada em nossos estudos sobre o perfil de empresários de sucesso em redes de Franquias, identificamos que o desafio da gestão dos negócios baseia-se em entender os três "chapéus" que cada empresário deve usar na gestão do seu negócio — nesses três papéis, englobamos a maioria dos desafios vividos pelos empresários no dia a dia de suas empresas, cuja imagem ilustra a relação próxima entre essas três funções:

Razão | Informações	Emoção | Intuição	Alma do Negócio
FINANÇAS	PESSOAS	MARKETING E VENDAS

- **Finanças** – É ter o que chamamos de visão de *business* (negócios), saber controlar os principais indicadores de desempenho do negócio, receitas, custos e despesas, margem, ponto de equilíbrio financeiro, fluxo de caixa, capital de giro necessário. É o lado frio, calculista, racional que toda empresa precisa ter, para tomar decisões baseadas em fatos e métricas

realmente verdadeiras, além de ter o sangue frio adequado para a condução dos negócios.
- **Pessoas** – É o papel voltado para as pessoas da equipe do empresário, responsável pela comunicação interna, alinhamento das pessoas, treinamento, compartilhamento de resultados e metas, promoção de um ambiente saudável de trabalho entre a equipe e agir efetivamente como líder e facilitador ao invés de somente dono. É o lado humano da gestão dos negócios, é o que definimos como a parte mais emocional, mais coração na condução das empresas.
- **Marketing e Vendas** – De nada adianta o negócio estar controlado e as pessoas alinhadas e treinadas, se não tiver clientes para realizar as vendas. Destaca-se a importância da realização de campanhas locais de propaganda e divulgação do negócio, cuidar do ambiente e imagem interna e externa da revenda/empresa, cadastro de clientes, ações para trazer mais clientes, gerar mais fluxo para o negócio, serviços de pós-vendas, ações de dia de campo, uso de ofertas estruturadas etc.

Equilibrar todas essas funções não é tarefa das mais simples, mas deve ser encarada e trabalhada por todos os empresários, com coragem e disciplina. Mais do que isso, realizar uma autoavaliação bastante crítica e sincera, para identificar qual é a vocação de fato desse empresário. Descobrir em qual dessas três áreas o empresário se sente mais confortável e tem tido mais sucesso.

Ao identificar essa essência, é preciso saber que as outras duas partes (sim, porque acreditamos que as pessoas são muito boas em somente um dos três papéis) podem estar descobertas numa visão de todo, em que se revela a importância de ter pessoas na equipe (ou mesmo sócios) com competências complementares entre si, preenchendo as lacunas da não vocação ou especialização.

Se, por exemplo, a vocação desse empresário é puramente financeira, provavelmente, ao conduzir reuniões de motivação com sua equipe, esse aspecto (de controle dos números, analítico) estará sendo destacado e poderá não gerar o resultado desejado. O contrário também é perigoso e verdadeiro. Um empresário com vocação para trabalhar com as pessoas, ao tomar decisões relevantes do negócio, pode ter a sua capacidade analítica prejudicada pela sua própria vocação. Isso se aplica aos três "chapéus" e por isso da importância do equilíbrio na gestão dos negócios.

Todas as pessoas têm vocações específicas para determinadas coisas e é fato que, quanto mais próximos de sua real vocação, mais felizes e realizadas estarão no dia a dia do trabalho e, assim, melhores resultados poderão ser gerados para o sucesso e sustentabilidade da empresa.

Dessa maneira, os empresários devem refletir sobre o seu desempenho, fazer uma revisão de seus planos de negócios e metas (atrelando seus sonhos a essas metas), conciliando uma avaliação criteriosa de seus resultados, para então focar naquilo que realmente trará resultados consistentes para sua empresa.

Manter a persistência e disciplina é fundamental e, como já nos ensinou Aristóteles, o grande filósofo grego: "Nós nos tornamos aquilo que repetidamente fazemos!". Temos que tornar as nossas ações mais pragmáticas e com foco em processos estruturados, sempre.

E executar a gestão tem a ver com a disciplina criada inicialmente pela Franqueadora e sua equipe, para depois envolver os seus Franqueados e equipes das unidades também.

O ponto-chave então é o seguinte: os empresários devem refletir sobre suas competências principais e sua vocação de fato, pois quanto mais próximos de sua real vocação, mais felizes e realizados estarão e, assim, melhores resultados poderão ser gerados para o sucesso e sustentabilidade do negócio. E também existe a relação direta com o tipo de suporte prestado pela Franqueadora envolvendo os três papéis do gestor de sucesso.

Ao prestar o serviço de suporte, conhecer bem o perfil do Franqueado é fundamental para conquistar maior aderência nas soluções propostas e discutidas pela equipe, pois a motivação de cada empresário estará inicialmente ligada à característica de maior domínio do mesmo.

Acima de tudo é legítimo e sábio usar-se desse conhecimento para conquistar a sua confiança e ampliar os conhecimentos dos Franqueados na gestão do negócio e, por consequência, alcançar melhores resultados para todos os envolvidos.

A seguir, algumas dicas práticas para a gestão eficiente e efetiva de uma Franquia:

- **Conhecimento profundo da operação**
    - Nos primeiros meses do negócio, é de suma importância que o Franqueado tenha (ou adquira) o domínio total do funcionamento da operação, seus detalhes importantes, aspectos fundamentais para que o padrão seja seguido, e o cliente, ao ser atendido, não forme uma percepção negativa daquele negócio.
    - Com o maior conhecimento adquirido, permite melhor gerenciamento do negócio e saber com precisão quais são as alavancas que geram os resultados que são os objetivos de qualquer negócio.

- Conhecer os fatores críticos operacionais garante maior estabilidade ao negócio, mantém os padrões e as regras são seguidas dentro das conformidades estabelecidas pela Franqueadora.
- Permite melhor gestão da equipe com bases sólidas de conhecimento sobre a operação — lidera mais fácil quem conhece o que está sendo executado e conquista a confiança da equipe.

▶ **Alinhamento com o posicionamento da marca**
- É importante que o Franqueado conheça e esteja convencido de quais são os valores da marca, qual é o seu posicionamento e sua missão no mercado; afinal, os Franqueados se tornam missionários daquela empresa, pois são seus fiéis defensores perante o mercado, clientes e equipes.
- Manter-se alinhado e próximo da Franqueadora e de sua equipe permite uma integração, em que o suporte funciona de maneira mais efetiva e fluída.
- Garante a percepção dos serviços e produtos no mercado perante os clientes.
- Envolve as pessoas num senso comum e desenvolve o sentido de pertencer a algo maior, no caso daquela marca da Franqueadora.

▶ **Formação de time para a unidade Franqueada e manutenção da motivação**
- Uma das tarefas mais complexas do líder de uma Franquia é lidar com gente, seres humanos, imperfeitos na sua essência e muitas vezes despreparados para exercer tal posição, desde as mais simples até as mais complexas.
- Gente faz a diferença nos negócios, mas a liderança tende a ser a responsável por construir um ambiente de integração entre todos e que é percebido pelos clientes no ponto de venda.
- Formar uma cultura de servir aos clientes e engajar as equipes tem sido o maior desafio dos Franqueados no Brasil, pois, apesar de nossa latinidade e do nosso jeito de ser informal, temos que cuidar desse ativo importante, pois os conflitos na gestão de pessoas são muito frequentes, e isso pode ser espelhado no atendimento final aos clientes.
    - Ninguém resiste a um serviço eficiente, em um ambiente mágico e realizado por pessoas encantadoras, que acreditam no negócio e transbordam motivação para conseguir o encantamento dos clientes!

- **Conhecimento profundo da gestão do negócio**
  - A gestão do negócio deve ser bem acompanhada desde os seus primórdios, apesar de que ela passa a ter suma importância com o decorrer do tempo, em que há mais criticidade sobre o negócio, mais base e casos reais para serem avaliados e histórico de vendas/resultados.
  - Avaliar constantemente os indicadores-chave de desempenho, como vendas, ticket médio, taxa de conversão, quantidade de clientes que frequentam sua unidade, lucratividade, entre outros, é fundamental para a análise bem-sucedida do negócio.
    - Só pode ser melhorado o que é controlado.
      - Os resultados não podem somente ser apurados, eles precisam ser construídos diariamente, para evitar a sensação de que acabou o mês e a meta não foi batida. O acompanhamento diário apresenta as tendências e evidências sobre os resultados.
  - Agir com base na avaliação consistente dos indicadores, para construir resultados diferentes e assim ter uma gestão mais efetiva de sua unidade franqueada.

- **Aperfeiçoamento e desenvolvimento contínuos**
  - Não basta participar de uma rede de Franquias e acreditar que o negócio será constantemente desenvolvido pelo Franqueador.
  - O Franqueador estará em constante mudança e acompanhando o ritmo do mercado, mas isso exigirá Franqueados e equipes melhor preparadas.
  - Participar de todos os programas de treinamento sugeridos e convocados pela Franqueadora, bem como de outros externos, na busca de seu desenvolvimento contínuo e consistente.
  - Proporcionar ambiente de aprendizagem para todos da equipe e se manter aberto às novas mudanças e tendências, lançamento de produtos etc.
  - Visitar sempre negócios concorrentes e ficar de olhos bem abertos para as mudanças que o mercado vem imprimindo na sua região de atuação da Franquia.

- **Elaboração de um plano de negócios**
  - Mais do que o plano de negócios, com os objetivos bem definidos, ter um plano de metas ambiciosas e audaciosas, porém realistas, para

manter as chamas do desejo bem aquecidas e servindo para direcionar na busca de resultados.

- Alinhar as pessoas da equipe na busca dessas metas e resultados, garantindo-lhes um rumo, um norte.
- Efetuar o acompanhamento frequentemente e avaliar as possibilidades de erros e acertos, bem como traçar planos de ações para corrigir eventuais deficiências do negócio ou da equipe.
- Revisar constantemente o plano de negócios a incluir nesse plano, seus sonhos pessoais, que o negócio ajudará a concretizar ou não, como a compra de uma casa própria, a troca de um carro, a realização de uma viagem com a família, a abertura de mais um negócio/Franquia, a conclusão de um curso no exterior.
  - Sempre que as metas do negócio estão atreladas às metas pessoais, a chance de realizá-las é muito maior, pois passam a ter um sentido mais amplo.

PARA QUEM PENSA EM INVESTIR NUMA FRANQUIA

Pretendemos, nesse espaço, fornecer dicas práticas para os interessados em adquirir uma Franquia ou mesmo em conhecer com mais profundidade o funcionamento do sistema. Para isso, listamos algumas ações que são fundamentais para participar desse negócio.

Como já bastante difundido, a Franquia é um negócio em que há a cessão dos direitos de uso de uma marca e de um sistema de negócios que já foi testado em vários mercados, cujo Franqueador tem critérios claros sobre sua expansão e o perfil de Franqueado ideal. Apesar de a Franquia apresentar baixa taxa de mortalidade, principalmente quando comparada com os negócios que não fazem parte de uma rede ou chamado de negócios independentes, mesmo assim, apresenta riscos.

Definitivamente, não pode haver a sensação de que é só comprar a Franquia, e o sucesso será garantido, pois o mercado apresenta diversos casos de Franqueados de insucesso, em função dessa crença de resultado fácil de ser conquistado, graças ao poder da marca, ao sistema de negócios, o mix de produtos e outros aspectos importantes, uma vez que é crucial a participação do Franqueado no dia a dia do negócio, o seu entendimento do mercado e a gestão da Franquia de maneira estruturada.

Antes de se tornar Franqueado, o candidato (é assim conhecido) deve avaliar criteriosamente alguns aspectos e procurar muitas opções antes da decisão por uma marca/negócio em especial, para ter poder de comparação e análise. Segue a lista de itens a serem avaliados:

- **Compra do negócio (Franquia) por critérios claros**
    - A compra de uma Franquia não pode ser feita de maneira impetuosa, somente porque apareceu uma ótima oportunidade (ponto comercial, por exemplo).
    - Precisa ser avaliada criteriosamente, não só o negócio em si, mas a indústria (o segmento) em que a Franquia está inserida, se está em um mercado em crescimento, se existe tendência favorável etc.
    - Avaliar cenários possíveis, sejam econômicos, sociais, financeiros, para ampliar o "leque" de possibilidades.
    - Ter a clareza necessária para saber qual o capital se faz necessário para realizar o investimento inicial e ter sempre planos de contingências, caso o negócio demore mais para atingir a maturidade desejada ou não atinja o ponto de equilíbrio financeiro (receitas = despesas) no prazo previsto.

- **Autoavaliação criteriosa**
    - Quanto maior a vocação com o negócio e sua identidade, maior a chance de sucesso.
    - Nessa fase é recomendado que se faça uma análise das ambições do candidato, onde se quer chegar, se é ter somente uma unidade, em quanto tempo etc.
    - Entender que ter um negócio próprio, como outro qualquer, apresenta riscos. Obviamente, Franquias apresentam riscos menores do que negócios independentes, pelo conhecimento que se tem do negócio, pela padronização e formatação do negócio, mas existe risco, ou seja, Franquia não é sinônimo de sucesso garantido e de retorno do investimento em prazos curtos.
    - Avaliar se o seu perfil se encaixa no perfil ideal desejado pela Franqueadora.

- **Conversa com Franqueados atuais da rede de Franquias**
    - É importante conversar com os Franqueados da rede para ouvir o que eles têm a dizer, e não somente o que "se quer" ouvir.
    - Ninguém mais do que os Franqueados que já convivem com a marca, com o sistema de negócios e com o Franqueador e sua equipe, para dar dicas preciosas sobre o dia a dia do negócio, os seus desafios diários etc.
    - Identificar quais são os pontos críticos da Franquia, quais os aspec-

tos que "tiram o sono" dos Franqueados atuais, sempre levando em conta a ótica de um Franqueado, lembrando que esse Franqueado é você amanhã.

- **Acompanhamento da implantação do negócio (assinatura do contrato até a inauguração)**
  - Após o processo de seleção do então candidato, começa a fase difícil que envolve diversos aspectos, fornecedores e alto custo, pois é nessa fase que ocorre o maior investimento no negócio, sem saber se haverá retorno do mesmo ou não, causando um sentimento de insegurança.
  - Acompanhar todos os custos previstos e datas do cronograma de implantação da Franquia.
  - Avaliar fornecedores que possam apresentar problemas de entrega de produtos, cuidar da parte legal em obter os certificados e autorizações legais, necessários para a operação do negócio.
  - É nessa fase que começa a jornada do empreendedor, com todos os percalços que a vida empresarial apresenta.
  - Manter cronograma elaborado pela Franqueadora devidamente atualizado e cumprir todas as ações, pois várias são interdependentes, se iniciam no mesmo momento, mas não acabam na mesma oportunidade e impactam em outras ações futuras, comprometendo o cronograma de inauguração.
  - Unidade não inaugurada é prejuízo diário, pois cada dia de atraso distancia ainda mais o Franqueado do retorno do investimento, pois não há o faturamento das vendas para os clientes.

Enfim, tornar-se Franqueado é um sonho (ou objetivo) que cada vez mais pessoas optam por seguir. Exige cuidado e atenção, muito planejamento e uma boa dose de determinação. Afinal, iniciar um negócio é sempre uma jornada de muitos sentimentos, positivos e negativos, mas que, por fim, tende a ser recompensador na grande maioria das vezes.

Questões que os Franqueados devem considerar na decisão da compra da Franquia

Extraídas integralmente do livro de Greg Nathan (*Parcerias Lucrativas*), têm a intenção de ampliar a capacidade de avaliação e reflexão acerca de uma das decisões mais difíceis na vida empresarial do indivíduo, e que terão impacto profundo na operação e gestão de sua unidade Franqueada.

Capítulo 16 Gestão de uma Unidade Franqueada **289**

PERGUNTE A SI MESMO	E CONSIDERE
• Está certo do porquê você quer entrar para esse negócio? O negócio atenderá a essa necessidade?	• Só querer comprar um negócio não é motivo forte o suficiente. • Se você for muito ambicioso, pode haver limites sobre o que você pode alcançar com a Franquia.
• Você estaria feliz em trabalhar neste negócio por longos períodos sem intervalo?	• Você pode precisar trabalhar 6 ou 7 dias por semana ou em expedientes longos. • Quando as coisas dão errado, você não pode esperar que seu franqueador resolva por você.
• Você tem orgulho de dizer às pessoas que comandará esse negócio?	• Considere como se sente quando as pessoas perguntam a você com o que você trabalha. • Ser um Franqueado com esta marca se tornará uma grande parte de sua identidade.
• Como sua família se sente sobre você entrar nesse negócio?	• Se sua família espera que você coloque tempo e energia em outras prioridades, a tensão será inevitável.
• Qual é a sua intuição sobre pessoas que têm ou comandam a Franqueadora?	• Você está assinando um contrato de Franquia para trabalhar com essas pessoas por cinco ou dez anos. • Se você não está confortável com a cultura ou a forma como as coisas são feitas, o conflito será inevitável.
• Você está confortável em vender para clientes e conviver com novas pessoas para promover seus negócios?	• Nada acontece até que alguém venda algo. • Se você não está preparado para sair e vender seus produtos ou serviços, é improvável que você possa fazer com que outros o façam.
• Você está feliz em participar de fóruns e atividade de grupo, que podem envolver viajar para longe de casa?	• Espera-se que você participe de treinamentos contínuos e fóruns de negócios.
• Você está feliz em investir tempo e dinheiro para adquirir continuamente novos conhecimentos e competências?	• Se você não continuar a se desenvolver profissionalmente, você e seus negócios ficarão ultrapassados.
• Quando você discorda de alguém sobre algo que sente fortemente, você consegue falar sobre isso sem explodir ou desistir?	• Algum conflito será inevitável. • Se você está acostumado a conseguir as coisas de mau humor, ou se tornando agressivo ou vingativo, terá sérios problemas com o seu franqueador.
• Você pode lidar com eventos estressantes e pressão financeira?	• Coisas inesperadas e fora de seu controle acontecerão. • Alguns desses eventos podem colocar você ou os negócios sob forte tensão.
• Você pode supervisionar e motivar outras pessoas?	• Se seus negócios envolvem pessoas, elas devem ser gerenciadas e motivadas. • Você nunca terá sucesso sem um pessoal muito competente.
• Você está feliz dividindo informações dos seus negócios com outras pessoas?	• A maioria dos Franqueadores exige divulgação total das informações comerciais e financeiras, semanal ou mensalmente. • Outros Franqueados falarão com você e compartilharão informações.
• Quanto dinheiro atenderá às necessidades mínimas para o seu estilo de vida e quanto você espera fazer? • Esse negócio pode realmente prover renda e o retorno vale o investimento?	• É útil definir quanto de dinheiro você precisa para atender aos seus compromissos, diferente de quanto você quer. • Você precisa considerar a diferença entre fluxo de caixa, lucro e ganho de capital e estar certo sobre o que é mais importante para você.
• Você está feliz em renunciar à sua própria forma de fazer as coisas e seguir o sistema de outra pessoa?	• Se você é criativo ou empreendedor, isso pode ser um problema.
• Se as coisas não funcionarem, você está preparado para assumir total responsabilidade por sua decisão de comprar esse negócio?	• Todo negócio envolve risco. • Os fatos estatísticos mostram que alguns negócios não dão certo, mesmo com o melhor sistema de Franquia, apesar dos melhores esforços de todos.

CONCLUSÕES

A *Gestão Estratégica do Franchising* envolve principalmente as diretrizes estudadas e fornecidas pela Franqueadora (missão, visão, valores, indicadores padrão etc.) aos seus Franqueados, para que esses possam executar com alto nível de excelência o seu planejamento de negócios, o engajamento das pessoas de suas equipes e a prestação de serviços aos clientes de maneira encantadora, gerando uma experiência de consumo em toda a rede, nos mais diversos pontos de contatos.

Integrar toda essa cadeia se torna imperativo para a conquista do sucesso, e a Gestão Estratégica vem para suprir essa lacuna e, dessa forma, estudar o Franchising na sua essência, desde a concepção de um negócio (potencial de franqueabilidade) até a efetiva implementação (prospecção e seleção de Franqueados e gestão da rede) tem sido o nosso desafio diário nos últimos 15 anos.

Essa jornada tem sido bastante gratificante em vários aspectos, principalmente pelo fato de podermos conviver com gente muito empreendedora, respeitando uma vocação brasileira comercial. Gente que acredita em transformar o país em que vive por meio de negócios estruturados, conseguindo agrupar diversos terceiros (leia-se Franqueados) em torno de um sonho ou de uma meta/visão.

Não há receitas prontas para o crescimento e sustentabilidade do Franchising para todas as empresas, nem todos os negócios são franqueáveis, como foi nossa pretensão apresentar nesse livro.

Porém, uma dose de audácia e visão é necessária para que consigamos ajudar o país a elevar o seu grau de profissionalismo, num sistema que cresce a taxas significativas e que tem colocado o nosso país no seu lugar de destaque, entre as cinco maiores nações mundiais de Franchising.

Isso é um motivo de orgulho bastante expressivo para nós. Esperamos, sinceramente, que uma obra como essa contribua ainda mais para o desenvolvimento e amadurecimento do sistema no Brasil e, quem sabe, em outros países que podem se espelhar em nossa realidade para alavancar os seus negócios.

Peter Drucker sempre contribui com muita sabedoria e visão de futuro para a Gestão dos Negócios de maneira geral, para uma administração empresarial mais profissional, sem esquecer o lado humano das empresas. Uma de suas citações tem profundo impacto no término de nosso livro, tendo relação direta com o aprendizado que deve ser colocado em prática, para se tornar efetivo:

"Planos não passam de ótimas intenções adormecidas em papel, a menos que sejam verdadeiramente implementados".

Nesse mundo competitivo e repleto de informações e conhecimento, exercer uma capacidade de filtro adequada para essa enxurrada de dados torna-se imprescindível. E tal capacidade de filtro se aperfeiçoa na medida em que se amplia a leitura e conhecimento dos assuntos que cercam um tema como esse, apaixonante, que é o Franchising.

Ainda citando novamente Drucker, uma de suas falas mais expressivas tem relação direta com a nossa crença como educadores e consultores do sistema de Franchising:

"Minha maior força como consultor é a consciência de minha ignorância e saber fazer algumas perguntas".

Esse é o espírito que deve conduzir as nossas ações empresariais e pessoais dentro do Franchising nacional. Ainda parafraseando o nosso eterno Gonzaguinha: "A beleza de ser um eterno aprendiz!".

Esperamos que a leitura tenha sido tão produtiva quanto a elaboração desse material, que nos fez rever velhos princípios, conceitos e crenças, nos questionar sobre caminhos novos e verdades absolutas que não mais existem no mundo dos negócios.

Cada vez mais há respeito pela individualidade do empresário, que não precisa se moldar a determinados parâmetros, e sim respeitar a sua essência e vocação, e buscar a realização integral, seja qual for o caminho que seguir.

E que possamos transformar a *Gestão Estratégica do Franchising* em algo rotineiro em todas as redes de Franquias nacionais (e internacionais, afinal, o Brasil já está virando *benchmark* – referência – para vários outros países), para que assim todos os envolvidos tenham atividades mais gratificantes e melhores resultados.

É isso. Obrigado por caminhar conosco nesta jornada. Só assim crescemos e cumprimos as nossas missões pessoais e, claro, profissionais também. Valeu!

**Adir Ribeiro, Maurício Galhardo,
Leonardo Marchi e Luis Gustavo Imperatore**

OS AUTORES

ADIR RIBEIRO
Presidente e Fundador da **Praxis Business**

- Administrador de empresas, Pós-graduado em Marketing com especialização em Varejo (FGV-SP) e Executive MBA - Franchising.
- Há 20 anos atua em Franchising, Varejo e Canais de Vendas como Franqueador, Franqueado, Consultor e Conselheiro de Empresas Franqueadoras
- Palestrante especializado em Gestão de Redes de Franquias, Varejo, Negócios e Empreendedorismo
- Coautor dos livros:
  - *Gestão Estratégica do Franchising – Como construir redes de franquias de sucesso.*
  - *Franchising – Uma Estratégia para a Expansão de Negócios.*
- Diretor do IBEVAR - Instituto Brasileiro de Executivos de Varejo e Mercado de Consumo.
- Colaborador do ICF – Instituto CEO do Futuro e do MBA 60 Segundos.
- Mentor da Endeavor.
- Colunista da Endeavor e da Exame PME.com
- Professor de grandes Escolas de Negócios no Brasil: Fundação Getulio Vargas (FGV-SP), FIA – Provar, Associação Brasileira de Franchising (ABF), Fundação Alvares Penteado (FAAP), entre outras.

MAURÍCIO GALHARDO
Sócio-Diretor Administrativo-Financeiro da **Praxis Business**
- Engenheiro Mecânico/Pós-Graduado em Administração de Empresas – FAAP/SP e MBA em Business Management – University of California San Diego. Especializado em Administração do Patrimônio Pessoal - IBMEC/SP e Logística - FGV/SP. Tem formação no Empretec, LT I e II, Practitioner em PNL, Formação Dinâmica dos Grupos - SBDG /SP.
- Nos últimos 14 anos atuou como Executivo de Redes e Consultor em empresas e consultorias de grande porte.
- Já treinou mais de 10 mil pessoas no varejo e Franchising.
- Coautor do livro: *Gestão Estratégica do Franchising – Como construir redes de franquias de sucesso.*
- Autor do livro: *Finanças Pessoais – Uma questão de qualidade de vida.*
- Colaborador do MBA 60 segundos.
- Instrutor credenciado pela ABF - Associação Brasileira de Franchising.

LEONARDO MARCHI
Sócio-Diretor de Educação Corporativa da **Praxis Business**
- Administrador de empresas – PUC/SP.
- Atua há 13 anos em Franchising e varejo como consultor e palestrante.
- Trabalhou em 3 grandes consultorias do país.
- Autor de artigos relacionados a canais de vendas, Franchising e capacitação.
- Coautor do livro: *Gestão Estratégica do Franchising – Como construir redes de franquias de sucesso.*
- Já treinou mais de 3 mil pessoas (varejistas, executivos de redes de varejo e Franquias, Franqueados, concessionários, distribuidores, revendedores, gerentes de lojas, entre outros.
- Professor do MBA da FIA nas matérias de Treinamento para Redes e Gestão por Processos de Negócios.
- Instrutor credenciado pela ABF - Associação Brasileira de Franchising.

LUIS GUSTAVO IMPERATORE
Sócio-Diretor de Consultoria da **Praxis Business**
- Administrador pela FGV-SP.
- Possui 13 anos de experiência em consultoria em trabalhos de definição, formatação, avaliação e revisão de canais de vendas e de gestão de redes de varejo, especialmente Franquias.
- Já atuou em mais de 200 projetos com vivência em cerca de 30 setores ou segmentos de mercado, junto a redes em todo o Brasil.
- Participou de projetos de gestão de redes e de internacionalização de Franquias em outros países da América Latina, e do desenvolvimento de parcerias junto a gestores de redes na França e na Holanda.
- É coautor dos livros: *Gestão Estratégica do Franchising – Como construir redes de franquias de sucesso*, e *Franchising – uma estratégia para a expansão de negócios*.

SOBRE A PRAXIS BUSINESS

Em setembro de 2009, Adir Ribeiro fundou a empresa. Originalmente chamava-se Praxis Education e seu foco estava em treinamentos para o Franchising. Conceitualmente, segundo os gregos *"**Praxis** é o processo pelo qual uma teoria, lição ou habilidade é executada ou praticada, se convertendo em parte da experiência vivida"*, por isso da escolha do nome, já que essa é a principal crença da empresa. Em 2010, a Praxis Education ampliou seu escopo e passou a desenvolver projetos de Consultoria, em função das necessidades e demandas do mercado, tendo redefinido o seu posicionamento com foco em Consultoria e Educação Corporativa para o Franchising & Varejo.

Assim, novos sócios passaram a fazer parte da empresa: Mauricio Galhardo (Administrativo-Financeiro), Leonardo Marchi (Educação Corporativa) e Luis Gustavo Imperatore (Consultoria). No final de 2011 os sócios publicaram o livro *Gestão Estratégica do Franchising*, como forma de ampliar e consolidar o seu DNA na gestão de redes e poder contribuir para o amadurecimento do sistema de franchising no Brasil.

Em 2012, sempre atenta às evoluções do mercado, a empresa ampliou sua atuação no Varejo com a nova área de Atendimento & Vendas, gerida pelo novo sócio Tonini Junior. A empresa passou a se chamar PRAXIS BUSINESS, com foco mais amplo de atuação e também passou a oferecer soluções de capacitação à distância.

No primeiro semestre de 2013, o livro Gestão Estratégica do Franchising ganhou versão *on-line*. Foi revisado, ampliado e lançada a segunda edição no segundo semestre do mesmo ano.

A visão da Praxis Business é ser reconhecida como a empresa referência em resultados, competência e relacionamento na prestação de serviços de consultoria e educação corporativa para o Franchising & Varejo.

PRODUTIVIDADE COMERCIAL & EQUIPES DE ALTA PERFORMANCE

Houve um tempo no varejo em que os consumidores faziam fila para comprar nas lojas, independentemente se o atendimento era bom ou ruim. Se o cliente queria um produto ele ficava refém da loja. Era mais do que venda certa abordar o cliente dizendo "Pois não! Quer uma ajuda?", geralmente ele aceitava a ajuda e comprava.

O mundo mudou, o varejo mudou, mas dentre todas as mudanças nenhuma se iguala ao comportamento do consumidor. Paco UnderHill, fundador da Envirosell, empresa de consultoria especializada em estudar o comportamento de compra dos clientes ao redor do mundo, concluiu: "O varejo evoluiu mais nos últimos 5 anos do que em 50 anos". Essa é uma constatação importantíssima para as empresas e devemos tomar consciência desse fato para construir equipes de alta performance em vendas.

O fato é: o consumidor detém o poder de decisão de compra. Só o profundo entendimento das empresas a respeito do que seus clientes desejam e como se comportam é que poderá ajudá-las nesse novo cenário. Segundo estudos, a Geração Millennial que compreende a: Geração Y – nascidos de 1980 a 1989, Geração Z – de 1990 a 2010 e a Geração Alpha – nascidos após 2010, será a maioria dos consumidores em pouquíssimo tempo. E as empresas devem preparar os seus profissionais de venda para interagir com esse público que tem como características: comportamento digital, alta interação via mídias sociais, alto poder de compra e ceticismo às propagandas tradicionais.

Além de compreender o consumidor, as empresas precisam assumir as mudanças tecnológicas e funcionais necessárias para integrar seus canais, dentre eles, internet, mobile, lojas físicas, catálogos etc., assegurando aos clientes uma consistente experiência *Omni-Channel*, que pode ser traduzida como uma evolução do multicanal.

Com tantas alternativas, questiona-se a necessidade da existência de lojas físicas, porém, é nas lojas físicas que os consumidores tangibilizam a promessa das marcas, onde vão para encontrar pessoas que compartilhem da sua filosofia e *lifestyle*.

O que os consumidores não querem e não toleram em lojas físicas é a falta de consistência na promessa da marca, profissionais de atendimento despreparados ou sem ferramentas similares as que eles têm acesso como consumidor (*tablet, smartphone*, computador etc.), o varejo virtual crescerá muito nos próximos anos, porém, empresas que apresentaram *cases* (Thomas M. Belk, Chairman e CEO, BelkInc) na NRF de 2013 demonstraram resultados interessantes, em que os clientes que consomem em loja física e virtual mais do que dobram os seus gastos.

Consumidores definidos como *showrooming* assumem um comportamento de pesquisa e checagem da melhor oferta mesmo estando dentro das lojas físicas, comparando preços do mercado físico e virtual, quatro em cada 10 usuários de *smartphones* procuram por um produto e pesquisam preços enquanto estão dentro da loja. Como profissional de vendas, entendo que, ao invés de combater, devemos nos preparar e preparar nossas lojas/equipes para que os consumidores possam efetivar essa prática oferecendo conexão *freewi-fi* e outros subsídios demonstrando que confiamos em nosso time e que mesmo se não o consumidor comprar hoje, ele terá uma ótima experiência conosco.

Certamente não existe receita mágica para aumentar a Produtividade Comercial, mas Mara Devitt, da McMillan Doolittle, apresentou na NRF2013 oito pontos que eu acredito e compartilho para que as empresas concentrem seus investimentos:

1.) Clareza – Posicionamento correto
2.) Conveniência – Escolha do canal correto
3.) Comunicação – Arquitetura das lojas, Visual Merchandising e Layout
4.) Escolha das Pessoas – Seleção Correta
5.) Equipe – Treinamento e Desenvolvimento
6.) Controle – Processos corretos
7.) Consistência – Sempre correto
8.) Conexão – Relação correta

O professor Darrel Rigby, Head Retail da BainCompany, apresentou uma pesquisa onde apontou que 85% da Geração Millennial prefere fazer compras em uma *vendingmachine* do que com um vendedor chato! Essa afirmação é instigante, mas é só parte da história. Por outro lado, vemos marcas como a Starbucks, que seduzem clientes a permanecerem horas em suas lojas; Apple, que não tem clientes, tem fãs, portanto é possível fazer diferente.

O cenário está posto, o alvo é conhecido e o caminho sugerido, agora é abraçar as oportunidades e estruturar métodos e processos, treinar as pessoas incansavelmente baseando-se em uma cultura de atendimento alinhada à sua estratégia.

Bom trabalho!

Tonini Junior – Sócio-Diretor
Atendimento & Vendas Praxis Business

RELACIONAMENTO COM AS PRINCIPAIS ASSOCIAÇÕES

ABF – A Associação Brasileira de Franchising é uma entidade sem fins lucrativos, criada em julho de 1987.

A ABF desfruta de um grande prestígio e de uma imagem consolidada no mercado. Possui mais de 1.000 associados, divididos entre Franqueadores, Franqueados e colaboradores que, nos últimos anos, vêm organizando e participando de diversas ações para o desenvolvimento do sistema no Brasil.

Representada também por uma Seccional no Rio de Janeiro, a ABF conta com o apoio de regionais no Rio Grande do Sul, interior de São Paulo e Minas Gerais. Ao longo destes anos vem aumentando a sua amplitude de atuação em âmbito nacional e internacional.

Nesses anos, a entidade dedicou-se à realização de inúmeras atividades, sempre visando beneficiar associados, promovendo conferências, simpósios, seminários, palestras, cursos, além de encontros de formação técnica sobre o Franchising. Criou, em conjunto com a FIA/USP, o primeiro curso de MBA de Franquias da América Latina e que em 2013 iniciará a 6ª turma.

Em 2012, a ABF assinou diversos acordos com bancos nacionais que oferecem um relacionamento melhor com os Franqueados e Franqueadores. Ainda em 2013 foi renovado o convênio com a Apex-Brasil, cujo projeto já está em sua 5ª fase, estimulando o crescimento da exportação do Franchising brasileiro. Outro acordo renovado foi a parceria com o Sebrae, que atenderá a potenciais Franqueados e Franqueadores.

No cenário internacional, a ABF se destaca por seu perfil empreendedor. A Associação é membro-fundador do WFC (World Franchise Council), entidade que congrega as mais importantes associações no mundo, bem como da FIAF (Federação Ibero-Americana de Franquias). Integra ainda o quadro da IFA (International Franchise Association), além de ser membro correspondente da Federação Europeia de Franchising. Desde 2009, passou a ocupar uma cadeira no FIRAE - Forum for International Retail Association Executives.

MISSÃO
Sua missão é divulgar, defender e promover o desenvolvimento técnico e institucional deste moderno sistema de negócios.

Para isso, congrega todas as partes envolvidas no Franchising – Franqueadores, Franqueados, consultores e prestadores de serviços – em torno de um ideal comum: o Franchising forte, próspero e ético.

A **AFRAS** - Associação Franquia Sustentável, braço sustentabilidade da ABF, é uma organização sem fins lucrativos que surgiu com a finalidade de fomentar as práticas de responsabilidade social e sustentabilidade entre as empresas que fazem parte do sistema de Franquias – Franqueadores, Franqueados e fornecedores.

Fundada em 9 de junho de 2005, o papel da Afras é sensibilizar, mobilizar e capacitar o empresariado para a inserção e fortalecimento de práticas sustentáveis e responsabilidade social na gestão dos negócios realizados no Franchising.

Com o objetivo de chamar a atenção das Franquias para atuarem dentro dos princípios da responsabilidade social e com a adoção de práticas sustentáveis, a AFRAS entende que os desafios da responsabilidade social empresarial são variados, amplos e complexos, mas reforça que a informação de qualidade é o primeiro passo para compreendê-los e superá-los. Este é um dos papéis da AFRAS: fornecer informação de qualidade para provocar mudanças no setor para um Franchising consciente e mais sustentável.

MISSÃO
Contribuir para a implementação de gestão socialmente responsável em empresas do sistema de Franquias, visando ao desenvolvimento sustentável da sociedade.

ANEXO

Lei 8.955, DE 15 de dezembro de 1994.
Dispõe sobre o contrato de Franquia empresarial (Franchising) e dá outras providências.

O PRESIDENTE DA REPÚBLICA
Faço saber que o Congresso Nacional decreta e eu sanciono a seguinte lei:

Art. 1º Os contratos de Franquia empresarial são disciplinados por esta lei.

Art. 2º Franquia empresarial é o sistema pelo qual um Franqueador cede ao Franqueado o direito de uso de marca ou patente, associado ao direito de distribuição exclusiva ou semiexclusiva de produtos ou serviços e, eventualmente, também ao direito de uso de tecnologia de implantação e administração de negócio ou sistema operacional desenvolvidos ou detidos pelo Franqueador, mediante remuneração direta ou indireta, sem que, no entanto, fique caracterizado vínculo empregatício.

Art. 3º Sempre que o Franqueador tiver interesse na implantação de sistema de Franquia empresarial, deverá fornecer ao interessado em tornar-se Franqueado uma circular de oferta de Franquia, por escrito e em linguagem clara e acessível, contendo obrigatoriamente as seguintes informações:
I) histórico resumido, forma societária e nome completo ou razão social do Franqueador e de todas as empresas a que esteja diretamente ligado, bem como os respectivos nomes de fantasia e endereços;
II) balanços e demonstrações financeiras da empresa Franqueadora relativos aos dois últimos exercícios;

III) indicação precisa de todas as pendências judiciais em que estejam envolvidos o Franqueador, as empresas controladoras e titulares de marcas, patentes e direitos autorais relativos à operação, e seus subFranqueadores, questionando especificamente o sistema da Franquia ou que possam diretamente vir a impossibilitar o funcionamento da Franquia;
IV) descrição detalhada da Franquia, descrição geral do negócio e das atividades que serão desempenhadas pelo Franqueado;
V) perfil do Franqueado ideal no que se refere à experiência anterior, nível de escolaridade e outras características que deve ter, obrigatória ou preferencialmente;
VI) requisitos quanto ao envolvimento direto do Franqueado na operação e na administração do negócio;
VII) especificações quanto ao:
h.) total estimado do investimento inicial necessário à aquisição, implantação e entrada em operação da Franquia;
i.) valor da taxa inicial de filiação ou taxa de Franquia e de caução; e
j.) valor estimado das instalações, equipamentos e do estoque inicial e suas condições de pagamento;
XI) informações claras quanto a taxas periódicas e outros valores a serem pagos pelo Franqueado ao Franqueador ou a terceiros por este indicados, detalhando as respectivas bases de cálculo e o que as mesmas remuneram ou o fim a que se destinam, indicando, especificamente, o seguinte:
l.) remuneração periódica pelo uso do sistema, da marca ou em troca dos serviços efetivamente prestados pelo Franqueador ao Franqueado (*royalties*);
m.) aluguel de equipamentos ou ponto comercial;
n.) taxa de publicidade ou semelhante;
o.) seguro mínimo; e
p.) outros valores devidos ao Franqueador ou a terceiros que a ele sejam ligados;
XVII) relação completa de todos os Franqueados, subfranqueados e subfranqueadores da rede, bem como dos que se desligaram nos últimos 12 meses, com nome, endereço e telefone;
XVIII) em relação ao território, deve ser especificado o seguinte:
s.) se é garantida ao Franqueado exclusividade ou preferência sobre determinado território de atuação e, caso positivo, em que condições o faz; e
t.) possibilidade de o Franqueado realizar vendas ou prestar serviços fora de seu território ou realizar exportações;

XXI) informações claras e detalhadas quanto à obrigação do Franqueado de adquirir quaisquer bens, serviços ou insumos necessários à implantação, operação ou administração de sua Franquia, apenas de fornecedores indicados e aprovados pelo Franqueador, oferecendo ao Franqueado relação completa desses fornecedores;
XXII) indicação do que é efetivamente oferecido ao Franqueado pelo Franqueador, no que se refere a:
w.) supervisão de rede;
x.) serviços de orientação e outros prestados ao Franqueado;
y.) treinamento do Franqueado, especificando duração, conteúdo e custos;
z.) treinamento dos funcionários do Franqueado;
aa.) manuais de Franquia;
ab.) auxílio na análise e escolha do ponto onde será instalada a Franquia; e
ac.) *layout* e padrões arquitetônicos nas instalações do Franqueado;
XXX) situação perante o Instituto Nacional de Propriedade Industrial (INPI) das marcas ou patentes cujo uso estará sendo autorizado pelo Franqueador;
XXXI) situação do Franqueado, após a expiração do contrato de Franquia, em relação a:
af.) *know-how* ou segredo de indústria a que venha a ter acesso em função da Franquia; e
ag.) implantação de atividade concorrente da atividade do Franqueador;
XXXIV) modelo do contrato-padrão e, se for o caso, também do pré-contrato-padrão de Franquia adotado pelo Franqueador, com texto completo, inclusive dos respectivos anexos e prazo de validade.

Art. 4º A circular oferta de Franquia deverá ser entregue ao candidato a Franqueado no mínimo dez dias antes da assinatura do contrato ou pré-contrato de Franquia ou ainda do pagamento de qualquer tipo de taxa pelo Franqueado ao Franqueador ou a empresa ou pessoa ligada a este.

Parágrafo único. Na hipótese do não cumprimento do disposto no *caput* deste artigo, o Franqueado poderá arguir a anulabilidade do contrato e exigir devolução de todas as quantias que já houver pago ao Franqueador ou a terceiros por ele indicados, a título de taxa de filiação e *royalties*, devidamente corrigidas, pela variação da remuneração básica dos depósitos de poupança mais perdas e danos.

Art. 5º (VETADO).

Art. 6º O contrato de Franquia deve ser sempre escrito e assinado na presença de duas testemunhas e terá validade independentemente de ser levado a registro perante cartório ou órgão público.

Art. 7º A sanção prevista no parágrafo único do art. 4º desta lei aplica-se, também, ao Franqueador que veicular informações falsas na sua circular de oferta de Franquia, sem prejuízo das sanções penais cabíveis.

Art. 8º O disposto nesta lei aplica-se aos sistemas de Franquia instalados e operados no território nacional.

Art. 9º Para os fins desta lei, o termo Franqueador, quando utilizado em qualquer de seus dispositivos, serve também para designar o subfranqueador, da mesma forma que as disposições que se refiram ao Franqueado aplicam-se ao subfranqueado.

Art. 10 º Esta lei entra em vigor 60 dias após sua publicação.

Art. 11 º Revogam-se as disposições em contrário.

Brasília, 15 de dezembro de 1994; 173º da Independência e 106º da República.
ITAMAR FRANCO
Ciro Ferreira Gomes
Elcio Álvares

REFERÊNCIAS BIBLIOGRÁFICAS

LIVROS

ALMEIDA, Leo G. *Gestão de Processos e a Gestão Estratégica*. 1ª Ed. São Paulo: Qualitymark, 2003. 152 páginas.

CAMPORA, Fernando; CHERTO, Marcelo; GARCIA, Filomena; IMPERATORE, Luis Gustavo; RIBEIRO, Adir. *Franchising Uma Estratégia para a Expansão dos Negócios*. 1ª Ed. São Paulo: Premier, 2006. 448 páginas.

CAMPOS, J. A. *Cenário Balanceado: painel de indicadores para a gestão estratégica dos negócios*. São Paulo: Aquariana, 1998.

COSTA, Eliezer Arantes da Costa. *Gestão Estratégica*. 2ª Ed. São Paulo: Saraiva, 2007. 424 páginas.

DALE, Edgar. *A Pirâmide da Aprendizagem*. USA: NTL Institute for Applied Behavioral Sciences, 1999.

EBOLI, Marisa. *Educação Corporativa no Brasil, Mitos e Verdades*. 1ª Ed. São Paulo: Gente, 2004. 280 páginas.

FILHO Jamil Moyses; LOBATO, David Menezes; TORRES, Maria Candido Sotelino; RODRIGUES, Murilo Ramos Alambert. *Estratégia de Empresas*. 9ª Ed. São Paulo: FGV, 2011. 208 páginas.

HOWARD, Gardner. *Inteligências Múltiplas: A Teoria na prática*. 1ª Ed. São Paulo: Artmed, 1995. 356 páginas.

KAPLAN, Robert; NORTON, David. *A Estratégia em Ação – Balanced Scorecard*. 22ª Ed. Rio de Janeiro: Campus, 1997. 360 páginas.

KAPLAN, Robert; NORTON, David. *The Balanced Scorecard*. USA: Harvard Business Review, 1992.

KOTLER, Philip; KARTAJAYA, Hermawan e SETIAWAN, Iwan. *Marketing 3.0 - As Forças Que Estão Definindo O Novo Marketing Centrado No Ser Humano*. 1ª. Ed. São Paulo: Campus, 2010. 215 páginas

MARANHÃO, Mauriti; MACIEIRA, Maria Elisa Bastos. *O Processo Nosso de Cada Dia* 1ª Ed. São Paulo: Qualitymark, 2004. 245 páginas.

MENDELSOHN, Martin. *A Essência do Franchising*. 1ªEd. São Paulo: Yazigi, 1994. 354 páginas.

MINTZBERG, Henry. *Rise and Fall of Strategic Planning.* USA: Free Press, 1994. 458 páginas.

NATHAN, Greg. *Parcerias Lucrativas.* 1ª Ed. São Paulo: Bittencourt, 2011. 292 páginas.

NATHAN, Greg. *The Franchisor's Guide to Improve Field Visits.* 2ª Ed. USA: Franchise Relationships Institute, 2010. 88 páginas.

NATHAN, Greg. *Profitable Partnerships – Improve your franchise relationships and change your life.* USA: Franchise Relationships Institute, 2000. 185 páginas.

NETO, Almiro dos Reis. *Consultoria de Campo nas Redes de Varejo e Franquias.* 1ª Ed. São Paulo: Qualitymark, 2007. 104 páginas.

NOBREGA, Clemente; LIMA, Adriano R.. *Innovatrix – Inovação para não gênios.* 1ª Ed. São Paulo: Agir, 2010. 168 páginas.

PFEIFFER, J. W.; JONES, E. J. *The 1980 Annual Handbook for Group Facilitators*, USA: Pfeiffer & Co., 1980.

PORTER, Michael. *On Competition.* 1ª Ed. USA: HBS Press, 1998. 320 páginas.

SANTINI, Denis; GARCIA, Filomena. *Marketing para Franquias.* 1ª Ed. São Paulo: Premier, 2006. 126 páginas.

SCAICO, Oswaldo; TACHIZAWA, Takeshy. *Organizacao Flexivel – Qualidade na gestão por processos.* 1ª Ed. São Paulo: Atlas, 1997. 382 páginas.

TIEGHI, Claudio. *Uma Nova Geração no Franchising – Cinco anos de atuacão da Associação Franquia Sustentável – Afras.* 1ª Ed. São Paulo: Ex-Libris, 2011. 144 páginas.

WELCH, Jack. *Paixão por Vencer.* 1ª Ed. São Paulo: Elsevier, 2005. 384 páginas.

REVISTAS
EXAME, Revista. 998ª Ed. São Paulo: Abril, 24/08/2011

SITES
Site da Associação Brasileira de Franchising - ABF
André Friedheim - Os termos de Franchising mais utilizados por quem é desse ramo
http://www.abf.com.br
Site BrandME
Artigo: Dinâmica do Canal de Vendas, Nori Lucio Jr., novembro/2007
http://www.brandme.com.br/desenvolvendo-canais-vendas/
Site do Instituto Brasileiro de Governança Corporativa - IBCG
HTTP://www.ibgc.org.br
Site da Internacional Franchising Association - IFA, jul/11
http://www.buildingopportunity.com/impact/reports.aspx e http://www.franchise.org
Site Madia Mundo Marketing
http://www.slideshare.net/19740611/drucker-100-anos-4832740

Site Portal do Marketing
Artigo: Nori Lucio Junior, janeiro/2007
http://www.portaldomarketing.com.br/Artigos/Dinamica_do_Canal_de_Vendas.htm
Site da Revista Venda Mais, julho/2011
http://www.vendamais.com.br/artigo/43778-gestao-de-canais-de-venda-e-distribuicao.html

www.dvseditora.com.br

Impressão e Acabamento | Gráfica Viena
Todo papel desta obra possui certificação FSC® do fabricante.
Produzido conforme melhores práticas de gestão ambiental (ISO 14001)
www.graficaviena.com.br